SÜDWESTEN

USA

Eine Übersichtskarte des Reisegebietes mit den eingezeichneten Routenvorschlägen finden Sie in der vorderen Umschlagklappe.

Horst Schmidt-Brümmer
Karl Teuschl

SÜDWESTEN USA

Nevada · Utah · Colorado · New Mexico · Arizona

VISTA POINT VERLAG

Inhalt

GO WEST
Reisen in Cinemascope 8

Die Route(n)
... und was man daraus machen kann 12

Landeschronik
1528 bis heute 14

Sanfte Landung
Los Angeles 18

21 ROUTEN DURCH DEN SÜDWESTEN

1 **Wüstentour**
Von Los Angeles nach Las Vegas 24

2 **Fata Morgana – air conditioned**
Las Vegas 32

3 **In die Berge**
Von Las Vegas in den Zion National Park 42

4 **Wasserfälle und Schluchten**
Im Zion National Park 48

5 **Durchs Reich der Mormonen**
Zum Bryce Canyon National Park 54

6 **Land in Rot**
Bryce Canyon und Capitol Reef National Park 62

7 **Die Steinmännchen des Goblin Valley**
Von Capitol Reef nach Moab 70

8 **Wanderlust**
Im Arches National Park 76

9 **Versteck der Banditen**
Im Labyrinth des Canyonlands National Park 82

9.1 9.2 Goldgräberstädte und Viertausender-Gipfel
Alternativroute durch die Rockies 88

10 Bauen im Fels
Die Ruinenstädte von Mesa Verde 98

11 Lichtdurchflutet
Durch den Norden von New Mexico nach Taos 106

11.1 11.2 Steinerne Stille
Alternativroute über den Chaco Canyon 114

12 Land der drei Kulturen
Von Taos nach Santa Fe 122

13 Hauptstadt des Milden Westens
Santa Fe 134

14 Erddörfer und Himmelsstädte
Von Santa Fe bis Gallup 140

15 Navajo Nation
Canyon de Chelly und Monument Valley 146

16 Großes Tal, großes Loch
Vom Monument Valley zum Grand Canyon 152

16.1 Der Antelope Canyon bei Page 158

17 Auf den Spuren von Major Powell
Wandern am Grand Canyon 160

17.1 Oase in der Tiefe des Grand Canyon
Havasu Canyon 166

18 New Age, Old Age
Vom Grand Canyon nach Phoenix 168

19 Platz an der Sonne
Phoenix und Scottsdale 176

19.1 Western Nostalgia
Von Phoenix nach Las Vegas 196

20 Baden-Baden, Kalifornien
Palm Springs 190

21 Last Call
Von Palm Springs zurück nach Los Angeles 196

9 ROUTEN FÜR DEN SÜDEN VON ARIZONA UND NEW MEXICO

1 Nach Süden
Tucson 198

2 Wildwestkulisse
Rund um Tucson 204

3 Wuppertal im Wilden Westen
Bisbee 208

4 Hart an der Grenze
Süd-Arizona und West-Texas 218

5 Zisternen und Fledermäuse
Von El Paso nach Carlsbad Caverns 226

6 Wüster Gips
White Sands National Monument 230

7 Flussaufwärts am Rio Grande
Von Las Cruces nach Albuquerque 234

8 Seitenwege
Von Albuquerque nach Gallup 242

9 Stein im Brett
Petrified Forest State Park 246

Service von A–Z 252
Sprachhilfen 262
Orts- und Sachregister 267
Namenregister 270
Fotonachweis 271
Textnachweis und Impressum 272
Zeichenerklärung .... hintere innere Umschlagklappe

Lehmziegelhaus am oberen Rio Grande ▷

GO WEST

Reisen in Cinemascope

GO WEST – hieß es immer, wenn es darum ging, den Verlockungen des amerikanischen Südwestens zu folgen. Den Indianern war die rote Erde heilig, die Spanier suchten die sagenhaften sieben Städte aus Gold, die Mormonen suchten und fanden ihren Gottesstaat mitten in der Wüste, und Johann August Sutter, schweizerischer Siedlungsführer und der Luis Trenkersche »Kaiser von Kalifornien« wollte hier sein Neu-Helvetien gründen. Gold- und Silberfunde schließlich brachten Zigtausende im Rausch von 1849 auf die Beine nach Westen.

Cowboys auf dem Weg zum Dinner, ca. 1897

Geschichte? Keineswegs. Magie und Mobilisierungskraft des Südwestens sind nach wie vor ungebrochen. Das haben vor allem die letzten Jahre gezeigt, in denen der so genannte *Sun Belt*, der Sonnengürtel, wirtschaftlich wie keine andere Region in den USA zugelegt hat. Von Kalifornien bis Texas entstanden neue Imperien des IT-Gewerbes, die Kapital und Arbeitskräfte aus dem Nordosten abzogen und die Bevölkerung überdurchschnittlich wachsen ließen. Neuerdings, nach den Census-Erhebungen für 2000, besonders durch Einwanderer. Steuerliche Anreize, niedrige Lohnkosten und schwache Gewerkschaften leisten nach wie vor Schützenhilfe für den wirtschaftlichen Aufschwung. Der High-Tech-Boom ließ Städte wie Albuquerque, Phoenix und Tucson wie Pfannkuchen aufgehen: in die Breite, auf amerikanisch, versteht sich.

Die Freizeitindustrie hat nachgezogen. Allen voran: das boomende Las Vegas. Sonniges Klima, großartige Nationalparks und eine gut ausgebaute touristische Infrastruktur beflügeln die inneramerikanische Reise- und Wanderlust. Auch bei den Senioren der Nation. Von Jahr zu Jahr werden die Pensionistentrecks nach Süden länger, die Stellplätze größer. Sie kommen aus dem Norden mit Vorliebe während der Wintermonate in die warmen Gefilde des Südens von Kalifornien, Arizona oder Texas, um sich mit Hab und Gut im Wohnmobil einen guten Tag zu machen. Rund um die modernen Wagenburgen, aber auch in den Motels wuchs daraus eine Freizeitkultur des *easy does it* heran – mit *Shuffleboard*-Spielen und organisiertem Alten-Aerobic zum Disco-Sound am Swimmingpool.

Zum ewig schönen Wetter und den Schönheiten von Gottes freier Natur gesellt sich für den Besucher aus Europa die zusätzliche Neugier auf deren Mythen: die Neugier auf den Wilden Westen, seine Bilder und seine Geschichten. Denn neben den realen Trümpfen des Landes – Gold, Silber, Chips und Sonnenschein – lockt der amerikanische Südwesten mit einem reichlich sagenumwobenen Image. Von Karl May bis »Easy Rider«, von Buffalo Bills Western Shows und den Western made in Hollywood bis zu den (immer noch) kernigen Jungs in der Zigarettenwerbung – stets bevölkern Indianer und Canyons, Cowboys und Saloons, Motorräder, 4-Wheel-Drives und Wüstenpisten spannende Traumwelten.

Und wie sieht es in Wirklichkeit aus? Bleiben nach Verlassen des weichen Kinosessels nur mehr steiniger Wüstenboden, Taranteln und Klapperschlangen? Wie passt der Mythos der Einsamkeit der Landstraßen zu den donnernden Trucks? Und wie die noch einsameren Bars, von der die Country & Western-Songs so herzerweichend erzählen, zum dort meist plärrenden Fernseher?

Reisen im Südwesten: eine fortgesetzte Desillusion? Keine Bange. Sicher, manch raue Gegend wird die eine oder andere romantische Vorstellung herb enttäuschen. Gierige Mücken, plötzliche Wassergüsse oder Kakteenstacheln können mitunter schlagartig klar machen, dass ein Wüstentrip eben doch kein gemütlicher Sonntagsspaziergang ist. Pannen und Umleitungen vertiefen zwar die Orts- und Menschenkenntnis (und erweitern die Sprachfähigkeit), aber ärgerlich sind sie schon. Schließlich möchte man angesichts meist zu knapp bemessener Reisezeit derartige Lernprozesse nicht unbedingt am anderen Ende der Welt machen.

Gefahren natürlicher Herkunft sind in der Regel aber weniger zu befürchten als jene Enttäuschungen, die aus dem touristischen Andrang und seiner entsprechenden Vermarktung erwachsen. Weite Teile des Grand Canyon oder des Monument Valley zum Beispiel sind zur Hauptreisezeit derart überlaufen, dass hier die Naturbegeisterung leicht zur Farce gerät. Probleme können auch aus mancher Eigenart des Hotel- und Gastronomiegewerbes erwachsen, d. h. aus den Gesetzmäßigkeiten des Massentourismus.

Wer unvorbereitet dort hineingerät, sieht sich plötzlich mit dem eigenen touristischen Überleben beschäftigt und in eine beinah tragikomische Parallele zu den ersten Siedlern gebracht: Tisch und Bett, Gepäck und Auto, Temperatur und Kleidung – nichts ist bequem zur Stelle, passt oder stimmt, Gewünschtes ist ausgebucht, vieles muss umständlich beschafft werden.

In dieser Topographie der touristischen Fettnäpfchen kann daher Planung, Routen- und Tageseinteilung nicht schaden. Der vorliegende Reiseführer enthält derartige Vorgaben, »Tagessätze« sozusagen, die es möglich machen, mit geringem Aufwand und ein wenig Glück zur rechten Zeit am richtigen Ort zu sein.

Um ein solches Timing ins Buch zu bringen, haben wir uns bei der Konstruktion der Reiseroute bemüht, die landschaftlichen und kulturellen Highlights mit dem Erholungsbedürfnis in Einklang zu bringen. Zugegeben, das klappt nicht immer, denn die Entfernungen sind nun mal besonders in dieser Region gewaltig.

Die Abfolge der Tagesrouten sollte deshalb nicht als Bevormundung verstanden werden, sondern als Vorschlag bzw. Entlastung von den unter Umständen anstrengenden und zeitraubenden Recherchen und Organisationen während der Reise. Im Übrigen schaffen die zahlreichen Extratage, Umwege, Abstecher und Abkürzungen Spielraum für die persönliche Gestaltung der Reise.

Trotz ständig neuer Sensationen für die Selbstbesinnung Zeit zu haben, Fortbewegung nicht nur als Überwindung von Strecken zu begreifen, sondern zu einer Folge genussvoller Situationen werden zu lassen: das ist eine Kunst des Reisens, zu der dieses Buch über den amerikanischen Südwesten einladen möchte.

Nostalgie hat im Südwesten Tradition – nicht nur auf alten Postkarten

Die Route(n)
... und was man daraus machen kann

Die Voraussetzungen für einen problemfreien und ganz individuell gestalteten Urlaub sind im amerikanischen Südwesten geradezu ideal: gute Highways und eine perfekt ausgebaute touristische Infrastruktur mit reichlich Motels, Restaurants und Läden, dazu atemberaubende Naturparks, Canyons und Berge, ausgeschilderte Wanderwege und eine bunte Palette anderer Aktivitäten.

Einfach ins Blaue zu fahren und das Land ohne jede Vorplanung zu erkunden wäre also durchaus möglich. Doch erfahrungsgemäß kommt es dann doch zu kleineren Pannen und man verpasst so manches, das dann in der leider doch begrenzten Urlaubszeit nicht zu schaffen ist. Zur Hochsaison etwa sind die Hotels und Lodges in den Parks oft völlig ausgebucht – ohne Reservierung vorab hat man keine Chance. Man möchte möglichst viele Attraktionen in die Tour hineinpacken, aber auch nicht die ganze Zeit am Steuer sitzen und Kilometer fressen. Man will keine Highlights verpassen, aber andererseits auch Zeit für kleine Schönheiten am Wege haben und Muße zum Bummeln in Westernstädtchen und zum Wandern in den Parks. Und am Ende will man auch erholt aus dem Urlaub zurück kommen. Etwas Planung ist also angebracht.

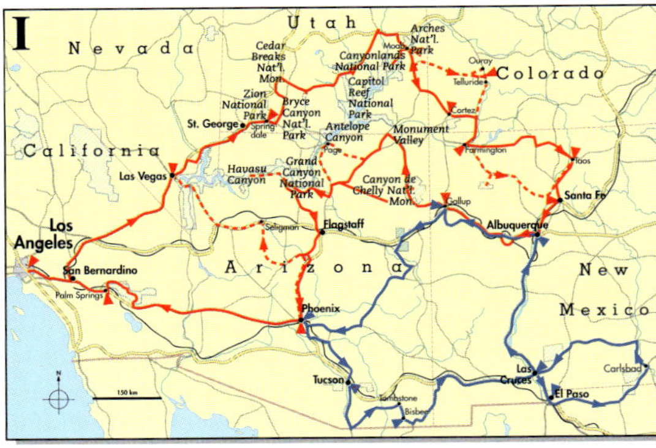

Die in diesem Buch vorgeschlagene Route ist in drei Wochen zu schaffen **(roter Routenverlauf in Karte I)**. Es ist allerdings sinnvoll, sich für die gesamte Route vier Wochen Zeit zu lassen und einige Pausentage einzuplanen: etwa für einen Wandertag im Bryce Canyon, für eine ganztägige Jeep-, Bike- oder Wandertour in den Parks bei Moab, für einen Zusatztag in Las Vegas oder für einen erholsamen Badetag in einem Resort in Phoenix oder Palm Springs zum Beispiel. Urlaubsreisende mit viel Zeit und Ausdauer können ab Phoenix eine Erweiterungstour durch den Süden Arizonas und New Mexico anschließen **(blaue Route in Karte I)**. Wer das nicht vorhat, fährt von seinem Zielflughafen in Phoenix, Los Angeles oder Las Vegas zurück.

Wer nur zwei oder drei Wochen Urlaubszeit zur Verfügung hat, kann die Reise auch abkürzen, vielleicht New Mexico weglassen und von Moab über das Monument Valley direkt zum Grand Canyon fahren **(rote Route in Karte II)**. Oder man lässt im Hochsommer den Schlenker nach Südarizona weg (wo es dann ohnehin schier unerträglich heiß ist) und fährt von Flagstaff gleich westwärts **(grüne Route in Karte II)**.

Zwischen Dezember und April empfiehlt es sich dagegen, nur den Südteil der Route zu bereisen, also von Los Angeles über Las Vegas mit einem kurzen Abstecher an den verschneiten Grand Canyon nach Phoenix zu fahren, wo es auch im Januar angenehm temperiert ist **(rote Route in Karte III)**. Dort bietet sich die Möglichkeit, die Erweiterungsroute nach Tucson, Südarizona und New Mexico anzuschließen **(blaue Route in Karte III)**.

Grundsätzlich gilt: Die Reise muss natürlich nicht in Los Angeles gestartet werden. Wer Kalifornien schon kennt oder nur zwei bis drei Wochen reisen will, kann dank zahlreicher neuer Flugverbindungen die Tour auch gut in Las Vegas oder Phoenix beginnen. Leihwagen und Wohnmobil sind dort ebenso zu mieten, und man erspart sich die langen Fahrstrecken durch die Wüste Südkaliforniens.

Auch für Wiederholer, die den Südwesten schon einmal bereist haben, ist es sinnvoll, direkt nach Phoenix, Las Vegas oder vielleicht sogar nach Albuquerque oder Tucson zu fliegen. Sie können dann zum Beispiel die Route durch den Süden von Arizona und New Mexico ins Programm nehmen oder einige der Parks, die Ihnen bei der ersten Reise besonders gut gefallen haben, erneut und mit längerem Aufenthalt bereisen. Und vielleicht dazu noch eine mehrtägige Schlauchbootfahrt oder einen Ranchaufenthalt einplanen.

Möglichkeiten für Variationen gibt es reichlich. Es ist nicht schwer, der ganz besondereren Faszination des roten Canyonlandes und der Wüste des Southwest zu verfallen. Selbst Afficionados, die schon die zehnte Reise hierhin planen, werden immer noch Neues entdecken und von jeder Tour wieder begeistert zurückkehren.

Nehmen Sie sich also vorab einige Stunden Zeit und setzen Sie sich vor eine Landkarte. Die in diesem Buch vorgeschlagene Route kann als roter Faden eine Orientierung geben. Scheuen Sie sich aber nicht, nach eigenen Vorlieben die Strecke zu variieren, und stellen Sie sich Ihre Reise individuell zusammen. Den größten Teil Ihrer Route werden Sie dann sehr wahrscheinlich in den nachfolgenden Tagesprotokollen wiederfinden – wenn auch vielleicht in etwas geänderter Folge. Und noch ein letzter Tipp: Planen Sie lieber etwas mehr Zeit ein oder kürzen Sie die Gesamtstrecke etwas ab – Ziele für kleine Extratouren, weniger bekannte Attraktionen und Plätzchen, an denen man verweilen möchte, finden sich vor Ort noch reichlich.

Landeschronik
1528 bis heute

1528–36 Der schiffbrüchige Entdecker Cabeza de Vaca läutet das spanische Zeitalter im Südwesten Nordamerikas ein. Seine Berichte von den »Sieben Goldenen Städten von Cibola« der dort seit Jahrtausenden ansässigen Pueblo-Indianer lassen andere Entdecker folgen: 1540 Francisco Vásquez de Coronado, der das heutige New Mexico erforscht, und 1542 Juan Rodriguez Cabrillo, der als erster Weißer die Küste Kaliforniens erkundet.

1598 Don Juan de Oñate bricht mit einer Gruppe von Siedlern von Mexiko nach Norden auf, kolonisiert New Mexico und versucht die Indianer zu missionieren. 1610 wird die Hauptstadt Santa Fe gegründet.

1680 Die Pueblo-Stämme lehnen sich gegen die Eroberer auf. Sie töten viele Missionare und vertreiben die Spanier aus New Mexico: der einzige siegreiche Indianeraufstand in der Geschichte Nordamerikas. Erst zwölf Jahre später gelingt Diego de Vargas und seinen Soldaten die Rückeroberung. Danach gehen die Spanier bei der Kolonisierung behutsamer vor.

1769 Unter der Leitung des Franziskanerpaters Junípero Serra beginnt die Missionierung Kaliforniens. Als erste in einer Kette von 21 Missionsstationen entlang der Küste wird San Diego gegründet. Bereits 1776 versuchen die Padres Escalante und Dominguez, von Santa Fe aus die Missionen an der Pazifikküste zu erreichen, und erforschen dabei einen großen Teil von Südutah und Arizona.

Junípero Serra, der Apostel

1803 Die USA kaufen das Louisiana Territory von Frankreich. Präsident Jefferson schickt im folgenden Jahr eine Forschungsexpedition unter Meriwether Lewis und William Clark aus, die bis zur Pazifikküste in Oregon vordringt. Amerikas Marsch nach Westen beginnt.

Noch heute donnert die Santa-Fe-Eisenbahn durch den Südwesten ▷

Santa Fe
..to the colorful Southwest
SANTA FE
ALL THE WAY
That's right, chico.
And "all the way" in the finest modern style—
and now on new and faster schedules.
For Santa Fe feels a great debt to nature for the colorful,
romantic land through which it runs—and
a real responsibility to our patrons, to take them
through it in the finest way.
SANTA FE SYSTEM LINES
Serving the West and Southwest
Santa Fe

1821 Mexiko erklärt seine Unabhängigkeit von Spanien und behält alle Besitzungen in Kalifornien und im Südwesten. Nicht zuletzt dank der schwachen mexikanischen Regierung beginnen nun vermehrt US-amerikanische Pelzjäger, Händler und Militärexpeditionen in den Südwesten zu ziehen. William Becknell pioniert 1821 als Händler den Santa Fe Trail, der *Mountain Man* Jedediah Smith erforscht 1826–29 Südwest-Utah und die Mojave-Wüste, und der Kartograph und Offizier John C. Fremont vermisst weite Gebiete des Great Basin, Kaliforniens und Colorados.

Mit der Hand am Abzug seines berühmten Colts: Apachenhäuptling Geronimo

1847 Unter der Führung von Brigham Young wandert die Sekte der Mormonen nach langer Verfolgung in New York und Illinois in das noch unbesiedelte Utah Territory aus (vgl. S. 57). Die unerschrockenen Pioniere gründen in den folgenden Jahren zahlreiche Siedlungen im gesamten Südwesten. Zur selben Zeit tobt weiter südlich der Amerikanisch-Mexikanische Krieg (1846–48), den Mexiko verliert. Die USA erhalten nach Kriegsende Kalifornien, Arizona und New Mexico zugesprochen. Noch im selben Jahr, 1848, beginnt der kalifornische Goldrausch, dessen Prospektoren und Abenteurer später nach Utah, Colorado und New Mexico weiterziehen.

1879 Der Bau der Santa Fe Railroad begünstigt die Rinderzucht und die Einwanderung von Siedlern. Neue Bergwerke entstehen, Revolverhelden terrorisieren ganze Landstriche – der Wilde Westen blüht.

1886 Der Anführer der Chiricahua-Apachen, Geronimo, ergibt sich der US-Armee. Damit endet der letzte Indianerkrieg im Südwesten. Schon zuvor wurden die Navajo und die Pueblo-Indianer in Reservate gesteckt; der Besiedlung des Südwestens durch die Weißen steht nichts mehr im Weg.

1908 In Hollywood werden die ersten Filme gedreht. Mit Motiven von Indianern und Cowboys beschäftigt sich die Filmindustrie, später auch mit dem Südwesten, und schmückt den Mythos vom Wilden Westen weiter aus. Südkalifornien entwickelt sich durch Plantagenbau und Ölfunde zur wichtigen Wirtschaftsregion, die besonders im Zweiten Weltkrieg aufblüht.

1945 und danach Am 16. Juli 1945 wird die erste Atombombe auf einem Versuchsgelände in New Mexico gezündet. Die Jahrzehnte seit dem Zweiten Weltkrieg bescheren Kalifornien und dem Südwesten ununterbrochenen Aufschwung. Neue Industrien, das sonnige Klima und der hohe Freizeitwert ziehen Millionen Amerikaner an; der Südwesten ist heute die am schnellsten wachsende Region Amerikas.

2000 Verheerende Waldbrände suchen den Westen der USA heim – in Los Alamos, New Mexico, nähert sich das Feuer gefährlich den Atomlabors.

2001 Am 11. September wird die Weltöffentlichkeit durch die Terroranschläge auf das World Trade Center in New York und das Pentagon in Washington erschüttert.

2002 Im Februar finden in Salt Lake City, Utah, die Olympischen Winterspiele statt.

Indianerpueblo als Ausflugsziel: in den 1920er Jahren am Rio Grande

Sanfte Landung

Los Angeles

Lange schwebt die Maschine über dem endlosen Häusermeer, das sich im Namen allerdings kurz fasst: L. A.

Der Südwesten, Kalifornien, Los Angeles: die Fülle des Goldenen Westens – leider zeigt sie sich nicht sofort. Denn erst mal sind da Warteschlangen: Passkontrolle, Zoll, das Übliche. Doch sobald man ins Freie tritt und sich die seidige kalifornische Luft mit dem säuerlichen Kerosingeruch mischt, geht es schon besser.

Wer nicht gleich in einem Flughafenhotel übernachten möchte, steuert auf dem

Freeway am besten den Westteil der Stadt an: Santa Monica zum Beispiel. Dort nämlich lässt sich mit dem angebrochenen Nachmittag durchaus noch etwas anfangen. Etwa am westlichsten Punkt des Westens, am Ende des Wilshire Boulevard, auf den Klippen des Pacific Palisades Park: ein hübsches Plätzchen zum Sitzen und Schauen, Gehen und Reden, belebt von Joggern und Müßiggängern, die auf den Sonnenuntergang über dem Pazifik warten. Oder man wählt Hollywood als Einstieg und sammelt ein paar erste Eindrücke von der schrägen Glimmerwelt am Hollywood Boulevard.

So oder so wird anfangs nicht alles zueinander passen: das Vorhandene und das, was man – meist nur aus zweiter Hand – schon kennt: aus Songs, Texten, Filmen, aus Verfolgungsjagden auf dem Bildschirm. Los Angeles, das war schon immer Kulissenzauber en gros.

Was die »Big Orange«, wie sich L. A. im Kontrast zum »Big Apple« New York nennt, so schmackhaft gemacht und ihr rasantes Wachstum gefördert hat, das waren die Chancen zum Neuanfang, zum frischen Start, zur Befreiung von alten Beziehungen, Traditionen und Rücksichten. Die Art, wie die Stadt gebaut ist, zeigt es: Einzelhäuser, so weit das Auge reicht. Sie verraten die alte Idee vom Jedermann, der seines Glückes Schmied sein will und es hier sein kann, sei es in den exklusiven Villen von Beverly Hills, in den gut ausgestatteten Universitäten und steinreichen Kunstinstituten, in neuen Glaubensrichtungen, ja, selbst in den Ghettos und Barrios der ethnischen Minderheiten, die die Chancen des Gelobten Landes nutzen und inzwischen die Mehrheit der Angelenos stellen.

Dem Muster des Bauens und Wohnens, das Dutzende Städte und Gemeinden überzieht, entspricht ein monströses Verkehrsnetz, das dem Auto nahezu unbegrenzten Spielraum gewährt. »Amerikaner sind Wesen auf vier Rädern«, heißt es. Auf keine Stadt passt dieser Spruch besser als auf die Autokultur in Los Angeles, in der jeder sein eigenes Transitsystem verkörpert.

Öffentliche Verkehrsmittel führen ein Schattendasein. Zwar gibt es inzwischen sogar eine U-Bahn, aber die Freeways sind nicht leerer geworden. Den Bus benutzen im Wesentlichen Arme, Alte und Angehörige von Minderheiten.

◁ *Los Angeles Freeway und Downtown*

Im Zeichen der Orange. Eine Rundfahrt durch Los Angeles mit den Highlights in Stichworten:

Ausgangspunkt ist (passend zu L. A.) die mehrstöckige **Kreuzung der San Diego und Santa Monica Freeways**. Von hier I-10 Richtung Downtown. Unterhalb von **Pershing Square** parken und zu Fuß: durch das alte Biltmore Hotel zur **Central Library**, gegenüber (an 5th St.) die Treppe der **Bunker Hill Steps** hinauf zu Hope Street, oben rechts bis Grand, diese ein Stück weiter zum **Museum of Contemporary Art**; zurück zur California Plaza und mit dem »Bergbähnchen« **Angel's Flight** hinunter zum **Grand Central Market**, durch diesen zum Broadway und dem **Bradbury Building** (Ecke 3rd St.). Gegenüber: das **Million Dollar Theatre**. Über **Broadway** (L. A. Dritte Welt: Autolärm, Rock 'n' Roll, Mariachi in Stereo, Verkaufshilfen für Hi-Fi-Elektronik, dazwischen Schmuck und Uhren, Brautkleider und Hot Dogs, ab und zu alte Kinos und Pfandhäuser) zurück bis 6th Street, dort rechts zurück zum Pershing Square.

Weiterfahrt: rund ums Biltmore Hotel zur 6th Street, dort links bis **Main Street**. Man kennt sie als *skid row*, eine verslumte Zeile mit Armenhotels und Missionsstationen, Junkies, Desperados und Obdachlosen. Ab First Street entschwindet das Elend, es nahen das Rathaus und die L. A. Mall, eine artifizielle Enklave mit Bänken, Grün und plastischer Kunst. Kurz danach rechts die Keimzelle der Stadt und des Pueblo, die **Plaza** und die kulinarische wie kunstgewerbliche Oase **Olvera Street**. (Stopp. Gegenüber liegt der sehenswerte alte Bahnhof: **Union Station**, unter ihm eine schicke U-Bahn-Station.)

Von Main Street aus dann gleich links in die Cesar Chavez Avenue. Ihre Verlängerung nach Westen ist ein ganz besonderer Parcours, einer durch Mythen und Miseren, der **Sunset Boulevard**. Glamour? Erst mal nicht. Dafür eine ziemlich schäbige Kraut-und-Rüben-Strecke, ein Boulevard of Broken Dreams. Es folgt der muntere Ortsteil Silverlake mit vielen *placas* und Graffiti-Texten an den Wänden, in der Ferne kann man schon HOLLYWOOD am Berghang lesen, und der Ort folgt auf dem Fuß. Griechische Gipssäulchen und weiteres verspieltes Dekor erinnern ans Kino; CBS-Studio und Aquarius Theatre zeugen von anderen Medien; Motels warten auf deren mobile Klientel. An Vine Street rechts: kurzer Wechsel zum **Hollywood Boulevard**. Es folgen der unverwüstliche Künstlertreff »Musso & Frank«, das einst berühmte Premierentheater Egyptian Theatre, der »Walk of Fame« mit seinen Messingsternen auf dem Bürgersteig, ja, und das **Mann's Chinese Theatre**.

Zurück zum Sunset: massenweise, meist von *gays* frequentierte Motels, Guitar Shops, Palmen und Punker. Ab Crescent Heights beginnt der »Strip«, der nur rund eine Meile lange Teil des Boulevards, der durch die TV-Krimiserie »77 Sunset Strip« berühmt wurde, und ab Doheny Drive **Beverly Hills** – Mauern und Hecken erlauben flüchtige Blicke aufs Wohnen im Paradies. Vor dem pinkfarbenen Beverly Hills Hotel links liegt ein kurzer Abstecher über den **Rodeo Drive** nahe, der, bevor er sich als feinste Einkaufsstraße der Westküste entpuppt, ein Potpourri baulicher Stilblüten bietet – schnuckelige Hexenhäuschen, Villen mit klassizistischen Säulen, andere im Hazienda-Look oder als plastischer Mix aus Antonio Gaudí, Jugendstil und Buttercremetorte.

Vorbei am noblen **Bel Air**, an der Universität (**UCLA**), an einem hellen Marmorpalast, einer lichten festen Burg hoch oben über dem San Diego Freeway, dem **Getty Center**, dem zurzeit neuesten, größten und teuersten Kunstmuseum der Welt, und den gefälligen Villenvierteln von Brentwood und **Pacific Palisades**. Hier lag einst das »Weimar der Westküste«, das Refugium deutschsprachiger Exilanten aus der Zeit vor und während des Naziregimes, hier standen die Häuser von Lion Feuchtwanger, Thomas Mann und Arnold Schönberg.

Schließlich sinkt der Sunset dem Meer zu Füßen. Über den Highway One links am Wasser entlang nach **Santa Monica**. Ausfahrt: Ocean Avenue (Tipp: Stopp bei **Santa Monica Place** und **Third Street Promenade**, einem bunt gemischten Fußgängerparadies mit originellen Läden, Straßencafés und Restaurants). Über Main Street in Santa Monica nach **Venice** und zum Ocean Front Walk, dem Dorado der Ausgeflippten, das sich an manchen Wochenenden zur unbestrittenen Hauptstraße von *California crazy* steigert. Alles geht hier, zu Fuß und auf Händen, auf rollenden Schuhen, Brettern und Rädern, gestylt und geföhnt, zerzaust und halbnackt. Venice, California: Himmelreich für Hedonisten.

Nicht nur auf Rädern sind Individualismus und Tempo gefragt. Im Wettbewerb der Egotrips zählen sie erst recht: die Neuheiten, Gags und Gimmicks. »It's soooo five minutes ago« heißt es oft, wenn einer hinterherhinkt. *Easy come, easy go!* Andererseits ist vieles, was hier über die Bühne geht, kreiert, ausprobiert und vermarktet wird, anderen Teilen der Welt meist um Nasenlängen voraus.

Die Annäherung an diese Hektik fällt vielen Besuchern nicht leicht. Wer meint, L. A. würde ihm zur Begrüßung einen roten Teppich ausrollen, befindet sich auf dem Holzweg. Was also tun mit diesem »Superding«, mit den sieben Millionen quirligen Autos und 13 Millionen Menschen auf einer Gesamtfläche, die größer ist als das gesamte Ruhrgebiet? Der Routenvorschlag soll dazu dienen, vor dem Start in den Südwesten der monströsen Stadtanlage einige Schokoladenseiten abzugewinnen.

Venice Beach

Infos: Los Angeles, Santa Monica

Stars am Boden: Hollywood Boulevard

Feste Burg: Disneyland in Anaheim

Los Angeles Visitors Information Center
685 South Figueroa St. (Downtown)
Los Angeles, CA 90071
✆ (213) 689-8822
Mo–Fr 8–17, Sa 8.30–17 Uhr
Karten, Broschüren und Infos aller Art, auch auf Deutsch.

Pacific Shore Hotel
1819 Ocean Ave. & Pico Blvd.
Santa Monica, CA 90401
✆ (310) 451-8711 und 1-800-622-8711
Fax (310) 394-6657
Strandnähe, Coffee Shop rund um die Uhr. $$$$ (Die Auflösung der $-Zeichen finden Sie S. 261 bzw. auf der hinteren inneren Umschlagklappe.)

Hotel Carmel
201 Broadway & 2nd. St.
Santa Monica, CA 90401
✆ (310) 451-2469 und 1-800-445-8695
Fax (310) 393-4180
Einfaches Hotel in günstiger Lage zwischen Promenade, Santa Monica Place und Ozean. $$–$$$

Sea Shore Motel & Apartments
2637 Main St.
Santa Monica, CA 90405
✆ (310) 392-2787, Fax (310) 392-5167
Solides Motel, ansprechend eingerichtete Zimmer, prima Lage. $$

Ocean View Hotel (Best Western)
1447 Ocean Ave.
Santa Monica, CA 90401
✆ (310) 458-4888 und 1-800-452-4888
Fax (310) 458-0848
Beste Lage gegenüber vom Palisades Park: Strand, 3rd St. Promenade, Santa Monica Place, Pier. $$$

Beverly Laurel Motor Hotel
8018 Beverly Blvd.
Los Angeles, CA 90048
✆ (323) 651-2441, Fax (323) 651-5225
Preiswert, hervorragende Lage, Coffee Shop, Pool. $$

Infos: Los Angeles, Santa Monica

Leo Carrillo State Beach
35000 Pacific Coast Hwy.
Malibu, CA 90265
✆ (805) 488-5223 und 1-800-444-7275
Campingplatz am Strand: Duschen, Volleyball und Basketball, keine *hookups*.

Travelers World RV Park
333 West Ball Rd.
Anaheim, CA 92805
✆ (714) 991-0100
Nähe Disneyland.

Ocean Avenue Seafood
1401 Ocean Ave. & Santa Monica Blvd.
Santa Monica, CA 90401
✆ (310) 394-5669
Meeresfruchtig und delikat: Austern-Bar und ausgezeichnetes Restaurant. $$

Border Grill
1445 4th St.
Santa Monica, CA 90401
✆ (310) 451-1655
www.bordergrill.com
Verfeinerte mexikanische Küche in verwegen-buntem Design. Populär und munter. $–$$

Taka-Sushi
1345 2nd St.
Santa Monica, CA 90401
✆ (310) 394-6540
Reicher Sushi-Tresen. $$–$$$

Musso & Frank Grill
6667 Hollywood Blvd. & Cherokee Ave.
Los Angeles, CA 90028
✆ (323) 467-5123
Seit 1919 Institution in Hollywood, lange Treff von Autoren und Musikgurus. Lunch und Dinner. So/Mo geschl. $$

Roxy Theatre
9009 West Sunset Blvd. (Hollywood)
Los Angeles, CA 90069
✆ (310) 276-2222
Seit der Eröffnungsnacht 1973 mit Neil Young nah am Geschehen – mit Musik- und Light Shows, David Bowie und Jon Bon Jovi eingeschlossen. Namhafte Gruppen: Rock, Pop, Jazz. Telefonisch Anfangszeiten und Programm erfragen.

Whiskey A Go Go
8901 West Sunset Blvd. (Hollywood)
Los Angeles, CA 90069
✆ (310) 652-4202
Beliebter Musikclub. Live-Rock und Tanz.

House of Blues
8439 Sunset Blvd. (La Cienega, West Hollywood)
Los Angeles, CA 90069
✆ (310) 650-0476
Musikclub und Restaurant, schon Bill Clinton spielte hier Saxophon: Blues und Südstaatenküche im Einklang.

Stark: Muscle Beach in Venice

1 Wüstentour

Von Los Angeles nach Las Vegas

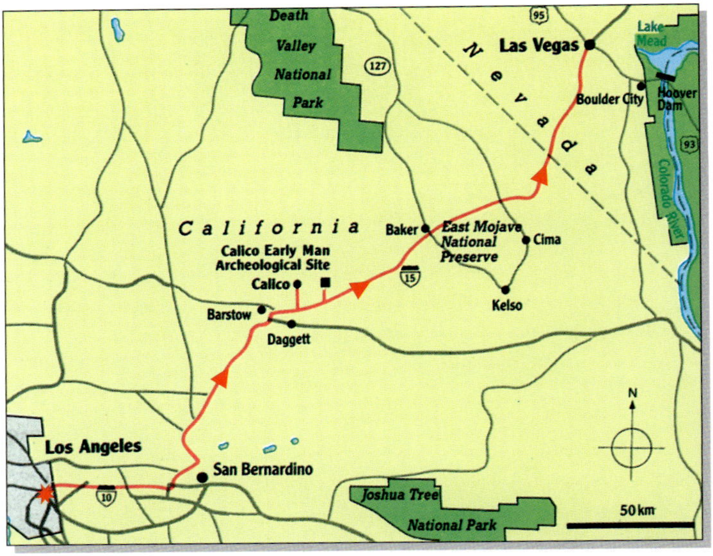

1. Route: Los Angeles – Mojave-Wüste – Calico – Las Vegas (440 km/275 mi)

km/mi	Zeit	Route
0	9.00 Uhr	Abfahrt **Los Angeles** (Downtown, I-10)
53/ 33	10.00 Uhr	Exit Montclair; große Shopping Mall für letzte Einkäufe.
204/127	11.30 Uhr	**Calico Ghost Town** (I-15, Exit Ghost Town Road 8 Meilen hinter Barstow, dann links 3 Meilen).
	13.30 Uhr	Abfahrt von Calico
373/233	16.30 Uhr	Grenze zu Nevada (Info-Büro am Exit 12 in Jean)
440/275	18.00 Uhr	**Las Vegas**.

Abstecher
Bei Baker führt die Kelbaker Road nach Süden in das erst 1994 neu gegründete **East Mojave National Preserve** mit vielen Joshua Trees, Kakteen, großen Sanddünen

und Lavagestein. Über die Wüstennester Kelso und Cima kehrt man zur I-15 zurück (75 Meilen, bei gemütlicher Fahrt etwa 1 1/2 Stunden). Im Nationalpark selbst sollen erst in den nächsten Jahren Lehrpfade, Campingplätze und andere Besuchereinrichtungen geschaffen werden.

Östlich von Downtown L. A. durchzieht der vielspurige San Bernardino Freeway schnurstracks die flache Stadtlandschaft. Die ganze linke Spur, die *carpool lane*, ist für »Massenverkehrsmittel« reserviert. Omnibusse, Taxis und sogar PKWs mit drei oder mehr Passagieren fallen unter die Kategorie Gruppenfahrzeug. Wenn man sich umsieht, sitzt tatsächlich in 90 Prozent der Autos nur der Fahrer. Eine Person – ein Auto, das ist in Los Angeles, wo es mehr zugelassene Fahrzeuge als Führerscheine gibt, normal.

Alhambra, Monterey Park, El Monte: alles Stadtteile von Los Angeles. Genauer gesagt, von **East L. A.** Über eine Million »Chicanos«, Amerikaner mexikanischer Herkunft, sind es offiziell, die im Ostteil der Riesenstadt leben, und die Dunkelziffer der illegalen Einwanderer ist mindestens genauso hoch. Die Bauweise der kleinen, flachen Häuser und die Pinien an den sonnigen braunen Hügeln erinnern ein wenig ans Mittelmeer.

Nach einer Weile erscheint linker Hand im Dunst die Bergkette der San Gabriel Mountains. **Mt. Baldy**, der Hausberg von L. A., ist immerhin 3 068 Meter hoch. Von Dezember bis April lassen die Angelenos dort oben ihre Skier zischen. Kurz vor San Bernardino zweigt, unübersehbar, die I-15 ab, in Richtung Norden und mit der Aufschrift des heutigen Zieles: LAS VEGAS.

In kräftiger Steigung führt der Highway hinauf in die San-Gabriel-Berge durch den San Bernardino National Forest, vorbei an den schwarzgrauen Bergkuppen, die oft ganzjährig mit Schnee bedeckt sind. An Sonntagen häufen sich hier die Pick-ups – beladen mit dickrädrigen *dune buggies*, robusten Dünenflitzern, unterwegs zur Wüstengaudi. Da wird dann in halsbrecherischem Tempo durch die sonnenverbrannten Hänge am Freeway geackert, dass der Staub nur so weht.

Am **Cajon-Pass**, in 1 277 Metern Höhe, grüßen die ersten Joshua-Bäume, die Vorboten der Wüste. Unter den bunten *billboards*, den Werbetafeln am Straßenrand, ist auch eine Ankündigung, die »Immediate Wedding Service« verspricht, Sofortheiraten für jene, die es so eilig haben, dass sie mit der Ehe nicht mehr bis Las Vegas warten mögen. Freilich ist die Szenerie ringsherum alles andere als hochzeitlicher Natur: Da und dort stehen vergammelte Wüstenschuppen aus Alu oder Holz, mal eine brandneue Retortenwohnsiedlung, dann wieder Blechruinen zwischen Hochspannungsdrähten und Telefonkabeln. In den letzten Jahren ziehen immer mehr Betriebe und damit auch Menschen hier heraus. Die Wüste hat noch Platz, und der Smog lässt Kinder und Alte hier (noch) nicht husten.

Das erste regelrechte Wüstennest heißt Victorville. Danach folgt nicht mehr viel außer Yuccas und *sagebrush* und natürlich Joshuas. Diese bizarr aussehenden »Bäume« recken ihre Arme gen Himmel – offenbar der Grund, warum die Mormonen diese Yucca-Art nach dem biblischen Propheten Josua benannten. Im Frühjahr blühen die stacheligen Gesellen mit einer wunderschönen, gelblich-weißen Traube kleiner Blüten.

Seit Los Angeles ist es nun schon gut zehn Grad wärmer geworden. Meile um Meile zieht sich der Highway durch die steinige Hügellandschaft. Im Formationsflug dröhnen zwei Düsenjäger plötzlich über das Tal und verschwinden im Tiefflug in der nächsten Senke. Ihre Heimat ist zehn Flugminuten weiter nordwestlich die gut abgesperrte **Edwards Air Force Base**. An sich ein desolates Fleckchen Wüste – aber durch die Landungen der NASA-Raumfähre auf dem dortigen ausgetrockneten Salzsee zu Berühmtheit gekommen. Wenn die Landung eines Raumgleiters ansteht und es im feucht-tropischen Florida gerade regnet, wird der Space Shuttle hierher in die Wüste umgeleitet und dann huckepack auf einem Jumbo wieder nach Cape Canaveral transportiert.

In der adrett wieder hergerichteten Geisterstadt **Calico** kurz hinter Barstow kann man geruhsam etwas rumlaufen, Mittagsrast machen, die klare Luft und die Sonne genießen, Kakteen bewundern und auch mal einen dicken *roadrunner* beobachten, diesen seltsamen rennenden Wüsten- oder Erdkuckuck. In jedem Fall aber sieht man Spatzen und rundliche Moppel: Präriehunde – ähnliche Wesen wie unsere Eichhörnchen, nur kleiner und unterirdisch zu Hause. Vom Parkplatz im Tal fährt ein kleiner offener Bus hinauf zum wiederbelebten Wüstennest, wo meist am Eingang gleich der »Sheriff« die Besucher begrüßt. Er hat sich schon ganz polyglott auf die internationale Schar der Wildwestfans eingestellt und die Begrüßungsformeln gleich in mehreren Sprachen parat. Im Anwendungsfall sagt er dann tatsächlich: »Willkommen in Calico, die Geisterstadt«.

1881 machten hier zwei Prospektoren den reichsten Silberfund Kaliforniens. Erz im Wert von 68 Millionen Dollar schürfte man in den folgenden Jahren aus den vielfarbigen Hügeln hinter dem über Nacht entstandenen Ort. 4 000 Einwohner soll Calico damals gezählt haben, 50 Kilometer Stollen sind angeblich in den Berg geschlagen worden – die Zahl von 22 Saloons ist verbürgt. 15 Jahre später war Calico verlassen. 1950 beschloss man, die *ghost town* zu erhalten. Fast zwei Dutzend fest angestellte Geister leben derzeit hier.

Natürlich gibt es einen Saloon (in dem um die Weihnachtszeit »O Tannenbaum« gespielt wird), diverse Erfrischungsmöglichkeiten, ein kleines Bergwerk und ein Museum zur Besichtigung und, als baulichen Höhepunkt, ein etwas verstaubtes Haus aus grünen Flaschen. Am Wochenende gehören Schießereien zur Tagesordnung, und beim Spring Music Festival am Muttertag im Mai wird Country- und Bluegrass-Musik zelebriert. Wer es von den Zuschauern wagt, auf der Bühne ein Lied beizusteuern, wird mit einem *apple-pie* belohnt.

Noch tiefer in die Vergangenheit Kaliforniens könnte danach ein Abstecher zur **Calico Early Man Archeological Site** führen. 1942 entdeckte ein Hobby-Archäologe prähistorische Steinwerkzeuge im Schwemmkegel eines ausgetrockneten Baches. Steinzeitliche Indianer hatten hier, am ehemaligen Ufer des urzeitlichen Manix-Sees, campiert und aus dem gut zu bearbeitenden Gestein dieser Region Werkzeuge gefertigt. Erst 1964 begannen die wissenschaftlichen Ausgrabungen unter der Führung des Paläontologen und Archäologen Louis Leakey, der durch seine Funde in der afrikanischen Olduvai-Schlucht weltweit berühmt wurde. In der Mojave-Wüste fand er zwar keine spektakulären, frühmenschlichen Knochen, dafür aber Tausende von Werkzeugen und winzige Splitter. Nach Ansicht einiger Wissenschaftler sollen sie rund 200 000 Jahre alt sein – spektakulär genug, denn bisher ging man davon aus, dass Menschen frühestens vor 75 000 Jahren nach Nordamerika kamen.

Als Besucher kann man in diesem »Insitu-Museum« per Führung die aktuellen Grabungen beobachten und Details über die Arbeitsmethoden der Archäologen erfahren sowie über die Hypothese, dass bereits vor den Ahnen der heutigen Indianer eine Spezies ausgestorbener Neandertaler Kalifornien unsicher machte.

Aus der Vergangenheit in die Zukunft des Goldenen Staates: Einige Kilometer südlich der Autobahn stand nahe Calico von 1982 bis 1989 »Solar One«, das erste Versuchskraftwerk Kaliforniens zur Nutzung der Sonnenwärme. Mit 4 000 Sonnenstunden pro Jahr eignet sich dieses Wüstengebiet ideal zur Verwertung der Solarenergie. In dem Pilotprojekt reflektierten große Spiegel die Sonnenwärme auf einen Wasserkessel. Dort verwandelte sich das auf 600 Grad erhitzte Wasser zu Dampf, der eine Turbine antrieb – und immerhin Strom für 5 000 energiehungrige Kalifornier erzeugte. Mittlerweile ist das Solarkraftwerk zwar wieder stillgelegt, aber aus den Erfahrungen sind weitere Projekte in der Region um Los Angeles entstanden. Und in der Mojave-Wüste experimentiert man nun weiter mit anderen Möglichkeiten der Energiegewinnung, mit der Kohlevergasung zum Beispiel, mit Windkraftwerken oder handlichen Parabolspiegelkraftwerken für Einzelnutzer.

Die Weiterfahrt von Calico folgt dem Asphaltband der I-15 durch öde Mondlandschaften. Nur ab und zu tauchen ein paar Wachmacher am Weg auf: Schilder wie EAT oder GAS. Mehr ist nicht. Aber gegen das Einschlafen am Steuer hat die Straßenmeisterei ein wirksames Mittel gefunden: Kaum gerät man von der breiten Fahrbahn etwas an die Seite, wird's plötzlich laut. Quer gelegte Rillen am Straßenrand lassen die sonst so monoton brummenden Reifen laut aufjaulen und den Dösenden hochschrecken.

Bei **Baker** ragen kleine Erhebungen aus dem weiten Wüstenrund; immerhin eine Abwechslung. Auch die Joshua Trees haben bei Halloran Springs plötzlich an Höhe zugelegt. Südlich von Baker erstreckt sich übrigens das neue **East Mojave National Preserve**, ein sehenswertes Wüstenschutzgebiet mit kleinen Oasen und hohen Sanddünen, Lavafeldern und Vulkankegeln. Alte Pionierranches wurden ebenso unter Schutz gestellt wie stille kleine Canyons, in denen sich Känguruhratten und Coyoten gute Nacht sagen. Für Wüstenfüchse lohnt sich die Fahrt über die Kelbaker Road und die Örtchen Kelso und Cima – ein etwa anderthalbstündiger Schlenker von der Route.

Wenig später, hinter Halloran: ein Rastplatz und die erste, gleich ziemlich realistische Begegnung mit Indianern. Auf dem Weg, den die Leute zu den Toiletten nehmen müssen, haben Navajomädchen und -frauen Decken auf der Erde ausgebreitet und bieten Schmuck an.

Hinter dem Mountain-Pass beginnt die Abfahrt von der Hochebene in ein großes Wüstental. Die meiste Zeit des Jahres klafft da der **Ivanpah Lake** als knochentrockenes, hitzeflimmerndes Salzloch; nur in den Wintermonaten wird die Salzfläche feucht-morastig und steht gar auch mal einige Zentimenter unter Wasser. Kurz dahinter kommt die Grenze zu Nevada – und gleich auch die ersten

Casinos sowie eine große Outlet Mall mit Designerklamotten. Danach – *billboards*, die in Ermangelung anderer Vegetation einen fast ununterbrochenen Schilderwald schaffen, in dem es von Knüllern in Las Vegas nur so wimmelt.

Dann taucht die Silhouette der Stadt aus dem Nichts auf: **Las Vegas** gibt es wirklich. Über den Las Vegas Boulevard, den berühmten »Strip«, fährt man in die Stadt ein. Aber noch ist es Tag. Das Ganze wirkt enttäuschend, sieht trist aus und öde. Riesige Lettern prangen an den zahllosen verwirrenden Reklametafeln, klotzige Hotelbunker ragen allerorten empor, es herrscht dichter Verkehr und unangenehme Hektik.

Nun, keine Angst. Erst gibt's ja mal ein Hotel. Die Rezeption im Casino zu finden ist gar nicht so leicht. Überall klingeln die Glücksautomaten, und die künstliche Welt von Menschentrauben und Teppichboden scheint nach dem einsamen Tag in der Wüste surreal. Aber gemach, jetzt heißt es erst mal den Staub hinunterspülen und etwas essen – denn dann kommt die Nacht.

Nach Sonnenuntergang ist der »Strip« wie verwandelt. Die pechschwarze Wüstennacht hat Las Vegas zu einer lichterblitzenden, neonflackernden Märchenstadt erweckt.

Venedig in der Wüste: The Venetian Casino, Las Vegas

❶ Infos: Baker, Calico, Las Vegas

Mall in Montclair
Möglicher Einkaufsstopp in Montclair; hier gibt es direkt am Freeway eine große Mall – für all das, was man vergessen hat und in letzter Minute vor der großen Tour noch mitnehmen möchte.

Mojave Information Center
72157 Baker Blvd., Baker, CA 92309
✆ (760) 733-4040
Ausstellungen über die Mojave-Wüste und Informationen über das neue Schutzgebiet Mojave National Preserve.

Calico Ghost Town
3 Meilen nördl. der I-15 an der Ghost Town Rd., Yermo, CA 92398
www.calicotown.com
Tägl. 8 Uhr bis zum Eintritt der Dunkelheit
Die touristisch wiederbelebte Geisterstadt schafft Wildwest-Atmosphäre; Mittagessen im Calico House Restaurant, in Lil's Saloon oder Picknick auf den Holzbänken im Örtchen. Eintritt $ 6.

Calico Early Man Archeological Site
Minneola Rd., 4 km nördl. der I-15
Mi 12–16.30, Do–So 9–16.30 Uhr, Juli–Sept. nur Do–So 9–13 Uhr
Ausgrabungsstätte eines Camps und Steinbruchs steinzeitlicher Ur-Indianer; interessant für Archäologie-Fans mit guten Englischkenntnissen. Visitor Center und Führungen.

Calico hat öfter was zu feiern: die Wettbewerbe (Hufeisenwerfen, Tabakspucken) des **Calico Hullabaloo** am Palmsonntag, das **Spring Festival** mit Country & Western-Musik am Muttertag im Mai und am zweiten Oktoberwochenende die **Calico Days** mit Paraden.

Fashion Outlet of Las Vegas
32100 Las Vegas Blvd., Primm, NV 89019
✆ 1-888-424-6898
Mo–Sa 10–21, So bis 20 Uhr
Große Outlet Mall mit Designerläden direkt an der Staatsgrenze von Nevada.

Vorab-Informationen für Las Vegas und einen Show-Guide für die Konzerte und Veranstaltungen der folgenden zwei Monate können Sie bei der Las Vegas-Vertretung in Deutschland anfordern:

Las Vegas Visitors Authority
Herzogspitalstr. 5
80331 München
✆ (089) 23 66 21 30, Fax (089) 2 60 40 09

Jean Visitors Center
I-15, Exit 12, Jean, NV 89019
Tägl. 9–17, Fr bis 22 Uhr
Info-Büro der Stadt Las Vegas mit Hotelreservierung.

Las Vegas Convention & Visitors Authority
3150 South Paradise Rd.
Las Vegas, NV 89109
✆ (702) 892-0711, Fax (702) 892-2824
www.lasvegas24hours.com
Mo–Fr 8–17 Uhr

Übernachtung: Auch wer preiswert nächtigen möchte: In Las Vegas geht man ins Hotel! Die Sommer- und damit *Off-season*-Preise liegen zwischen $ 50 und $ 90, z. B. im Excalibur, ✆ (702) 597-7777 oder im Imperial Palace, ✆ (702) 731-3311, die Motels sind kaum billiger. Die interessantesten und bestgelegenen Herbergen sind das Bellagio, das spektakuläre neue New York-New York und das Monte Carlo Casino (ca. $ 100–250).

Wer an den teureren – und meist überfüllten – Wochenenden kommt, kann in eines der Motels in der Nähe des »Strip« ziehen. Sehr preiswerte Motels liegen an der Fremont Street stadtauswärts. Beim Info-Büro an der Grenze zu Nevada kann man nachmittags noch für denselben Abend Zimmer in der Stadt reservieren. **Vorsicht:** An Feiertagswochenenden ist es fast unmöglich, in Las Vegas noch kurzfristig ein Zimmer zu bekommen. Also vorausplanen und in einem solchen Fall möglichst schon von Europa aus reservieren!

The Venetian
3355 Las Vegas Blvd. South
Las Vegas, NV 89109
✆ (702) 414-1000 und 1-877-883-6423
Fax (702) 414-1100, www.venetian.com
Neu und sehr komfortabel, alle 3036 Zimmer haben Suite-Größe. Venezianische Kanäle mit Gondeln; Badelandschaft auf dem Dach des Casinos. $$–$$$

Luxor
3900 Las Vegas Blvd. South
Las Vegas, NV 89119
✆ (702) 262-4000, Fax (702) 262-4406
Ägypten lässt grüßen: eine gewaltige Pyramide mit 2526 Zimmern, mit 36 m hohem Obelisk und einer Sphinx. $$–$$$

Treasure Island
3300 Las Vegas Blvd. South
Las Vegas, NV 89109
✆ (702) 894-7111, Fax (702) 894-7414
www.treasureisland.com
Ein Piratentraum: 2900 Zimmer mit eigener Lagune, echter Seeschlacht und Schatzinsel-Romantik. $$$$

Monte Carlo
3770 Las Vegas Blvd. South
Las Vegas, NV 89101
✆ (702) 730-7777, Fax (702) 730-7250
www.monte-carlo.com
Zentrale Lage am Strip; tropisch umgrünter Pool, eigener Brewpub. $$–$$$

Campingplätze: Ganz in der Nähe des »Strip«, liegt an der Rückseite des Hotel-Casinos Circus Circus der riesige Campingplatz Circusland (✆ 702-734-0410).

Am Südrand des Strip bietet auch das Silverton Casino einen großen Campingplatz (✆ 702-263-7777). Vorbestellung (1–2 Tage) ist an Wochenenden und Feiertagen sehr ratsam.

Abendessen geht man in Las Vegas am besten in einem der großen Casinos: Für $ 5–12 gibt's riesige und sehr reichhaltige Buffets, z. B. im Bally's Casino, im Paris, im MGM Grand, im Luxor oder – besonders preiswert – im Circus Circus.

Coyote Cafe
MGM Grand, 3799 Las Vegas Blvd. South
✆ (702) 891-7349
Ausgezeichnete neumexikanische Küche in einem schicken Ambiente. $$–$$$

Chinois Las Vegas
The Forum Shops im Caesars Palace
3500 Las Vegas Blvd. South
✆ (702) 737-9700
Bistro mit asiatisch-kalifornischen Kreationen von Starkoch Wolfgang Puck. $$

Mon Ami Gabi
3645 Las Vegas Blvd. South
✆ (702) 946-7000
Im Paris-Casino darf eine Brasserie nicht fehlen. Terrasse direkt am Strip. $$

Show-Reservierungen sollte man am besten schon am Morgen vornehmen. Alle großen Casinos haben *reservation desks*, bei denen man auch die Shows der meisten anderen Casinos buchen kann. Shows gibt es generell in zwei Kategorien: zum einen große Bühnenshows wie »Folies Bergère« (Tropicana Casino, ✆ 702-739-2411), »Lord of the Dance« (New York-New York, ✆ 702-740-6815, »Splash« (Riviera, ✆ 702-794-9433) oder die Aufführungen »O« und »Mystere« des berühmten kanadischen Traumzirkus »Cirque du Soleil« (im Bellagio, ✆ 702-796-9999 und im Treasure Island, ✆ 702-894-7722). Zum anderen gibt es Shows einzelner Bühnenstars wie der legendären Zauberer Siegfried & Roy (Mirage, ✆ 702-792-7777) und Auftritte von Musikstars wie Billy Joel, Kenny Rogers oder Tom Jones. Aktuelle Liste bei der Concierge oder beim Visitors Bureau.

Die Preise liegen zwischen $ 15–120; bei den Dinner-Shows ist das Abendessen eingeschlossen, bei den Cocktail-Shows sind meist zwei Cocktails inbegriffen. Etwa eine halbe Stunde vor Beginn sollte man eintreffen – und sich in die Schlange einreihen.

2 Fata Morgana – air conditioned

Las Vegas

2. Route: Las Vegas – Hoover Dam – Lake Mead – Las Vegas (101 km/63 mi)

km/mi	Zeit	Route
0	10.00 Uhr	Abfahrt **Las Vegas** (Downtown) auf der Fremont Street (US 95/93) nach Südosten über Boulder City zum
48/30	10.45 Uhr	**Hoover Dam** (Visitor Center am Westende des Dammes, dann Bummel über die Staumauer nach Arizona).
52/32	11.45 Uhr	Aussichtspunkt über den Lake Mead (auf US 93 zurück, nach 2 km führt eine kurze Seitenstraße rechts den Hügel hinauf)
55/34	12.00 Uhr	**Alan Bible Visitor Center**.
58/36	12.45 Uhr	**Boulder Beach** (2 Stunden sonnen und baden), danach Rückfahrt über SR 147 nach

101/63	16.00 Uhr	**Las Vegas** (Bummel durch Caesars Palace, Mirage Hotel, MGM Grand und Luxor Hotel; evtl. Museumsbesuch).
	Abends	Bummel am »Strip« und Show-Besuch.

Abstecher

Flugexkursionen zum Grand Canyon und über den Lake Mead werden von Scenic Airlines, ✆ (702) 638-3291, und Eagle Canyon Airlines, ✆ (702) 736-3333, durchgeführt (ab Las Vegas).

Im **Red Rock Canyon National Conservation Area** (30 km westl. über Charleston Blvd.) führt eine 20 km lange Panoramastraße durch rote Felslandschaften und zu Aussichtspunkten über die Wüste.

PS: Wer von Las Vegas aus wieder abfliegt, kann den Hoover Dam auch bei der Rückfahrt von Phoenix besichtigen – und den heutigen Vormittag gemütlich am Pool verbringen.

Ein riesiger Backofen ist dieses Südnevada, heiß und trocken. In Las Vegas liegen die durchschnittlichen Tageshöchsttemperaturen im Juli bei 39,7 Grad. Daher ist der Sommer auch die *offseason*, die »stille Zeit« in der Stadt. Dennoch sind im Schnitt an jedem Tag des Jahres mindestens 60 000 Besucher hier. Im Herbst, im Oktober geht es richtig los. *Conventions*, also Kongresse, heißt das Schlagwort. Alle nur denkbaren Organisationen treffen sich zu ihren Jahrestagungen: zum Reden, Baden und Spielen. Kommt man im Winterhalbjahr dann als unbefangener Besucher hinzu, kann es bei der Zimmersuche leicht heißen: »Alles voll, 33 000 Zahnärzte sind in der Stadt.«

Wunderlampe für 2 600 Zimmer: Aladdin Casino, Las Vegas

Und tatsächlich, überall in den Casinos sieht man die Zähne der Herren Doktoren blinken – Amerika ist für fünf Tage ohne Zahnschutz, die Karies floriert. Aber mitunter auch der Sonnenbrand. Man sollte sich also rechtzeitg vor Augen halten, dass die Sonnenintensität in der Wüste gewaltig ist und sich ungeschützte Haut in der prallen Sonne schon nach wenigen Viertelstunden schält. In Las Vegas ebenso wie draußen, bei einem Ausflug ans Wasser zum Beispiel. Jetzt am Morgen sind die Paläste der Zocker ohnehin noch recht verschlafen, ein Stadtbummel lohnt am Nachmittag mehr. Highway US 93 führt von der Innenstadt geradewegs zur größten Sehenswürdigkeit der Region, zum oft als modernes Weltwunder bezeichneten **Hoover Dam**.

Über Millionen von Jahren grub sich der Colorado sein Bett quer durch den Südwesten des Kontinents zum Golf von

Kalifornien. Weite, fruchtbare Täler und enge Schluchten entstanden – an dieser Stelle der 300 Meter tiefe Black Canyon. Das Problem für die ersten Siedler war, dass der Colorado im Frühjahr wegen der Schneeschmelze oft starkes Hochwasser im Unterlauf führte, im Herbst aber fast austrocknete. Die verheerende Überflutung von 1905, als der Fluss durch einen ungenügend geschützten Kanalstich zum Imperial Valley Kaliforniens durchbrach und die 1 300 Quadratkilometer große Salton Sea schuf, brachte das Fass zum Überlaufen.

Um den Fluss zu zähmen und besser für die Bewässerung zu nutzen, beschloss die US-Regierung 1922 den Bau des Hoover Dam. Nach fünf Jahren Bauzeit wurde 1935 der letzte von insgesamt 2,5 Millionen Kubikmetern Beton gegossen: Ein 379 Meter langer und 221 Meter hoher Damm versperrte dem Fluss seinen Weg durch die Schlucht, ein 640 Quadratkilometer großer Stausee, der **Lake Mead**, entstand.

Unten, im Schlund des Canyon, muss die Staumauer rund 200 Meter dick sein, um dem Wasserdruck standzuhalten – genug Beton, um eine zweispurige Straße von New York nach San Francisco zu bauen! 17 riesige Generatoren schaffen Elektrizität für Arizona, Nevada und Südkalifornien. Bis Los Angeles reichen die dicken Kabel, und auch die Neonreklamen von Las Vegas blieben ohne den Damm dunkel.

Auf dem Damm kann man mit Blick in den gähnenden Abgrund nach Arizona hinüberspazieren. Die beste Aussicht aber bietet sich vom neuen **Visitor Center** auf der Nevadaseite, das direkt an die Steilklippen geklebt wurde. Danach ein kurzer Abstecher zum **Lake Mead View Point:** Zwar ist nur ein kleiner Teil des 180 Kilometer langen Sees sichtbar, aber man kann die gewaltigen Dimensionen dieses Wüstenmeeres erahnen. Wenn dieses größte Reservoir der USA voll ist, stauen sich hier 35,2 Milliarden Kubikmeter Wasser!

Lake Mead – ein riesiger Stausee, mitten in der Wüste

Beim **Alan Bible Visitor Center** an der Abzweigung der Lakeshore Road sind die Wüstenlandschaft, ihre Flora und Fauna die Themen. Eine Diashow zeigt, was da so hüpft und kriecht, ein kleiner Kaktusgarten stellt die festgewurzelten Bewohner vor. Und mit etwas Glück sieht man im Gärtchen sogar den (vermutlich vom Parkservice fest angestellten) Vorzeige-Roadrunner zwischen den Stachelsäulen herumdüsen.

Die verdiente Pause nach den Sehenswürdigkeiten und Statistiken kann man dann unten am Ufer des **Boulder Beach** einlegen. Hier lässt sich's gut aushalten – auf dem schattigen Picknickplatz, im kühlen Wasser, am Sandstrand.

Bei der Rückkehr nach **Las Vegas** sind die Straßen schon etwas gefüllter. An den Casino-Eingängen flackern die Neonlichter, die Springbrunnen plätschern einladend, und auf den Gesteigen am »Strip« eilen die ersten Zocker in die klimagekühlten Kunstwelten der Glückspaläste. Las Vegas rüstet sich für die lange Nacht.

Zumindest einige der spektakulären neuen Casinos darf man sich nicht entgehen lassen – das pompöse **Venetian Casino** zum Beispiel, komplett mit Campanile und Gondeln. Oder gegenüber das 600 Millionen Dollar teure Mirage, vor dem alle 20 Minuten ein hauseigener Vulkan ausbricht und das im Inneren einen veritablen Regenwald mit Wasserfällen und lauschig umgrünten Bächlein besitzt. Oder gleich nebenan das im Piratenmotiv gestaltete **Treasure Island**, in dessen Karibik-Lagune stündlich eine Seeschlacht zwischen Freibeutern und Engländern tobt. Alles in Originalgröße, und sogar mit echten, menschlichen Darstellern und mächtigem Kanonendonner.

Das nobelste Zockerparadies am »Strip« aber ist nach wie vor **Caesars Palace** – eine altrömische Fantasiewelt mit

Paris – Las Vegas Casino

Freistil-Skulpturen und Barmädchen im Toga-Look. In der marmornen Ladengalerie der Forum Shops erwachen die Skulpturen sogar hin und wieder zum Leben, darüber wölbt sich ein Kunsthimmel, an dem alle 20 Minuten die Sonne auf- und untergeht. Perfekte Illusionen waren schon immer die Stärke von Las Vegas – die Wüste draußen wird zur Nebensache.

Immer neue, immer verrücktere Casinopaläste wurden in den letzten Jahren am »Strip« gebaut. Vor dem **Bellagio** tanzen in einer großen Lagune allabendlich Wasserspiele, gegenüber im **Paris** lockt eine Aussichtsplattform auf den Eifelturm. Das **Excalibur** spielt Mittelalter mit Ritterburg und Zugbrücke, das **MGM Grand** gegenüber – mit gut 5000 Zimmern nicht eben die kleinste Herberge der Stadt – hat sogar einen eigenen Vergnügungspark, der Disney zur Ehre gereichen würde. Einige Schritte weiter ragt mit 40 Stockwerke hohen Mini-Wolkenkratzern die Skyline des **New York-New York** auf. Noch toller treiben es die alten Pharaonen: Mit dem **Luxor** hat sich Las Vegas eine postmoderne Pyramide geleistet, die größer ist als alles am Nil. Neun Jumbojets würden in der monumentalen Innenhalle problemlos Platz

Wasser, Wind und Sphinx – das Luxor Casino

finden. Und ganz am Südende des »Strip« lohnt sich für jüngere Szenegänger noch ein Abstecher ins **Mandalay Bay Casino**, das anerkannt die besten Bars und In-Restaurants besitzt und dazu ein »House of Blues« mit großen Namen der Rock-Szene jeden Abend.

Sogar die alte **Downtown**, die in den 1970er und 1980er Jahren etwas heruntergekommen war, hat sich neuerdings wieder gemausert: Die **Fremont Street**, das müde gewordene Herz der Stadt, hat man jüngst überdacht und zur Vergnügungsstraße umgebaut. Las Vegas scheut keine Mühen und Kosten, um die Spieler anzulocken – die investierten Dollar haben sich noch immer gelohnt.

Vor dem Abendprogramm kann man noch einen Blick in eines der Museen werfen: auf die antiken Staatskarossen im Imperial Palace oder die Glitzerkostüme des Showkönigs Liberace. Wer in Las Vegas ganz professionell einsteigen möchte, kann in vielen der Casinos das Spielen lernen. *Gaming school* nennt sich das und kostet nichts, denn das Casino hofft, dass man später mit echtem Geld weitermacht – und natürlich verliert.

Spielen hat Geschichte in Las Vegas. Phil Tobin, ein am Glücksspiel völlig desinteressierter Rancher, schlug 1931 dem Staatsparlament vor, das *gambling* in Nevada zu legalisieren, um mit den Steuereinnahmen die öffentlichen Schulen zu unterstützen. Damit hatte die Geburtsstunde des heutigen Las Vegas – vorher eine eher verschlafene Bahnarbeitersiedlung – geschlagen. Als auch noch die Heirats- und Scheidungsgesetze vereinfacht wurden, kamen bald die Besucher in Scharen.

Das erste Hotel-Casino öffnete 1940, und nach dem Zweiten Weltkrieg hatte die Mafia die Finger im inzwischen lukrativen Geschäft mit dem Glück. Benjamin »Bugsy« Siegel eröffnete 1946 das **Flamingo Hotel** und das erste der modernen Casinos. Den Rosengarten neben dem Swimmingpool des Flamingo soll Bugsy mit den Leichen dreier Rivalen aus der Unterwelt gedüngt haben. Bugsy wurde wenige Monate später in Beverly Hills mit einer Schrotflinte erschossen.

Die Verbindungen zum organisierten Verbrechen sind heute zumindest nicht mehr so auffällig, man munkelt aber immer noch von der Mafia. So schenkte eines der ganz großen Casinos noch vor wenigen Jahren einem seiner besten Kunden zum Geburtstag ein Mercedes-Kabriolett und reservierte ihm ganzjährig eine komplette Suite – nur weil er jedes Jahr mehrere Millionen Dollar im Casino verpulverte. Allerdings konnte der »gute Kunde« sein Kabrio nicht lange genießen, denn das FBI überführte ihn wenig später als Drogenhändler und lochte ihn ein.

Trotz der neuen Konkurrenz von Atlantic City an der amerikanischen Ostküste ist Las Vegas nach wie vor die Vergnügungshauptstadt der USA. Als Ende der 1980er Jahre in fast allen Bundesstaaten und in vielen Indianerreservaten das Glücksspiel erlaubt wurde und überall neue Spielcasinos aus dem Boden schossen, wurde Las Vegas schon totgesagt. Doch weit gefehlt: Vegas klotzte ran, baute spektakuläre neue Zockerpaläste und Vergnügungsparks, um auch die Mittelklasse und die Familien anzulocken. Man wollte nicht mehr nur Spielerstadt sein, sondern Urlaubsziel für alle werden.

Die Rechnung ging auf. Nach einigen mageren Jahren boomt Las Vegas wieder. Mehr als 35 Millionen Besucher lassen alljährlich etwa sieben Milliarden Dollar in der Stadt. Außer Glücksmaschinen und grünen Spieltischen locken surreale Fantasiewelten, namhafte Shows und Künstler, preiswertes Essen und Wohnen die Leute an – die Einmal-Glücksritter und die Profispieler, die Familien mit Kindern und die Sightseeing-

Vulkanausbruch als Entertainment: allabendlich vor dem »Mirage«

Licht und Schatten: Las Vegas Boulevard, der »Strip« ▷

Touristen, die aufgedonnerten Hausfrauen und die Ladies, deren Finger ganz schwarz sind vom Abrieb der Münzen. Dazwischen die braun gebrannten Sonnyboys, die ewig lächelnden, kurzberockten Bedienungsgirls und stoischen Dealer. Fast 11 000 Menschen werden allein am Riesenbuffet des Circus Circus täglich verköstigt – im Jahr sind das immerhin vier Millionen!

Ein eigenes Kapitel wären die unübertroffenen Shows von Vegas – glitzernde

Paraden der Girls im Folies Bergère und perfekte Einzelauftritte der Superstars. In den Hotelbars treten viele Nachwuchskünstler auf, kostenlos und oft mit genauso ausgefeilten Darbietungen wie die arrivierten Namen auf den großen Bühnen nebenan. So mancher heutige Star fing ganz klein in Las Vegas an. Präsident a. D. Ronald Reagan etwa trat 1954 in einer Kabarettaufführung des früheren Frontier Hotel auf. Auch er hat es geschafft.

Riesenstau: Hoover Dam

Hochzeitsparadies Las Vegas

Frühstück nimmt man in Las Vegas ähnlich wie das Abendessen in den großen Casinos, die sehr opulente Frühstücksbuffets haben. Sa und So gibt es Champagner-Brunch, z. B. im Bally's Casino.

Hoover Dam
Boulder Hwy. (US 93), Visitor Center auf der Westseite, tägl. 9–17 Uhr
Moderne, neue Anlage mit Ausstellungen über die Geschichte des Dammes. Die 40-minütige Führung ($ 10) durch das Kraftwerk ist nur für technisch Interessierte empfehlenswert.

Alan Bible Visitor Center
US 93 nahe Boulder
Tägl. 8.30–16.30 Uhr
Guter Film und Informationen über das Gebiet des Lake Mead. Um das Besucherzentrum zeigt ein kleiner botanischer Garten typische Wüstenpflanzen. Eintritt frei.

Mittagessen kann man im Gold Strike, dem letzten Casino vor der Grenze zu Arizona. Es ist jedoch viel schöner, am Boulder Beach zu picknicken (Tische etc. vorhanden; vorab im Safeway-Supermarkt von Boulder City einkaufen – und evtl. auch schon für die nächsten Tage etwas mitnehmen).

Imperial Palace Auto Collection
3535 Las Vegas Blvd. South
Im 5. Stock der Parkgarage des Imperial Palace Casino
✆ (702) 731-3311
www.imperial-palace.com
Tägl. 9–23.30 Uhr
250 antike Fahrzeuge; Höhepunkte sind die Prunkwagen des Zaren, des thailändischen Königs und die Karosse Hitlers. Eintritt $ 6.95, Kinder $ 3.

Star Trek: The Experience
Im Las Vegas Hilton, 3000 Paradise Rd.
✆ (702) 732-5111
Tägl. 11–23 Uhr

Helikopter: fürs Ja-Wort in der Luft

Eine Reise ins Weltall mit Mr. Spock – technisch perfekt und ein Muss für alle »Trekkies«. Restaurant und witziger Souvenirladen. Eintritt $ 14.95.

Liberace Museum
1775 East Tropicana Ave.
Las Vegas, NV 89119
✆ (702) 798-5595, Fax (702) 734-5897
www.circuscircus-lasvegas.com
Mo–Sa 10–17, So 13–17 Uhr
Zur Schau stehen die ultra-kitschigen Show-Utensilien des in den USA legendären Künstlers Liberace: funkelnde Kostüme, hochglanzpolierte Flügel und verrückte Luxusautos.
Erwachsene $ 6.95, Kinder frei.

Circus Circus
2880 Las Vegas Blvd. South
Las Vegas, NV 89109
✆ (702) 734-0410, Fax (702) 734-5897
www.circuscircus-lasvegas.com
Tägl. 11–23 Uhr
Kinder können von der Zuschauerplattform die Zirkusaufführungen verfolgen, ins Casino darunter dürfen sie allerdings nicht. Angeschlossen ist der Vergnügungspark »Grand Slam Canyon« mit wilden Achterbahnen.

Olive's
Bellagio Casino, 3600 Las Vegas Blvd. South
Las Vegas, NV 89103, ✆ (702) 693-8181
Pasta und Osso Bucco auf einer schönen Terrasse mit Blick über die Lagune. $$–$$$

VooDoo Cafe & Lounge
Rio Suite Hotel, Flamingo Rd.
Las Vegas, NV 89103
✆ (702) 252-7777
Schön zum Sonnenuntergang: ein Aussichtslokal mit fabelhaftem Blick über den »Strip« mit Fisch und Steak im New-Orleans-Style. Open-Air-Bar (abends Jazz) im Obergeschoss. Auch sehr gute Buffets unten im Casino. $$–$$$

Feste und zusätzliche Tipps:

Ende April ist **Weltmeisterschaft im Poker**, am letzten Maiwochenende die **Helldorado Days** (nostalgisches Pionierfest mit Rodeo) und Anfang Dezember das **National Finals Rodeo** mit Cowboys aus den ganzen USA.

In Las Vegas finden häufig besondere Veranstaltungen statt, z. B. Weltmeisterschaftsboxkämpfe, Ballonfestivals oder Rodeos. Aktuelle Auskünfte vor Ort und weitere Infos im Convention Center.

3 In die Berge

Von Las Vegas in den Zion National Park

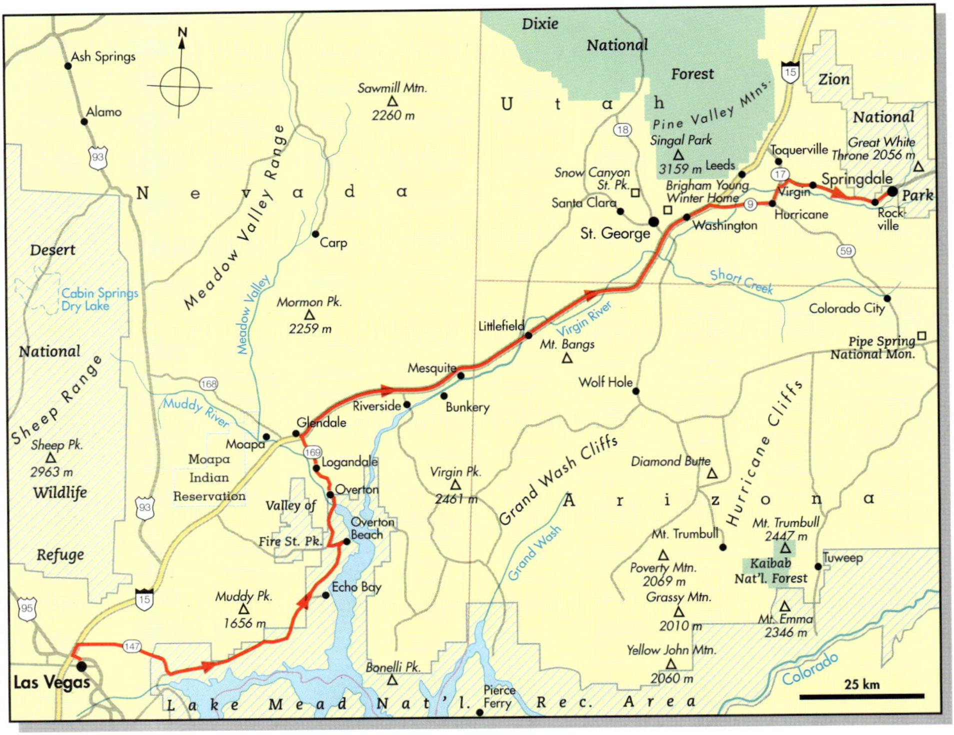

3. Route: Las Vegas – Valley of Fire State Park – St. George – Zion National Park (344 km/215 mi)

km/mi	Zeit	Route
0	9.30 Uhr	Abfahrt **Las Vegas**, S 147 (Lake Mead Blvd.), dann S 167 und S 169
105/ 65	11.00 Uhr	**Valley of Fire State Park** (Info-Zentrum, Aussichtspunkt Rainbow Vista, halbstündige Wanderung am Petroglyph Canyon Trail), dann Mittagspause auf dem Picknickplatz Seven Sisters.
	13.00 Uhr	Abfahrt auf S 169 zur I-15 North
264/165	14.45 Uhr	Grenze zu Utah (Info-Center; Zeitumstellung: plus 1 Stunde)
277/173	16.00 Uhr	**St. George** (kurzer Besuch im Visitor Center des Temple oder evtl. ein Bad in den heißen Quellen von Hurricane).
344/215	18.00 Uhr	**Zion National Park**.

Abkürzung
Falls man in Las Vegas später loskommt, kann man den Valley of Fire State Park auslassen und direkt auf der I-15 nach Utah fahren. Die Kilometerersparnis ist zwar nicht groß, aber zeitlich ist man auf der Autobahn etwa 2–3 Stunden schneller.

Nach vielleicht langer Nacht geht's nun weiter zum Nordufer des **Lake Mead**. Nach den letzten Shopping Centers von North Las Vegas (übrigens auch den letzten gut bestückten *liquor stores* für die nächsten Tage) klettert der Lake Mead Boulevard (S 147) zwischen Sunrise und Frenchman Mountain über einen kleinen Pass und hinein in die Lake Mead Recreational Area.

Kurze Stichstraßen, oft nur geschottert und für Normal-PKWs nach Regenfällen nicht zu empfehlen, führen zum einsamen Seeufer. Vor hundert Jahren lagen dort unten kleine Örtchen der siedlungswütigen Mormonen. Callville Bay zum Beispiel. Mit dem Wasser des noch ungedämmten Colorado bewässerten sie ihre Felder und Plantagen. Und immer waren sie auf der Hut vor der Staatspolizei, die die weit verbreitete Vielweiberei der »Heiligen« zu unterbinden suchte (vgl. auch S. 57). Die Siedlungen sind inzwischen lange aufgehoben, ihre Ruinen unter dem Wasser des Stausees verschwunden.

Der **North Shore Scenic Drive** erlaubt nur gelegentliche Blicke auf die glitzernden Buchten des 180 Kilometer langen Lake Mead. Meist geht es durch breite Täler mit sparsamer Vegetation; dann ragen wieder rote, graue und weiße Felsen und Erosionskegel schroff am Straßenrand auf – Präludien zu den Farben Utahs.

Immer wieder wird vor *flashfloods* gewarnt, diesen völlig überraschenden »Blitzüberflutungen« der Straße, die meistens im Winter und Frühjahr passieren. Irgendwo oben in den Bergen hat es heftig geregnet, und das Wasser schießt in den normalerweise ausgetrockneten Bachbetten zu Tal. Viele Kilometer weiter unten fährt bei strahlend blauem Himmel der nichtsahnende Autofahrer durch eine Senke – und steht unvermittelt buchstäblich bis zum Hals im Wasser. Sand und schweres Geröll in den braunen Fluten erledigen den Rest.

Abzweigung des Highway S 169. Kurz dahinter liegt der Eingang zum **Valley of Fire State Park**. Nun geht's farblich in die Vollen. Man kurvt um rund geschliffene rote Felsblöcke, 50 oder 60 Meter hoch, in die Wind und Regenwasser seltsame Löcher gefressen haben: wie leere Augenhöhlen in Totenköpfen. Glatt, geriffelt, gelocht, zu den verschiedensten Formen hat der Zahn der Zeit den 150 Millionen Jahre alten Sandstein aus dem Jura erodiert. Manche der Felssäulen tragen sogar lustige kleine Käppchen aus Steinplatten.

Zwischen steilen roten Wänden geht es auf der Stichstraße vom Visitor Center zum **Rainbow Vista**. Von der nackten Felskuppe reicht der Blick weit über das zerrissene Felspanorama: ein richtiger Spielplatz mythologischer Riesen. Danach wandert es sich gut in dem etwas kühleren Seitental auf dem **Petroglyph Canyon Trail**. Für die Bildung ist auch gesorgt, denn der Parkservice hat ganz nach amerikanischer Manier Büsche und prähistorische Felszeichnungen lehrreich beschildert. Und mit etwas Glück kann man sogar eine der seltenen Wüstenschildkröten zwischen den im Frühjahr gelb blühenden Creosote-Büschen krabbeln sehen. Am Ende des Pfades erreicht man nach einer kurzen Kletterpartie Mouse's Tank, eine natürliche Zisterne, in der sich das Regenwasser des Winters sammelt. Danach kommt die verdiente Mittagsrast an den Felssäulen der Seven Sisters.

Ein steiler Anstieg am Highway S 169 durch die nun schon wieder grauen Muddy Mountains, und man ist in einem desolaten Wüstental. Bald winkt am Rand der Autobahn I-15 die bunte Reklame eines Casinos – die letzte, denn kurz dahinter beginnt im Tal des Virgin River der Staat **Arizona**. Diese nordwestliche Ecke des Grand-Canyon-Staates war lange Zeit von der Außenwelt abgeschnitten. Goldgräber und Silbersucher, Geächtete und Pferdediebe trieben sich im rauen »Arizona Strip« herum. Gesetz und Ordnung herrschen erst seit 1930 in dieser unfruchtbaren Region. Bis heute blieb es eine öde Landschaft, nur in einigen der Flussniederungen vegetieren kleine Farmen, und ein paar Rinder und Pferde grasen am Ufer.

Noch karger wird die Szene etwas weiter stromaufwärts im Canyon des Virgin River, wo mit viel Dynamit und Geldaufwand die Highway-Trasse aus den steilen Wänden gesprengt wurde.

Schon 20 Meilen weiter erreichen wir die Staatsgrenze von **Utah**, zugleich die Zeitgrenze zur *Mountain Time*. Doch in der Landschaft ändert sich nichts, bis dann unvermittelt hinter einer Kuppe **St. George** auftaucht. Weiß glänzt der massive Bau eines Tempels aus dem Tal herauf. Das hübsche und – mit Hilfe von Bewässerung – auch fruchtbare Tal ist altes Mormonensiedlungsgebiet.

Brigham Young, der energische und charismatische Anführer der Mormonen, der »Heiligen der letzten Tage«, sandte 1861 eine Gruppe von 700 Siedlern von Salt Lake City aus nach Süden. 1861 herrschte Bürgerkrieg im Osten der USA, und der Handel mit den aufständischen Südstaaten war unterbrochen. Die Mormonen hatten entdeckt, dass das Klima am Virgin River für den Anbau von Baumwolle ideal war. So wurde St. George gegründet und die Region zum neuen »Dixie«. Sogar Brigham Young selbst legte sich bald ein Winterdomizil in dieser klimatisch so begünstigten Stadt zu.

Schon 1877 war ein **Tempel** fertig gestellt, der erste in Utah. Und St. George stieg durch seine milden Winter und die strategische Lage zur wichtigen Station der Mormonen auf. Es wurde bald Ausgangspunkt des Honeymoon Trail ins nördliche Arizona. Jungverliebte »Heilige« zogen vom Salt Lake aus los, ließen sich im Tempel von St. George trauen und folgten dem Pfad dann gemütlich mit langen Lagerfeuerabenden und gemächlichem Frühstück weiter zu ihrer neuen Heimat in Arizona.

Im Visitor Center des Tempels erfährt man von den freundlichen Mormonen Näheres über ihre Religion und Geschichte. Es sieht fast so aus, als wollten sie einen gleich bekehren und dabehalten. Dann dürfte man wohl auch ins geheiligte Innere des massiven Steinbaus, denn der ist ausschließlich den Mitgliedern der Kirche vorbehalten.

In dem pieksauberen Ort kann man sich vor der Weiterfahrt noch stärken. Vielleicht in Dick's Cafe, einer Institution in Südutah. Seit bestimmt 40 Jahren hat sich hier drin nichts verändert. An dem langen Tresen haben sich einst schon John Wayne und andere Cowboys mit dem prima *pecan pie* schlechte Zähne geholt. Und als Fremder wird man nach guter alter Tradition von den *locals* erst mal kritisch beäugt.

Die Geschichte des Tals von St. George erzählt aber nicht nur von den Mormonen. Prähistorische Indianer durchquerten es auf ihren Völkerwanderungen von Kalifornien zum Rio Grande. 1776 folgten die spanischen Franziskanermissionare Escalante und Dominguez dieser Route als erste Weiße nach Norden. 1826 kam der unermüdliche Trapper und Entdecker Jedediah Smith. Die Siedler und Händler auf dem Weg ins gelobte Kalifornien zogen alle auf dem Old Spanish Trail und später dem Mormon Trail hier durch. Parallel zu den abweisenden Hurricane Cliffs folgt der Highway 9 den alten Trails ein Stück nach Norden. In **Hurricane** weist ein Schild in ein Seitental: nach Pah Tempe Springs. Schon Escalante und Dominguez stießen an diesem alten geologischen Graben auf die heiß sprudelnden Mineralquellen; heute besitzt eine etwas kauzige Familie das idyllische Fleckchen am Ufer des Virgin River. Gegen Gebühr ist es den Besuchern erlaubt, sich im heißen Wasser zu regenerieren.

Der Highway erklettert nun die Hurricane Cliffs und folgt dem Virgin River stromaufwärts. Obstgärten und kleine Felder umrahmen die Mormonendörfer am Flussufer. Dann rücken die roten Berge rechts und links enger zusammen, die Talsohle wird immer schmäler, in der Abendsonne leuchten die roten Zinnen der Berge auf: Der **Zion National Park** bereitet seinen spektakulären Empfang vor.

Valley of Fire: Erosionsfans geraten hier ins Schwärmen

3 **Infos:** St. George, Springdale, Zion National Park

Einkaufen fürs Mittagspicknick sollte man schon bei der Ausfahrt aus Las Vegas. Fünf Picknickplätze im Valley of Fire State Park stehen zur Wahl: Seven Sisters besticht durch seine gelöcherten Felsen.

Wanderung: Der Petroglyph Canyon Trail ist etwa 500 m lang, einfach und auf flachem Sandboden zu begehen; noch mal 500 m weiter auf griffigem Fels ist Mouse's Tank, ein natürliches Wasserloch im roten Fels.

Welcome Center
I-15 (an der Staatsgrenze vor St. George)
St. George, © (435) 673-4542

St. George Area Chamber of Commerce
97 East St.George Blvd.
St. George, UT 84770
© (435) 628-1658, Fax (435) 673-1587
www.utahdixie.com, www.zionpark.com

Mormon Temple St. George Visitors' Center
490 South 300 East
St. George, UT 84770
Tägl. 9–21 Uhr, Eintritt frei
Besucherzentrum und Ausstellungen über Utahs ältesten Mormonentempel.

Dick's Cafe
114 East St. & George Blvd.
St. George
Seit bestimmt 50 Jahren, historisches Lokal – prima für *coffee and pie* oder auch fürs frühe Abendessen. $–$$

Pah Tempe Springs
S 9 (ausgeschildert), Hurricane, UT 84737
© (435) 635-2879
So–Do 9–22, Fr/Sa 9–23 Uhr
Idyllisch gelegene heiße Quellen am Virgin River; Reservierung sinnvoll. Auch Zimmer zu vermieten. ($–$$)
Erwachsene $ 10, Kinder $ 5.

Zion Lodge
Zion National Park, UT 84767
© Lodge direkt: (435) 772-3213
Fax (435) 772-2001
Einziges Hotel im Nationalpark, schön gelegen und mit sehr großen Zimmern; mehrere Monate vorab reservieren, kurzfristig kann man nach stornierten Zimmern fragen. Restaurant. Für Reservierungen: Amfac Resorts, 14001 E. Iliff St., Suite 600, Aurora, CO 80014, © (303) 297-2757, Fax (303) 338-3175, www.amfac.com. $$–$$$

Driftwood Lodge
1515 Zion Park Blvd.
Springdale, UT 84767
© (435) 772-3262, Fax (435) 772-3702
www.driftwoodlodge.net
Modernes Motel am östlichen Ortsrand von Springdale mit Blick über den Fluss. $$

Best Western Zion Park Inn
1215 Zion Park Blvd.
Springdale, UT 84767
© (435) 772-3200, Fax (435) 772-2449
www.zionparkinn.com
Sehr gepflegtes modernes Hotel mit Blick auf die Berge und den Fluss. Gutes Restaurant. $$

Watchman und South Campground
Zion National Park, © (435) 772-3256
Große staatliche Campingplätze am Südeingang des Nationalparks, keine Reservierung möglich.

Zion Canyon Campground
Springdale, UT 84767
© (435) 772-3237, Fax (435) 772-3844
Privater Campingplatz nahe dem Parkeingang; auch Hütten zu mieten. $–$$

Zion Canyon Cinemax Theatre
145 Zion Park Blvd.
Springdale, UT 84767
© (435) 772-2400 oder 1-888-256-FILM
www.zioncanyoncinemax.com
Sommer 9–21, Winter 11–19 Uhr
Eindrucksvoller Film über den Zion-Park auf einer sechsstöckigen Leinwand.
Eintritt $ 7, Kinder $ 4.50.

◁ *Von Fall zu Fall stürzt und rauscht das Wasser im Zion Park*

4 Wasserfälle und Schluchten

Im Zion National Park

4. Programm: Zion National Park (25 km/16 mi)

Zeit	Route
9.00 Uhr	**Zion Park Visitor Center**.
9.30 Uhr	Fahrt auf dem **Zion Canyon Scenic Drive** (in der Hochsaison Fahrt mit dem Shuttlebus); Wanderung auf dem **Angels Landing Trail** (ca. 3–4 Stunden) oder Ausritt.
13.00 Uhr	Picknick (Grotto Picnic Area) oder Mittagspause in Springdale.
15.00 Uhr	Wanderung am **Gateway to the Narrows Trail**, bei der Rückfahrt **Weeping Rocks** ansehen.

Die Eintrittsgebühr zum Zion National Park beträgt – wie auch in den meisten anderen Parks entlang der Route – $ 20 pro Fahrzeug einschließlich aller Passagiere und gilt 7 Tage. Tipp: Sinnvollerweise kaufen Sie sich hier gleich den National Park Pass für $ 50, der dann für alle National Parks und Monuments entlang der Route gilt.

Mögliche Abstecher

Statt für einzelne kürzere Wanderungen kann man den ganzen Tag für einen Ausritt verwenden oder eine – allerdings anstrengendere – Tageswanderung unternehmen: **Zion Narrows** (nur im Hochsommer oder Herbst möglich; die gesamte Strecke durch die Narrows dauert 2 Tage) oder die rund achtstündige Tour zum **Kolob Arch** im Nordteil des Parks. – Wer gar nicht wandern kann oder möchte, kann sich am Eingang des Parks den Zion-Film im **Cinemax Theatre** (vgl. S. 47) ansehen, um einen Eindruck vom spektakulären Hinterland des Parks zu bekommen.

Die Reise durch den Südwesten ist zugleich eine Reise in die geologische Vergangenheit des amerikanischen Kontinents. In Südwest-Utah beginnt der Abstieg durch die Jahrmillionen der »jüngsten« Vergangenheit. Im hochgelegenen Zion National Park – die Talsohlen liegen auf 1 200–1 400 Metern, die

Berge reichen bis über 2600 Meter – blieben die jüngsten Gesteinsschichten des Südwestens erhalten. Schichten, die anderswo längst abgetragen sind.

Während der Trias vor 225 Millionen Jahren lagerten sich in einer Küstenebene und am Boden eines Binnenmeeres Schiefer, Sand- und Kalkgestein ab: die heutige Moenkopi-Formation. Diese ältesten Gesteine im Park, sind in den unteren Schichten der Canyons zu sehen. Nach der Anhebung, Fluss- und Vulkanascheablagerungen lag die Region erneut am Rande eines Binnenmeeres. Damals wurden gewaltige Sanddünen aufgeschichtet, die heute als Navajo-Sandstein in einer Dicke bis zu 600 Metern die wichtigste Formation bilden.

Erst vor 13 Millionen Jahren begann die Anhebung des gesamten Markagunt-Plateaus, auf dem der Nationalpark liegt. Nun konnte der Virgin River sein spektakuläres Werk beginnen. Durch das erhöhte Gefälle grub sich der Fluss über 700 Meter tief in den recht harten Sandstein ein. Durch Zuflüsse entstanden Seitentäler, Regen und Frost taten ein Übriges.

Heute zeigt der Zion Canyon eine atemberaubende Kombination leuchtendroter Felswände, schmaler Durchlässe und gewaltiger Bergkuppen. Doch

Ritt am Virgin River

ist dies nur ein Zwischenstadium, denn der Virgin River ist mit seinem Werk noch nicht zu Ende. Das Gefälle beträgt immer noch 10–15 Meter je Kilometer, und der Fluss transportiert mit seinem besonders im Frühjahr sehr reißenden Wasser pro Jahr rund drei Millionen Tonnen Gestein und Sediment.

Die Zeitraffershow wird jetzt langsamer. Erst lange nach den geologischen Ereignissen kamen die ersten Menschen: Prähistorische Indianer der Fremont- und Anasazi-Kulturen siedelten zwischen 700 und 1200 unserer Zeitrechnung in den Canyons des Virgin River, bauten steinerne Hütten und ritzten ihre mysteriösen Zeichnungen in den Felsen. Nach ihrem Untergang um das Jahr 1250 kamen halbnomadische Paiute-Stämme in die Region. Ihnen war die Sackgasse des Canyon unheimlich, und sie betraten ihn fast nie.

So dauerte es bis zur Mitte des letzten Jahrhunderts, bis schließlich die ersten Weißen den Weg fanden. Die Heiligen der letzten Tage siedelten bereits um 1847 am Unterlauf des Flusses, doch erst 1858 führte ein Paiute-Indianer den jungen Mormonenmissionar Nephi Johnson an den Eingang der Schlucht. Später ließen sich sogar einige Mormonen als Bauern im Tal nieder. Der Name »Zion« wurde von einem dieser bibelfesten Siedler geprägt: Isaac Behunin sah in der grandiosen Naturschönheit mehr Ähnlichkeit mit dem himmlischen Zion als in allen Tempeln der Menschen.

Die roten Felsen laden zu einem sonnigen Alpintag ein: zuerst zum **Visitor Center**, das mit Ausstellungen und Multimediashow glänzt sowie durch seine von steilen Zinnen umringte Lage. Danach folgt man im Zion Canyon dem Scenic Drive – zur Hochsaison allerdings nur per Shuttlebus, denn die Parkranger wollen das enge Zion-Tal frei halten von Verkehrsstaus. Mit scharfen Augen kann man hoch an der gegenüberliegenden Wand einen Felsbogen entdecken. Danach folgt man im **Zion Canyon** dem **Scenic Drive**. Bis zur Halsstarre kann der Blick beim Betrachten führen, denn die Türme und Tempel rücken immer enger und steiler zusammen.

Die noch kühle Morgenluft lockt zu einer Bergwanderung, die zu fast allen Jahreszeiten machbar ist: **Angels Land-**

ing Trail. Der sehr gut befestigte Weg beginnt an der Grotto Picnic Area und klettert dann steil in ein enges und sogar im Hochsommer erfrischend kühles Seitental, den **Refrigerator Canyon**. Trotz der tapferen Grableistung des kleinen, nur im Frühjahr und nach Gewittern fließenden Baches ist der Canyon zu einem typischen »hängenden Tal« geworden: Der viel schneller erodierende Virgin River hat es buchstäblich an der Seite des Haupttales hängen lassen. Nun stürzt der Bach, wenn er denn mal fließt, in einem Wasserfall zum Fluss hinab.

In endlosem Zickzack müht sich der Weg zum Aussichtspunkt **Scout Lookout**, wo sich ein weites Panorama über dem Zion Canyon auftut: glatte rote Wände im Vordergrund und im Blick talabwärts immer neue Bergspitzen, die sich in der Ferne verlieren. Ganz winzig fahren unten auf der Straße die Autos.

Das letzte Stück zur Felsspitze des »Landeplatzes der Engel« erfordert

Zion National Park

Schwindelfreiheit und Kondition. Gleich neben den Sicherungsketten und Felsstufen beginnt der 450 Meter tiefe Abgrund. Wer es geschafft hat, wird mit einem grandiosen Ausblick belohnt: Gegenüber ragt die massive Kuppe des Great White Throne auf, unten schimmert der Virgin River, der in weitem Bogen Angels Landing umfließt.

Nach einer Mittagspause am schattigen Grotto-Picknickplatz oder in Springdale, wo man an der Hauptstraße auch mal in den witzigen Lädchen stöbern kann, geht es auf dem Scenic Drive tiefer hinein in den Canyon. Am Ende der Straße beginnen die berühmten **Zion Narrows**, die fast unpassierbare Schlucht des Virgin River. Auf einer gewundenen Route von über 20 Kilometern hat sich der Fluss in das Markagunt-Plateau eingegraben – an manchen Stellen 600 Meter tief bei nur sieben Meter Breite! Nur im trockenen Hochsommer oder im September ist diese anstrengende Route begehbar, und man muss schon zwei volle Tage dafür einrechnen. Aber auf dem Spazierweg am Anfang der Narrows kann man ein bisschen von der Canyonluft schnuppern und ein belebendes Fußbad im Fluss nehmen.

Je nach Lust und Kondition kann man über den befestigten Weg hinaus im Flussbett noch weiter in die Klamm vordringen. An den senkrechten Felswänden tritt mancherorts an undurchlässigen Gesteinsschichten Wasser aus, das vom Plateau durch den Sandstein herabsickert. Farne und Wildblumen nutzen diese Feuchtigkeit, haben richtige hängende Gärten an den Felswänden geschaffen. Dieses Phänomen lässt sich auch sehr gut an den **Weeping Rocks** beobachten, die am Ende eines kurzen Pfades im hinteren Teil des Scenic Drive liegen – ein lohnender Abstecher auf der Rückfahrt, ehe man den müden Beinen die verdiente Ruhe gönnt.

Zion National Park: Blick auf den Virgin River

4 Infos: Zion National Park

Zion Park Visitor Center
Am Südeingang des Parks an SR 9
Im Sommer tägl. 8–19, sonst 9–17 Uhr
Ausstellungen über die Naturgeschichte des Parks, guter Buchladen. Von April bis Oktober verkehren von hier aus in kurzen Abständen kostenlose Shuttlebusse auf der für Privatfahrzeuge gesperrten Straße in den Canyon (Scenic Drive).

Wanderung zu Angels Landing
Ausgangspunkt ist der Parkplatz der Grotto Picnic Area; auf einer Fußgängerbrücke überquert man den Virgin River und wendet sich nach rechts.

Der nur rund 4 km lange (einfache Strecke), teilweise recht steile Wanderweg ist sehr gut ausgebaut. Am Scout Lookout (3/4 der Strecke) hat man einen herrlichen ersten Überblick. Der restliche Weg zum Gipfel Angels Landing ist mit fest verankerten Ketten und Felsstufen abgesichert, gutes Schuhwerk und Schwindelfreiheit sind allerdings vonnöten.

Inklusive Zeit zum Gucken und Genießen sollte man etwa 3–4 Stunden einplanen (450 m Höhenunterschied).

Mittagessen kann man als Picknick im Park gestalten oder die wenigen Kilometer nach Springdale zurückfahren:

Pioneer Family Restaurant
828 Zion Park Blvd.
Springdale, UT 84767
✆ (435) 772-3009
Bodenständiges Mormonenlokal mit einfacher Küche und Salatbar. $–$$

Zion Pizza & Noodle Company
868 Zion Park Blvd.
Springdale, ✆ (435) 772-3815
Nettes kleines Restaurant im alten Ziegelbau des Theaters (mit Holzveranda). $–$$

Worthington Gallery
789 Zion Park Blvd.
Springdale, UT 84767
Töpferstudio im Ortszentrum von Springdale mit ungewöhnlicher Keramik.

Zion Canyon Scenic Drive
13 km lange Straße im engen, fast 800 m tiefen Zion Canyon mit vielen Aussichtspunkten vor allem im hinteren Teil.

Gateway to the Narrows Trail
1,5 km langer Wanderweg am Ende des Scenic Drive; vom Ende der ausgebauten Strecke kann man in der engen Schlucht nur im Bachbett weiter vordringen.

Weeping Rocks
Kurzer Pfad zur südlichen Canyonwand, an der Sickerwasser üppige hängende Gärten grünen lässt.

Canyon Trail Rides
P.O. Box 128
Tropic, UT 84776
✆ (435) 679-8665 oder (435) 772-3810
www.canyonrides.com
Von Mai bis Oktober Ausritte für 1 Stunde (ca. $ 15) und 1/2 Tag ($ 50) im unteren Teil des Zion Canyon. In der Hauptsaison einige Tage im Voraus reservieren.

Zion National Park

Größe: 595 km^2
Gründungsjahr: 1919
Lage: 65 km westl. von St. George auf dem Markagunt-Plateau
Sehenswürdigkeiten: 13 km langer Scenic Drive im fast 800 m tiefen Zion Canyon, Narrows of the Virgin River, Checkerboard Mesa, Kolob Canyons und ca. 100 km Wanderpfade
Einrichtungen: Visitor Center mit Museum, Campingplätze, Lodge, Reitmöglichkeit
Info-Adresse: Superintendent
Zion National Park
Springdale, UT 84767
✆ (435) 772-3256, www.nps.gov/zion/

5 Durchs Reich der Mormonen

Zum Bryce Canyon National Park

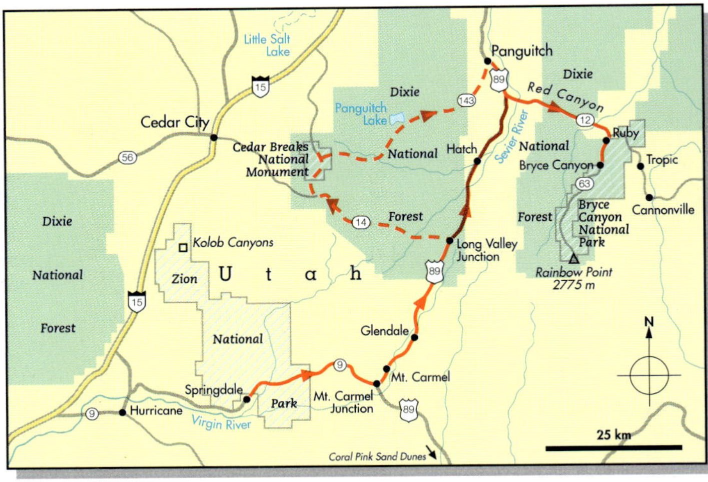

5. Route: Springdale/Zion National Park – Panguitch – Bryce Canyon National Park (172 km108 mi)

km/mi	Zeit	Route
0	9.00 Uhr	Abfahrt von **Springdale** auf S 9 nach Osten (Fahrzeuge mit Übergröße – höher als 11 ft 4 in – werden durch den Tunnel geführt, $ 10)
6/ 4	9.30 Uhr	Wanderung zum **Canyon Overlook** (ca. 1 Stunde)
19/ 12	11.00 Uhr	Aussicht auf **Checkerboard Mesa**
40/ 25	12.00 Uhr	Mt. Carmel Junction, auf US 89 nach Norden
126/ 79	13.00 Uhr	**Panguitch** (Mittagspause und evtl. im Hotel einchecken).
	15.00 Uhr	Abfahrt von Panguitch, über US 89 und S 12 zum
172/108	15.30 Uhr	**Bryce Canyon National Park**, Visitor Center und erste Aussichtspunkte: **Bryce Point** und zum Sonnenuntergang zum **Sunset Point**.

Extratouren
Im Sommer lohnt die alternative Route nach Panguitch: von der **Long Valley Junction** auf Hwy. 14 zum **Cedar Breaks National Monument** (Visitor Center 1,5 km

vom Südeingang, tägl. 8–18 Uhr). Der Canyonrand der ca. 600 m hohen Felswände liegt auf rund 3000 m; Park nur von Mai bis Mitte Oktober geöffnet. Schönste Aussichtspunkte: Point Supreme und Chessman Ridge Overlook. Die etwa einstündige Wanderung zum Spectra Point führt auch zu einem Hain uralter *bristlecone pines*. Picknickplatz nahe dem Visitor Center.
Coral Pink Sand Dunes: rosarote Dünen 20 km südlich von Mt. Carmel Junction.

Von Springdale aus folgt man dem Highway 9 nach Osten durch den Zion National Park. Nach der Brücke über den Virgin River biegt die Straße ins Tal des Pine Creek und erklimmt in engen Haarnadelkurven die Felswand. Immer luftiger wird der Blick, bis ihn schließlich das Schwarz eines Tunnels umnachtet.

1 711 Meter führt die 1930 fertig gestellte Röhre parallel zur steil abfallenden Wand – damals wie heute ein Meisterstück der Ingenieure. Ab und zu kommt sogar ein »Fenster«, das im Vorbeiwischen den Abgrund zeigt. Beim Bau der Straße hat man das herausgesprengte Gestein einfach durch diese Fenster ins Tal geworfen. Schon ein Jahr später hatte der eher kümmerlich aussehende Bach alles abtransportiert.

Unmittelbar am Ausgang des Tunnels liegt ein kleiner Parkplatz, der Startpunkt des Weges zum **Canyon Overlook**. Der kurze und nur am Anfang sehr steile Wanderpfad führt durch die typische Vegetation des Hochplateaus zum Aussichtspunkt über dem Pine Creek: eine glatte, 300 Meter hohe Wand roten Navajo-Sandsteins zur Linken, der 2350 Meter hohe East Temple zur Rechten und vorn der Zion Canyon – und man steht direkt über dem großen Felsbogen, der vom Anfang der Straße aus hoch oben an der Felswand zu sehen war.

Der Highway 9 führt nun durch das zerrissene Hochplateau im 2000 Meter hohen Hinterland des Parks mit bizarr erodierten, vielfarbigen Schuttkegeln, glatt geschliffenen Bachbetten und einzelnen gelb, weiß und rot gestreiften Felssäulen, den *hoodoos*. Schön erkennbar sind oft die versteinerten Dünen des Navajo-Sandsteins, die in kreuzgeschichteten Lagen die ausgewaschenen Wände zieren.

Nun zeigt sich auch mehr Vegetation in Gestalt von Ponderosa- und Piñonkiefern, verkrümmten Junipers (eine Wacholderart) und den im Herbst gelb leuchtenden Pappeln. Gut getarnt, äsen im Unterholz oft *muledeers*, »Maultier-

Aus versteinerten Sanddünen ist die Checkerboard Mesa im Zion National Park entstanden. Die senkrechten Linien stammen von der Erosion durch Regen; die waagerechten sind die Sandschichten der Dünen, die im Lauf der Zeit übereinander geschoben wurden.

rehe«, die sich diesen Namen durch ihre überdimensionalen Ohren eingehandelt haben.
Die scheuen Tiere sind selten zu sehen; sicher aber werden einige Erdhörnchen über den Teer flitzen, auf der Flucht vor Autoreifen und kreisenden Falken.

Nahe dem Osteingang des Schutzgebiets ragt die **Checkerboard Mesa** über der Straße auf, eine der merkwürdigsten Gesteinsformationen im Park. Wasser- und Frosterosion haben in Jahrtausenden den Felskegel aus versteinerten Dünen an den natürlichen Spannungslinien angegriffen und ein verblüffendes Schachbrettmuster eingeritzt.

In langen, weiten Kurven am Bach entlang durchquert der Highway 9 das Markagunt-Plateau – keine ausgebaute Schnellstraße, sondern ein *Blue Highway*, eine dieser verträumten, vergessenen Landstraßen Amerikas. Pappeln säumen den Weg, dazwischen wieder Junipers mit ihren harten, stacheligen Beeren. Die frühen Pioniere nannten diese Wacholderbäume häufig fälschlich »Cedars« und schrieben diesen Irrtum in mehreren Namen der Region fest.

Von **Mt. Carmel Junction** führt der Highway US 89 ins Tal des Sevier River: lichte Wälder, Rinderweiden und kleine Mormonensiedlungen. Das altertümliche **Panguitch** stellt sich mit großer Coca-Cola-Reklame und silbrig glänzenden Blechfassaden an der Hauptstraße vor. Von den 1 500 Einwohnern sind noch gut 80 Prozent Mormonen, Nachkommen von Ziegelbrennern, die sich seit 1871 hier niederließen. Die mormonische Tradition macht sich allenthalben bemerkbar, so zum Beispiel daran, dass sich keine Bäckerei halten kann, denn die Frauen glauben fest an den Wert von Selbstgebackenem.

Beim Gespräch im Coffee Shop oder mit dem alten Herrn im Kramladen tauchen zwischen alten Fotos und Suppendosen Geschichten aus der guten alten Zeit auf. Früher, ja, da stand an der Ecke der Hauptstraße noch das kleine Hotel. Dort soll der Zugräuber Butch Cassidy seine alte Mutter zum letzten Mal getroffen haben. Oder man erfährt, dass die Frau des Sheriffs immer dann, wenn die Staatspolizei nach Panguitch kam, eine Lampe ins Fenster stellte, damit die von den Ordnungshütern gesuchten Polygamisten rechtzeitig untertauchen konnten. Die damals praktizierte Vielweiberei hatte übrigens auch architektonische Konsequenzen. An zahlreichen älteren Häusern sieht man, anscheinend völlig zweckfrei, im ersten Obergeschoss Türen, die ins Nichts führen. So baute der kluge Mormone vor: Für die zweite oder dritte Frau konnte später am Haus angestückelt werden, und die Verbindungstüren waren schon da.

Zurück zur Abzweigung des Highway 12. Schon nach wenigen Kilometern wird's wieder bunt. Trotz der pastoralen Zwischentöne ist der **Red Canyon** mit seinen massigen Felssäulen eine gute Einstimmung auf den nächsten Nationalpark. Wahrscheinlich um die Ouvertüre noch zu verschönen, wölben sich dicht hintereinander zwei Felstore über der Straße.

Die Hochebene scheint kein Ende zu nehmen, bis dann plötzlich doch der Eingang des **Bryce Canyon National Park** folgt. Nach einem Kurzbesuch im Visitor Center am Parkeingang geht es los, am besten zuerst mit einem Blick vom **Bryce Point**. Im ganz buchstäblichen Sinne ein Überblick. Auf 2 529 Metern steht man am Ostrand des Paunsaugunt-Plateaus, der »Heimat des Bibers« in der Paiute-Sprache. Das dicht bewaldete Hochplateau fällt hier 300 Meter steil ab, und in weitem Halbrund stehen die Felstürme dicht gedrängt – ein überwältigendes Panorama.

Gewusst wie

Laster und Genüsse im Mormonenstaat

Seit mehr als 100 Jahren schuften und kolonisieren die »Heiligen der letzten Tage« in widrigem Klima und – zumindest anfangs – unter großen Schwierigkeiten. Sie tun das in einer straffen religiösen Ordnung und unter einem strikten Verbot von Genüssen wie Alkohol oder Tabak. Nur eines gönnten sich die frühen Mormonen: die Polygamie, eine im Wilden Westen, wo die Lebenserwartung der Männer besonders gering war, recht sinnvolle und praktische Einrichtung. Allein der verehrte Anführer der Mormonen, Brigham Young, hatte 27 Frauen und 56 Kinder. Doch schon gegen Ende des letzten Jahrhunderts änderten sich die Zeiten. Die Zentralregierung in Washington und schließlich auch die Kirche verboten die Vielweiberei, und die Mormonen fügten sich, allerdings widerwillig und nicht überall. Sogar heute wird von einigen – aus der offiziellen Kirche verstoßenen – Splittergruppen in abgelegenen Regionen noch die Mehrehe praktiziert.

Bereits seit 1900 und vermehrt in den letzten Jahrzehnten sind Nichtmormonen in Utah heimisch geworden. Tabak und Zigaretten gibt es in den Läden heute zu kaufen, aber Alkohol ist immer noch nicht gern gesehen. Im stillen Kämmerlein sieht's freilich oft anders aus; da wird ein kräftiger Schluck durchaus geschätzt.

Als Tourist findet man mittlerweile in den meisten Orten Südutahs Bars, in denen allerdings oft nur Bier kredenzt wird. Wer Härteres möchte, muss sich dies im staatlichen *liquor store* besorgen: zwischen 11 und 17 Uhr, aber nicht sonntags oder montags. Da kann man sich fürs Lagerfeuer eindecken oder den Barbedarf fürs Hotelzimmer am Abend besorgen. In den Restaurants dagegen wird übrigens Alkoholisches ausgeschenkt – oft sogar sehr guter kalifornischer Wein. Allerdings nur zum Essen und in Lokalen mit *liquor licence*. Doch dafür sind die Preise sehr zivil, denn die Lokale dürfen nur ganz begrenzt auf den staatlich festgesetzten Preis draufschlagen. Wenn schon im Mormonenland gebechert wird – so denken sich wohl die gottesfürchtigen Gesetzgeber – dann soll wenigstens niemand daran verdienen. Recht löblich, denn so kommt der Besucher preiswert an oft sehr gute kalifornische oder gar französische Tröpfchen.

Die Mormonen

Die »Kirche Jesu Christi der Heiligen der letzten Tage«, wie die Mormonen ihre Konfession bezeichnen, wurde 1830, einer Zeit des religiösen Umbruchs in den USA, von Joseph Smith gegründet. Der Bauernsohn aus dem Staat New York entdeckte durch göttliche Eingebung und mit Hilfe des Engels Moroni ein »verlorengegangenes« Buch der Bibel: das Buch Mormon. Innerhalb weniger Jahre schwoll die neue Sekte im Staat New York auf mehrere tausend Anhänger an. Smith organisierte seine Gläubigen in straff geführten Gemeinschaften, regiert von der Kirchenobrigkeit. Trotz ihres wirtschaftlichen Erfolgs wurden die Mormonen heftig angefeindet und waren gezwungen, zuerst von New York nach Ohio, dann nach Missouri und schließlich nach Illinois zu flüchten. Dort wurde Smith 1844 in seiner neuen Kolonie Nauvoo von Gegnern der Mormonen ermordet.

Unter der Führung des charismatischen »Propheten« Brigham Young wanderten die »Heiligen« daraufhin in den noch fast unerschlossenen Westen aus. Um das neu gegründete Salt Lake City suchten sie ihren Gottesstaat »Deseret« zu verwirklichen. Im Laufe der Jahrzehnte kolonisierten die Mormonen (heute fast vier Millionen Anhänger) weite Teile des Westens: Utah, Nordarizona, Nevada und Teile Kaliforniens. Jedoch erst als sie 1890 offiziell die Polygamie abschafften, ließen die USA den Eintritt Utahs als Staat in die Union zu.

Erwähnenswert sind die überwiegend sehr guten Beziehungen der Mormonen zu den Indianern, die sie für die Nachkömmlinge des verlorenen 13. Stammes Israel, der Lamaniten, halten. Nicht zuletzt deshalb erfolgte die mormonische Besiedelung des Westens größtenteils ohne Blutvergießen – ganz im Gegensatz zur sonst eher rücksichtslosen Expansionspolitik der USA.

Die **Pink Cliffs** gehören zur Wasatch-Formation, die im südlichen Utah häufiger zutage tritt: Kalk- und Sandsteine, feiner Schiefer und Konglomerate, die vor 60 Millionen Jahren an Ufer und Boden des urzeitlichen Lake Flagstaff abgelagert wurden. Vor 13 Millionen Jahren begann sich die Region anzuheben und zerbrach in mehrere Blöcke. Am Rand des Paunsaugunt-Blocks konnte dann die Abtragung tätig werden.

Hier oben wird auch deutlich, dass der Bryce Canyon eigentlich gar kein »Canyon« ist, denn die andere Talwand fehlt. Unterhalb des schüsselförmigen Amphitheaters fließt der Paria River, dessen kleine Zuflüsse neben Frost und Regen für die Erosion verantwortlich zeichnen. Die nächste Erhebung, eine graurote Bergkette, liegt erst viel weiter im Osten.

Prähistorische Indianer jagten in der Region des heutigen Parks, errichteten jedoch keine permanenten Dörfer. Nach ihnen folgten die Paiute, die die ungewöhnlichen Steinformen ganz nüchtern beschrieben: *Unka-timpe-wa-wince-pock-ich*, »rote Felsen wie stehende Männer in einem schüsselförmigen Canyon«.

Die Mormonen erforschten diese Gegend auf ihrer Suche nach Acker- und Weideboden in der Mitte des letzten Jahrhunderts. Um 1874 siedelten sich sogar einige von ihnen in der Nähe des Canyon an. Doch waren sie weniger von der Landschaft beeindruckt als vom Mangel an Wasser und fruchtbarer Erde. Enttäuscht zeigte sich auch der Rancher Ebenezer Bryce, nach dem der Park später benannt wurde. Von ihm stammt der berühmte Ausspruch, das Felsgewirr sei »ein schrecklicher Ort, eine Kuh zu verlieren«.

Ein oder zwei Stunden vor Sonnenuntergang – dies ist die schönste Zeit für die Farbenpracht des Bryce Canyon. Nach kurzer Fahrt vom Bryce Point steht man am **Sunset Point**, der die visuelle

Nachspeise des Tages serviert: Die sinkende Sonne lässt in der Silent City Türme und Zinnen dieser Märchenlandschaft in dunklem Rot und Orange erglühen, ehe die Schatten fallen. Morgen wird gewandert!

Eis am Stiel: Bryce Canyon im Winter

5 **Infos:** Panguitch, Bryce Canyon National Park

Wanderung zum Canyon Overlook
Zion National Park
Der Weg beginnt am Parkplatz nach dem Tunnel. Im Visitor Center gibt es für diesen 1,6 km langen Naturlehrpfad ein erläuterndes Heft. Am Ende des leicht zu gehenden Weges ein grandioser Aussichtspunkt über das tief eingeschnittene Tal des Pine Creek und den unteren Teil des Zion Canyon.

Flying »M« Restaurant
North Main St., Panguitch, UT 84759
✆ (435) 676-8008
Rustikales Mormonenrestaurant am nördlichen Ortsende, auch morgens fürs Frühstück zu empfehlen. $–$$

Country Corner
100 North Main St., Panguitch
✆ (435) 676-8851
Burger und Steaks in einer ehemaligen Tankstelle. $

Abendessen in einer der Lodges am Bryce Canyon, Picknick am Canyonrand oder bei:

Foster Family Steak House
Star Route Hwy. 12
✆ (435) 834-5227
Solides Steaklokal nahe dem Eingang zum Bryce Canyon Park, mit Salatbar und Western-Dekor. $–$$

Bryce Canyon Lodge
Bryce Canyon National Park
✆ Lodge direkt: (435) 834-5361
www.brycecanyonlodge.com
Hübsche kleine Blockhütten und historische Lodge am Canyonrand; nur Mitte Mai bis Ende September geöffnet. Reservierung bei: Amfac Parks & Resorts, 14001 E. Iliff St., Suite 600, Aurora, CO 80014, ✆ (303) 297-2757, Fax (303) 338-3175, www.amfac.com. $$

Best Western Ruby's Inn
Bryce, UT 84764
✆ (435) 834-5341
Fax (435) 834-5265
Großes Motel direkt am Parkeingang an der SR 63; mehrere Monate vorher reservieren; Restaurant, Fahrradvermietung und Souvenirladen; im Sommer tägl. außer So hausgemachtes kleines Rodeo. $$–$$$

Bryce Canyon Pines
Bryce, UT 84764
✆ (435) 834-5441, Fax (435) 834-5330
Solides Motel einige Minuten nördlich des Parkeingangs am Hwy. 12, Restaurant und Laden. $$

Marianna Motel
699 North Main St.
Panguitch, UT 84759
✆ (435) 676-8844
Fax (435) 676-8340
www.mariannainn.com
Nettes, sauberes Motel am Nordrand des Ortes. $$

Zahlreiche weitere Motels findet man entlang der Main Street in Panguitch.

Bryce Point B & B
61 North 400 West
Tropic, UT 84776
✆/Fax (435) 679-8629
Familiäres Bed & Breakfast mit 6 Zimmern und großer Terrasse; ruhige Lage am Fuß der Pink Cliffs.
$$

North und Sunset Campground
Zwei große, staatliche Campingplätze nahe dem Visitor Center und dem Canyonrand; keine Reservierung möglich.

Ruby's Inn RV Campground
Bryce, UT 84764
✆ (435) 834-5341
Fax (435) 834-5265
rubysinn.com
Großer Privatplatz am Parkeingang.

5 Infos: Bryce Canyon National Park

Canyon Trail Rides
Postadresse vgl. S. 53.
Reservierungsbüro in der Bryce Lodge
✆ (435) 679-8665
2-Stunden- (ca. $ 25) und Halbtages-Ritte ($ 40) durch die roten, tief eingeschnittenen Felsschluchten des Canyon. Mitte Mai bis Ende September.

Bryce Canyon National Park

Größe: 146 km²
Gründungsjahr: 1928
Lage: am Steilabhang der Pink Cliffs in Südutah, 40 km südöstlich von Panguitch
Sehenswürdigkeiten: vielfarbige Kalk- und Sandsteinsäulen im Bryce-Amphitheater, Sunset Point und Bryce Point, Wanderwege durch das Felslabyrinth
Einrichtungen: Visitor Center mit Museum, Campingplätze, Lodge, Reitmöglichkeit und Helikopterrundflüge
Info-Adresse: Superintendent
Bryce Canyon National Park
Bryce Canyon, UT 84717-0001
✆ (435) 834-5322, Fax (435) 834-4102
www.nps.gov/brca/

Unterwegs in Utah

6 Land in Rot

Bryce Canyon und Capitol Reef National Park

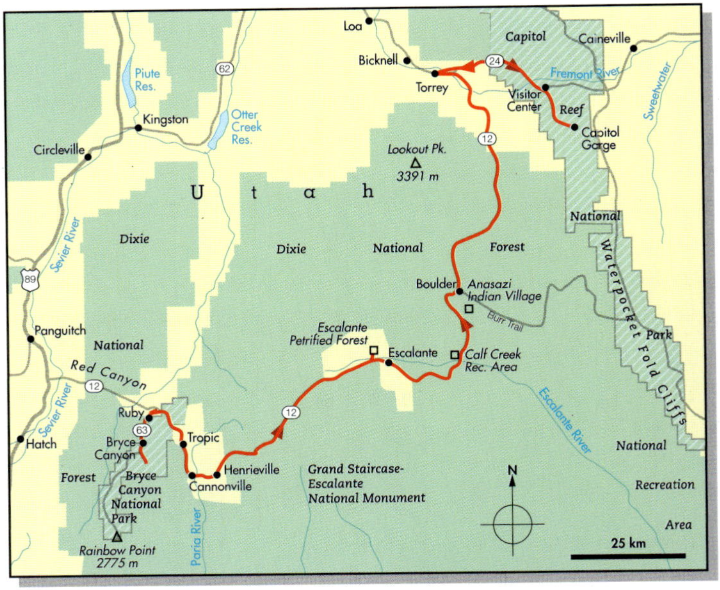

6. Route: Bryce Canyon National Park – Boulder – Torrey – Capitol Reef National Park (202 km/126 mi)

km/mi	Zeit	Route
		Sonnenaufgang am **Sunrise Point** oder **Inspiration Point**, danach Frühstück und – bevor es zu heiß wird – Wanderung oder Ausritt im Bryce Canyon (2 1/2 Stunden), danach Mittagspause.
0	12.00 Uhr	Abfahrt auf S 12 nach Osten durch das **Grand Staircase-Escalante National Monument**
101/ 63	14.00 Uhr	Aussichtspunkt über den **Escalante Canyon**.
124/ 77	14.30 Uhr	**Boulder (Anasazi Indian Village State Park)**.
176/110	16.30 Uhr	**Torrey**, Kreuzung mit S 24, Einchecken im Hotel oder Campground; danach Fahrt auf S 24 in den **Capitol Reef National Park** und auf dem Scenic Drive zur **Capitol Gorge** mit kurzer Wanderung (falls es heute zu spät wird, ist dieser Abstecher auch gut am nächsten Morgen zu machen); in der letzten halben Stunde vor Sonnenuntergang Rückfahrt auf dem Scenic Drive nach
211/132		**Torrey**.

Extratouren
Auf kleiner Seitenstraße westlich von Escalante erreicht man den **Escalante Petrified Forest**. Ein 1,5 km langer Naturlehrpfad veranschaulicht die fossilen Baumstämme (ca. 1 Stunde). Danach kann man sich im See abkühlen. Sehr schön für eine Zwischenübernachtung: die **Boulder Mountain Lodge** (Boulder, UT 84716, ✆ 435-335-7460, Fax 435-335-7461, www.boulder-utah.com, $$).

Calf Creek Falls Recreation Area (ca. 20 km östlich von Escalante hinter der Brücke über den Escalante River): Eine inklusive Hin- und Rückweg 8 km lange Wanderung im Tal (Parken am Campingplatz am Ende der Seitenstraße) führt zu 40 m hohen Wasserfällen; ca. 3 Stunden.

Auch wer kein passionierter Frühaufsteher ist, sollte sich vielleicht diesmal aufraffen. Das Schauspiel der ersten Sonnenstrahlen auf den roten Felsskulpturen im Bryce Canyon ist überwältigend. Als Aussichtspunkte dafür empfehlen sich **Inspiration** oder **Sunrise Point**. Danach ein kräftiges Frühstück und dann auf zur Wanderung.

Wer in der Gruppe und mit zwei Fahrzeugen unterwegs ist, kann eines davon am Sunset Point deponieren und dann vom Bryce Point aus sieben Kilometer durch den Canyon hinüberwandern. Mit nur einem Fahrzeug fährt man zum Sunrise Point und läuft von dort einen etwa sechs Kilometer langen Rundkurs. Auf dem Queen's Garden Trail geht es hinab in das Labyrinth, dann ein Abstecher zur »Wall Street« und auf dem Navajo Trail wieder hoch zum Rand beim Sunset Point. Von dort kehrt man über den Rim Trail zum Fahrzeug zurück. Mit Gucken, Fotografieren und Fantasieren sind zwei bis drei Stunden schnell herum.

Unterwegs lassen sich die spektakulären Resultate der Erosion bewundern. Wie eine verzauberte Stadt mit Fenstern, Bögen und Hochhauswänden stehen die roten und weißen Felsen da, eingestreut einzelne Skulpturen von Fabelwesen und übermenschlich große Soldatenregimenter in Reih und Glied. Nur ab und zu ein Baum, der waghalsig am Abgrund balanciert oder sich aus tiefer Schlucht zum Licht reckt. Die Hänge sind zu abschüssig, die Erosion knabbert zu schnell, pflanzliches Leben kann sich kaum halten. Unten in den meist ausgetrockneten Bachbetten findet sich ein Kaleidoskop vielfarbiger Kiesel, dazwischen vielleicht mal ein Stück behauener Obsidian, also vulkanisches Glas, das die Indianer zur Herstellung von Pfeilspitzen verwendeten. Es lohnt sich, ins Detail zu gehen und die Winzigkeiten in Augenschein zu nehmen.

Wasser ist der wichtigste Erosionsfaktor im Nationalpark. Zwar regnet es nur selten, doch wenn ein Herbststurm oder ein sommerlicher Gewitterschauer über das Plateau fegt, wird die Kraft des Elements deutlich. Der berühmte erste Bootsfahrer im Grand Canyon,

Stillstand: »Sprinkleranlage« in Utah

Major Wesley Powell, der auch die Region des Bryce Canyon erforschte, hat es so erlebt: »Es regnet! Schnell formen sich weiter oben kleine Rinnsale, und diese werden bald zu Bächlein, und die Bächlein werden zu Bächen und stürzen in unzähligen Kaskaden über die Felswände. Ihre wilde Musik spielt über dem Donnern des Flusses. Sobald der Regen endet, trocknen die Rinnsale, die Bächlein und die Bäche wieder aus.«

Highway 12: Die erst vor etwa 20 Jahren eröffnete Route durch die Badlands von Süd-Utah folgt zunächst dem Tal des Paria River. Nur in kleinen Orten wie Tropic oder Cannonville gibt es noch Zivilisation – das völlig unerschlossene Hinterland südlich des Highway wurde 1996 von Präsident Clinton zum **Grand Staircase-Escalante National Monument** ernannt. Ein Wildnisgebiet von 7 000 Quadratkilometern Größe, in das nur einige Schotterpisten und Wandertrails führen. Die schönste Route in das Monument ist der bei Boulder vom Hwy. 12 abzweigende **Burr Trail**, für den allerdings – obwohl er teilweise geteert ist – ein Extratag nötig ist.

Hinter dem zu Ehren des spanischen Missionars Sylvestre de Escalante benannten Örtchen steigt die Straße auf eine Hochebene. Kaum ein Grashalm vermag sich hier im nackten Fels zu halten. Kilometerweit brauchten die Straßenbauer nur einen Teerbelag auf den glatten Stein zu legen.

Dann plötzlich wieder Canyonland: Abrupt steht man an der Kante des schmalen **Escalante Canyon**. Mächtige *cottonwoods*, eine Pappelart, begrünen die Talsohle, und sogar ein Bächlein wispert vorüber. Danach windet sich die Straße über mächtige Felsrücken und auf schmalem Kar entlang dem Schluchtengewirr. Sandstein, Lavafelsen: Gott sei Dank ist man hier nicht als erster Entdecker mit Maultier und ohne Landkarte unterwegs.

Der nächste Lichtblick heißt **Boulder**, ein versprengter Miniort im grünen Tal des Boulder Creek. Den fruchtbaren Talboden nutzten schon die prähistorischen Indianer vor 800 Jahren. Im **Anasazi Indian Village State Park** sind die Überreste der damaligen Siedlung zu bewundern, die hier ausgegraben wird.

Schließlich kann man sich, falls die Sonne noch nicht zu tief steht, im Café des Örtchens an der Kreuzung stärken – allerdings nur wenn Billie, die herzlich-raue Betreiberin des Cafés, die Türen aufsperrt. Beim Klönschnack mit den Einheimischen bekommt die öde Wüstenei eine neue Perspektive. »Ich möchte nirgendwo anders leben als hier«, erzählt Mark Corson. »Im Sommer haben wir die Berge, ihre Bäche, stillen Wälder und kleinen Seen. Auf über 3 000 Meter ist es dort auch im August schön kühl. Und im Winter gehen wir in die Canyons. Es gibt Hunderte Kilometer alter Trails

Der General Store – Topadresse in Tropic, Utah

und Jeep-Pfade. Mit dem Pferd ist es am schönsten. Ich bin selbst vor zehn Jahren aus Arizona hierherauf gekommen – nicht mit dem Auto! Mit zwei Maultieren bin ich auf den historischen Trails über den Grand Canyon und dann durch die Wüste bis hierher.« Tja, die Pionierzeit ist noch nicht zu Ende.

Vor der Tür des Cafés, einer umfunktionierten Tankstelle, zweigt der Burr Trail vom Highway 12 ab in die spektakuläre Wüstenlandschaft der **Waterpocket Fold Cliffs**. Die Regierung ist nun dabei, die Route zu teeren, Naturschützer und viele Bewohner der Region sind dagegen. »Wer dorthinaus will, muss auf die Bedingungen der Natur eingehen. Linienbus und Kabrio passen da nicht hin«, sagt Mark.

Das letzte Stück des Highway 12 überquert schließlich den **Boulder Mountain**. Tatsächlich wird es bald kühler, oben auf über 3000 Metern pustet sogar der Wind. Tief unten in der weiten Ebene sieht man die roten Felsen des Colorado-Plateaus in der Hitze flimmern. In lang gezogenen Serpentinen taucht die Straße auf der Nordseite des Berges in die breite Senke des Fremont-River-Tals, wo schon in der Ferne die ersten Formationen des Capitol Reef winken.

Am besten checkt man schon jetzt am Nachmittag im Motel oder Campingplatz in **Torrey** ein, um dann den Rest des Tages bis zum Sonnenuntergang in aller Ruhe im Nationalpark zu verbringen.

Im fruchtbaren Tal des Fremont River, der nach einem der großen Entdecker und Vermesser des Westens benannt wurde, reihen sich die kleinen Mormonensiedlungen mit ihren sauberen Vorgärten und großen Feldern, über die die Bewässerungsräder rollen. Doch bald schon wird es wieder massiv steinig, die ersten Steilwände des **Capi-**

Farm in Fruita, Capitol Reef National Park

tol Reef National Park tauchen auf. Ein Hügelrücken, dann grüßt der Eingang des zwar wenig bekannten, aber umso schöneren Parks. Dahinter ragen bereits die mächtigen Formationen des »Riffs« auf. Der seltsame Name hat mit Korallen nichts zu tun, sondern stammt aus dem Sprachgebrauch australischer Prospektoren, die oft goldhaltige Bergzüge als *reefs* bezeichneten. Um 1900 schürften die Goldsucher auch in dieser Ecke der Welt, fanden aber nicht viel. Nach dem Zweiten Weltkrieg stieß man auf uranhaltiges Gestein, das einige Jahre lang den Abbau lohnte.

Der Namensbestandteil »Capitol« ist ähnlich schwer nachzuvollziehen: Eine Felskuppel am Nordufer des Fremont River, der Capitol Dome, ähnelt durch ihre weißen Felssäulen dem Kapitol in Washington. Na ja. Die übergreifende Bergformation im Nationalpark ist die 160 Kilometer lange **Waterpocket Fold**, eine vor 70 Millionen Jahren entstandene Faltung der Sedimentschichten. Durch großen seitlichen Druck hob sich damals der Westteil des heutigen Parks und schuf eine gewaltige Geländestufe. Der Höhenunterschied zwischen West- und Ostseite der Verwerfung beträgt heute noch 800 Meter. Wie eine große Welle, deren Kamm in nordsüdlicher Richtung verläuft, zieht sich die Faltung durch den Park.

Die schönste Route führt vom Visitor Center auf dem **Scenic Drive** nach Süden – parallel zum steil aufragenden Capitol Reef. Tiefroter Schiefer und glatter, gelber Navajo-Sandstein sind zu imposanten Schlössern und Zinnen erodiert. Sogar ein »Ägyptischer Tempel« ist darunter. Dazwischen auch einige graue Bänder: Vulkanasche und gelblichgraue, uranhaltige Fluss-Sedimente.

Der letzte Teil der Straße führt kurvenreich durch die Sohle der eindrucksvollen **Capitol Gorge**. Rechts und links schieben sich die polierten Steilwände näher zusammen, wachsen die beklemmenden Überhänge höher und höher in den Himmel. Wie Marmormuster laufen senkrechte Streifen die Felsen herab, da, wo seit Jahrhunderten das Regenwasser sickert. Seltsame Löcher, die Zeichen von Überflutungen, starren aus dem nackten Stein.

Die Oberfläche der Klippen sieht oft schwarzglänzend aus: *desert varnish*. Dieser »Wüstenlack« entsteht durch langsame Oxydation der im Sediment eingeschlossenen Eisen- und Manganspuren. Im Lauf von Jahrtausenden dringen die Metalle an die Oberfläche und überziehen den Stein mit einem harten Panzer. *Desert varnish* war ein beliebtes Medium für die prähistorischen Indianer, die darin ihre Petroglyphen einritzten – Kunst für die Ewigkeit.

Am Ende der Straße liegt, profan, aber hübsch, ein Picknickplatz. Einst ging die Straße noch weiter: Bis 1962 war dies die einzige Verbindung über das Capitol Reef. Ochsenkarren und Model-T-Fords, Händler und Viehtreiber benutzten sie.

Den alten Reisenden sollte man es gleich tun und einen Blick zum Himmel werfen. Blau, also alles in Ordnung. Ziehen dunkle Wolken auf, heißt es, die Schlucht schleunigst verlassen oder gar nicht erst betreten. Innerhalb weniger Minuten kann die Klamm dann nämlich meterhoch unter schmutzigbraunem, reißenden Wasser stehen.

Die Rückfahrt auf dem Scenic Drive legt man am besten in die letzte halbe Stunde vor Sonnenuntergang, um im letzten Licht des Tages den Anblick der flammend roten Felswände genüsslich auskosten zu können.

6 Infos: Bryce Canyon, Boulder, Torrey, Capitol Reef

Wanderung im Bryce Canyon
Vom Sunrise Point läuft man direkt nach Sonnenaufgang und Frühstück auf den gut ausgetretenen Pfaden zwischen den bizarren Felssäulen; zunächst folgt man dem Queen's Garden Trail (2,5 km), macht dann einen kurzen Abstecher (600 m einfach) zur Wall Street, gelangt auf dem steilen Navajo Trail (1,1 km) wieder zum Canyonrand (Sunset Point) und folgt dem Rim Trail (800 m) wieder zum Sunrise Point zurück. Ca. 2 1/2 Stunden.

Bryce Canyon Airlines
Ruby's Inn (vgl. S. 60)
Bryce, UT 84764
✆ (435) 834-5341 und 1-800-979-5050
Hubschrauberflüge über die Ostflanke des Canyon, 15 Minuten bis 3 Stunden. Preis: $ 60–150.

Das **Mittagessen** kann man entweder als Picknick am Canyonrand gestalten (Lebensmittelläden in Panguitch und am Südeingang des Parks, am besten auch schon für die nächsten Tage einkaufen), oder man geht essen in der Bryce Lodge oder in Ruby's Inn.

Boulder
Im **Trading Post Grill** an der einzigen Kreuzung im Ort gibt's Kaffee, Pies und Hamburger – und Kontaktmöglichkeiten mit den Einheimischen.

Anasazi Indian Village State Park
Boulder, UT 84716, ✆ (435) 335-7308
Im Sommer tägl. 8–18, sonst 9–17 Uhr
Interessante Ausgrabungsstätte von mehr als 80 Räumen eines 800 Jahre alten Anasazi-Dorfes; manchmal Führungen von Archäologen durch die derzeitigen Grabungen. Eintritt $ 5 pro Fahrzeug.

Skyridge B & B
950 E. Hwy. 24, Torrey, UT 84775
✆/Fax (435) 425-3222
www.bbiu.org/skyridge
Stilvoller, sehr gepflegter und mit moderner Southwest-Kunst gestalteter Country Inn an der Kreuzung der Hwys. 12 und 24; nur 5 Zimmer. $$–$$$

Best Western Capitol Reef Resort
2600 East Hwy. 24, Torrey, UT 84775
✆ (435) 425-3761, Fax (435) 425-3300
Modernes Motel ca. 20 km westlich des Nationalparks nahe der Kreuzung der Hwys. 12 und 24; Restaurant, Pool, Ausritte. $–$$

Scenic Drive im Capitol Reef
Die knapp 20 km lange Schotterstraße vom Visitor Center zur Capitol Gorge führt immer am Fuß der Felswände entlang. Vom Ende der Straße, die nach Regenfällen wegen Überflutung manchmal gesperrt ist, kann man eine interessante Wanderung in die Schlucht unternehmen.

Cafe Diablo
599 West Main St., Torrey
✆ (435) 425-3070
Modernes Café mit Terrasse und hervorragender Southwest-Küche – scharf gewürzt. $$

Capitol Reef Inn & Cafe
360 West Main St., Torrey, UT 84775
✆ (435) 425-3271
www.capitolreefinn.com
Witziger Buchladen mit verblüffend gutem, gemütlichen Restaurant (Forelle!); angeschlossen ist ein kleines, angenehmes Motel. $–$$

Capitol Reef
✆ (801) 425-3791
Kleiner, wunderbar gelegener Campingplatz im Nationalpark, keine Reservierung möglich, im Sommer meist voll.

An der S 12 gibt es etwa 10–15 km vor Torrey einige einfache, aber sehr schöne staatliche Waldcampingplätze (Single Tree, Pleasant Creek). Keine Reservierung möglich. Ein großer Privat-Campingplatz liegt am Westrand von Torrey.

7 Die Steinmännchen des Goblin Valley

Von Capitol Reef nach Moab

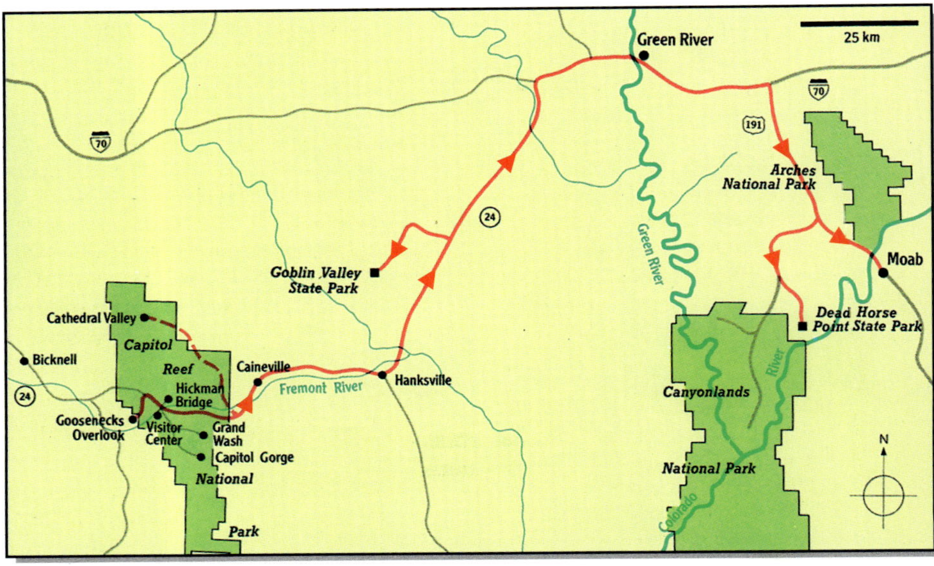

7. Route: Capitol Reef National Park – Hanksville – Goblin Valley – Dead Horse Point State Park – Moab (274 km/171 mi)

km/mi	Zeit	Route
0	9.00 Uhr	**Goosenecks Overlook**
5/ 3	9.45 Uhr	**Visitor Center**, Capitol Reef National Park
7/ 4	10.15 Uhr	Wanderung zur **Hickman Bridge** (1 1/4 Stunden). Auf dem Hwy. 24 nach
64/ 40	12.30 Uhr	Hanksville, weiter bis zum Abzweig zum
113/ 71	13.00 Uhr	**Goblin Valley State Park** (Mittagspause und kleine Wanderung).
187/117	15.30 Uhr	**Green River** (evtl. Besuch im J. W. Powell River History Museum).
290/181	17.00 Uhr	**Dead Horse Point State Park** (am Ende der S 313).
274/171		Nach Sonnenuntergang Ankunft in **Moab**.

Extratour

Im Capitol Reef National Park gibt es eindrucksvolle Seitenstraßen, z. B. ins **Cathedral Valley**, die nur mit hochbeinigen Jeeps oder Pick-up-Trucks befahrbar sind.

Möglich wäre eine Weiterfahrt bis Moab (s.u.), dort Jeepmiete und dann einige Tage Exkursionen im **Arches** und im **Canyonlands National Park**. Empfehlenswerte geführte Tagestouren ins **Cathedral Valley** bietet in Torrey »Hondoo Rivers and Trails«, ✆ (435) 425-3519 oder 1-800-332-2696, www.hondoo.com.

Abkürzung
Am Nachmittag über Hanksville auf der S 95 über den **Lake Powell** fahren und weiter bis **Cortez** (ca. 400 km, 6 Stunden Fahrt), schon sind zwei Tage eingespart – allerdings auf Kosten der herrlichen Nationalparks Arches und Canyonlands.

Die **Goosenecks** des Sulphur Creek nahe dem Parkeingang bilden die erste Attraktion des Tages. Nach kurzem Fußweg steht man atemberaubend hoch über dem Bächlein, das sich in jahrtausendelanger Wühlarbeit seine »Gänsehals«-Mäander gegraben hat. Durch die Faltung der Region treten nun die ältesten Schichten im Westen des Parks zutage. Ganz unten im Canyon liegt die vor 250 Millionen Jahren entstandene Cutler-Formation, darüber die 100 Meter dicke Lage des Kaibab-Kalksteins. Auf der Reise durch den Südwesten dringt man hier schon tiefer in die Geologie ein. Von den rosa Felsen der Wasatch-Formation im Bryce Park ist nichts mehr zu sehen. Später auf der Reise werden wir den Kaibab-Kalkstein – hier alt und ziemlich unten – wieder treffen: Er bildet am Grand Canyon die oberste und jüngste Schicht!

Nach kurzem Besuch im Visitor Center fährt man im engen Tal des **Fremont River** weiter. Die halbverwilderten Obstplantagen der Mormonen säumen die Ufer, ein merkwürdig zivilisiertes Einsprengsel in der kahlen Felsumgebung. Zwischen 1880 und 1970 florierte hier eine Siedlung der »Heiligen«, genannt **Fruita**. Die rund zehn Familien, die das Örtchen in seiner Blütezeit um 1900 hatte, pflanzten in dem geschützten Tal Obst an und brannten schwarzen Schnaps – beides Delikatessen im Wilden Westen.

Vom Parkplatz neben dem tosenden Fremont stapft man den Pfad bergauf in ein hübsches Seitental. Nur selten fließt der Bach, doch an den glatt gewaschenen Felskuhlen und ausgehöhlten Stufen im roten Schiefer und blassen Sandstein wird die Gewalt des Wassers deut-

Diese Mesa bei Caineville ist schon sprichwörtlich geworden. Sie gilt als »wertlosestes Baugrundstück der Welt«.

Die Steinmännchen im Goblin Valley

am Unterlauf des Fremont River weiter. Lehmige, blaugraue Bentonithügel geben der Landschaft bald ein unirdisches Gepräge. Wenn es regnet, saugt der Lehm das Wasser auf, die konischen Schutthügel schwellen sichtbar auf und erodieren schnell zu neuen Formen. Doch meist ist es trocken, und das buschbestandene Flussufer zeigt das einzige Grün weit und breit. Die ausgeglühte Oberfläche der Kuppen steht mit der Vegetation auf Kriegsfuß. In langer Reihe ragen graue Felsspitzen wie Schiffe einer halbversunkenen Kriegsflotte an der Straße auf. Desolat sieht das aus, und auch im Radio ist nicht viel los: Drei Stationen teilen sich eineinhalb Frequenzen, und man versteht rein gar nichts.

Caineville, Hanksville: alles Namen früher Siedler. Nach der Überquerung einer weiten Hochebene folgt die Abzweigung zum Goblin Valley, zum »Tal der Zwerge« – eine sandige Staubstraße. Sogar erste Ansätze von Dünen sind zu erkennen. Nach dem Parkeingang ein kleiner Campingplatz, dahinter klettert die Straße über den letzten Hügel. Schon stehen linker Hand die ersten drei tapferen Männlein aus Stein. Der rote Schiefer und der feine Sandstein der vor 150 Millionen Jahren entstandenen Entrada-Formation haben wechselnde Härte und wurden deshalb durch Wind und Wasser zu den hübschen Zwergentürmchen gemodelt.

Im **Goblin Valley**, das einige hundert Meter weiter wie in einer großen Schüs-

lich. Zwischendurch findet man tiefe, durch Strudel aus dem Stein geschliffene Löcher im Bachbett: *waterpockets*, in denen manchmal noch Wasser vom letzten Regenguss steht. Diese Wasserlöcher, die im Sandstein der ganzen Region eingefressen sind, haben der Bergkette ihren Namen gegeben: Waterpocket Fold.

Hinter dem nächsten Hügel ist das Ziel in Sicht. 40 Meter breit spannt sich die **Hickman Natural Bridge** in der roten Wand. Ein kleines Rinnsal hat, durch Gewittergüsse und Schmelzwasser immer wieder zum reißenden Sturzbach angeschwollen, in Jahrtausenden die schmale Felsrippe ausgehöhlt und schließlich durchbrochen. Gravitation und Frosterosion haben die Öffnung vergrößert und einen großen Bogen, eine natürliche Brücke, geschaffen. Dahinter gelangt man linker Hand zu einer von Mutter Natur gemeißelten Aussichtsplattform: direkt an der Steilkante über dem Fremont River.

Danach geht es auf der Ostseite der gekippten Berge auf dem Highway 24

sel vor dem Betrachter liegt, drängen sich die putzigen Figuren dicht an dicht. Steht dort nicht eine Gruppe diskutierender Schlümpfe? Eine Elefantenparade? Die bauchigen Steinpilze regen die Fantasie an und sind menschlich viel fassbarer als die überdimensionalen Naturwunder der umliegenden Parks – ein lustiges Intermezzo, in dem man stundenlang fantasierend herumlaufen könnte.

Der hier stationierte junge Ranger Tim liebt seinen Park heiß und innig. »Seit einem Jahr lebe ich jetzt hier, Sommer wie Winter. Alle drei Wochen fahre ich nach Green River zum Einkaufen, oder jemand bringt mir Vorräte. Im Sommer habe ich genügend Besuch durch die Camper. Aber ich mag auch den Winter, die Einsamkeit und die Natur hier draußen sind für mich das Schönste. Außerdem leisten mir ja meine Zwerge Gesellschaft«. Ganz ohne Zivilisation muss Tim trotzdem nicht leben, denn moderne Solartechnik versorgt ihn immerhin mit Strom.

Eine scheinbar endlose Ebene, dann ein kurzes Stück Autobahn I-70, danach der Highway US 191. Wie mit dem Lineal gezogen führt die Straße durch das wüstenhafte Plateau nach Süden. Rote Hügelzüge am Horizont, eine trostlose Landschaft – und da soll noch mal was Interessantes kommen? Rechter Hand ein winziger Landestreifen mit einem kleinen Hangar: Moab Airport! (Die Charterflieger bieten hier sehr lohnende Rundflüge über die nahen Nationalparks an.)

Wenig später zweigt der Highway 313 zum **Dead Horse Point State Park** ab. Die Felswände des spärlich bewachsenen Flusstales verwehren zunächst jede Aussicht, doch dann haarnadelt die Straße die Wand hoch, und bald kommt auf einem öden Hochplateau die Parkgrenze. Im roten Spätnachmittagslicht bietet der Aussichtspunkt über den gewaltigen Schleifen des Colorado River einen optischen Leckerbissen, der den Tag spektakulär enden lässt.

Dead Horse Point State Park

7 **Infos:** Capitol Reef National Park, Goblin Valley, Moab

Goosenecks Overlook/Capitol Reef
Eine kurze Staubstraße westlich des Visitor Center führt zum Aussichtspunkt über den tiefen Sulphur Creek Canyon.

Visitor Center Capitol Reef National Park
Etwa 10 km östl. des Parkeingangs
Im Sommer tägl. 8–19 Uhr, im Winter bis 16.30 Uhr
Kleine Ausstellung und Diaschau über die Naturgeschichte des Parks, Landkarten und Wanderinformationen.

Wanderung zur Hickman Bridge
Ausgangspunkt ist der Parkplatz an der S 24 kurz vor der Brücke über den Fremont River. Der etwa 1,5 km lange, gut ausgebaute Weg führt zu einem natürlichen Felsbogen; einige Schritte weiter sehr schöner Ausblick vom Rand des Abhangs über das Tal des Fremont. Bei gemütlichem Wandern und Fotografieren ca. 1 1/4 Stunden.

Goblin Valley State Park
Auf Schotterstraße nördl. von Hanksville zu erreichen. Hunderte kleiner Steinmännchen warten darauf, entdeckt zu werden.

J. W. Powell River History Museum
885 East Main St.
Green River, UT 84525
✆ (435) 564-3427
Im Sommer tägl. 8–20 Uhr
Moderne Ausstellungen zeigen die Taten der Entdecker und Pioniere am Green und Colorado River. Info-Center für die Region.

Dead Horse Point State Park
Großartiger Aussichtspunkt am Ende der S 313 über die Mäander des Colorado River.

Pack Creek Ranch
P.O. Box 1270, Moab, UT 84532
✆ (435) 259-5505, Fax (435) 259-8879
www.packcreekranch.com
Gemütliche Ferienranch mit breitem Angebot: Ausritte in die Canyongebiete, Wanderungen, Schlauchbootfahren. Besonders für mehrtägigen Aufenthalt gut geeignet; möglichst einige Wochen vorher reservieren. Essen und Aktivitäten inklusive. Daher $$$$

Moab Lodging
50 East Center St.
Moab, Utah 84532
✆ (435) 259-5125 oder 1-800-748-4386
Fax (435) 259-4278
www.moabutahlodging.com
Eine gute Alternative zum Motel: Schöne Ferienapartments in und um Moab für 2–6 Personen. $$–$$$

Super 8 Motel
889 North Main St., Moab, UT 84532
✆ (435) 259-8868, Fax (435) 259-8968
Einfaches, günstiges Kettenmotel am Nordende der Stadt. $–$$

Devils Garden
Arches National Park
Staatlicher, einfacher Platz am Ende der Straße im Nationalpark; keine Reservierung möglich.

Slickrock Campground
1301 1/2 North Hwy. 191
Moab, UT 84532
✆ (435) 259-7660
Fax (435) 259-9402
Gepflegter Privatcampingplatz am Nordrand von Moab; auch Hüttenvermietung; einige Tage im Voraus reservieren.

Slick Rock Cafe
Center & Main Sts., Moab
Nettes Southwest-Lokal im Ortszentrum. Gut zum Frühstück – aber auch sonst. $–$$

Center Cafe
92 East Center St., Moab
✆ (435) 259-4295

Das beste Restaurant in Moab; hervorragende Southwest Cuisine. $$$

Grand Old Ranch House
1266 North Hwy. 191, Moab
✆ (435) 259-5753
Gemütliches Restaurant in einem historischen Haus, von Steaks bis zu deutschen Gerichten ist alles zu haben. $$

Poplar Place
100 North Main St., Moab
Pub und einfaches Restaurant im ältesten Haus Moabs; manchmal Live-Musik. $–$$

Moab Brewery
686 South Main St., Moab
✆ (435) 259-6333
Treff der jungen Mountainbiker-Szene bei Pizza und selbst gebrautem Bier. Oft Live-Musik. $–$$

Weitere Informationen zu Moab finden Sie S. 80.

Capitol Reef National Park

Größe: 979 km²
Gründungsjahr: 1971
Lage: umfasst die 160 km lange Bergformation Waterpocket Fold im Colorado-Plateau Südutahs
Sehenswürdigkeiten: 20 km langer Scenic Drive, Capitol Gorge, Hickman Bridge und Cassidy Arch
Einrichtungen: Visitor Center, ein Campingplatz, mehrere kurze Wanderwege sowie Schotterstraßen für Allradfahrzeuge
Info-Adresse: Superintendent
Capitol Reef National Park
Torrey, UT 84775
✆ (435) 425-3791, www.nps.gov/care

Willkommen im Grand Old Ranch House, Moab

8 Wanderlust
Im Arches National Park

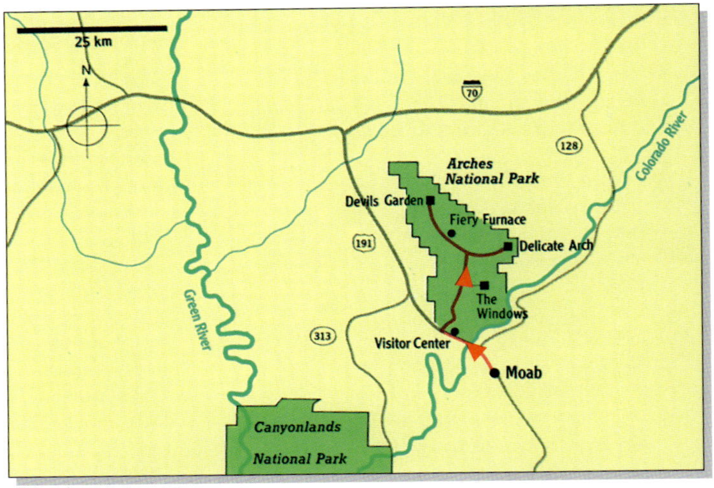

8. Route: Moab – Arches National Park – Moab (130 km/81 mi)

km/mi	Zeit	Route
0	8.30 Uhr	Abfahrt von **Moab** zum
10/ 6	8.45 Uhr	**Arches National Park**, Visitor Center.
35/22	9.30 Uhr	Vom Ranger geführte Wanderung (Fiery Furnace; möglichst schon am Abend vorher im Visitor Center reservieren).
45/28	12.00 Uhr	Mittagspause beim **Devils Garden** (oder in Moab); danach Wanderung in Devils Garden zum **Landscape Arch** (ca. 1 1/2 Stunden Hin- und Rückweg; die gesamte Strecke bis zum **Double-O Arch** erfordert ca. 3 1/2 Stunden).
95/59	14.30 Uhr	Rückfahrt durch den Park bis **Courthouse Towers**; Stopp bei der **Windows Section**.
	17.00 Uhr	Wanderung zum **Delicate Arch**.
130/81		**Moab**.

Alternativtour
Im heißen Hochsommer ist es sinnvoller, vormittags eine **Rafting-Tour** auf dem Colorado River oder frühmorgens eine **Radtour** zu unternehmen (Slickrock Bike Trail), mittags am Hotelpool zu entspannen und erst gegen 15 Uhr zur Besichtigung in den Arches Park zu fahren. Dann bleibt noch Zeit für zumindest eine Wanderung: gegen Sonnenuntergang zum Delicate Arch.

Der Arches National Park ist mit Sicherheit einer der Höhepunkte der ganzen Tour! Berühmt ist das Schutzgebiet vor allem wegen seiner einzigartigen natürlichen Felsbögen – die meisten der Welt auf so kleinem Raum. Mehr als 200 hat man bisher entdeckt: winzige, kaum einen Meter breite Fensterchen und mächtige steinerne Torbögen, durch die schon fast ein Flugzeug hindurchfliegen könnte.

Im **Visitor Center** gleich am Eingang des Parks holt man sich zunächst das geologisch-historische Rüstzeug für den Rest des Tages. So ist zu erfahren, dass unter der gesamten Region von Südwest-Utah eine gewaltige Salzschicht liegt, die beim Austrocknen eines Urzeitmeeres vor 300 Millionen Jahren entstand – in einer Dicke von 1 000 Metern und mehr. Als später Sandstein- und Schieferablagerungen darüber geschichtet wurden, begann sich das Salz unter dem hohen Druck zu verschieben. Wie ein zähflüssiger Brei formte es Blasen und Löcher, die in den Schichten darüber zu Verwerfungen führten. Besonders der Entrada-Sandstein, eine Jura-Formation, krümmte und verzerrte sich, wurde durch die Verschiebung rissig. Jahrtausendelange Erosion verbreiterte die Längsrisse in diesem weichen, leuchtendroten Gestein, und lang gezogene »Flossen« entstanden. Diese dünnen, frei stehenden Felsrippen höhlte die Wind- und Kälteerosion aus – Fenster und Bögen wurden geschaffen: Der Arches National Park war fertig.

Vom Visitor Center folgt man der einzigen Parkstraße hinauf aufs Plateau des Entrada-Sandsteins. Wie Orgelpfeifen flankieren bald die rot leuchtenden Steinsäulen den Weg. Nackte, senkrechte Felswände ragen über den kleinen Seitentälern auf. Danach sind rechter Hand in der Ferne die ersten Fenster in den Felsblöcken zu erkennen. Prekär balanciert ein tropfenförmiger Sandsteinbrocken drohend über der Straße. Er soll immerhin 3 500 Tonnen wiegen, haben die Ranger ausgerechnet, und ist allein durch das Sandstrahlgebläse des hier fast unablässig wehenden Wüstenwindes entstanden.

Eine ausgezeichnete Gelegenheit, mehr über die Naturgeschichte des Parks zu erfahren, sind die jeden Morgen von Park Rangers durchgeführten Wanderungen, zum Beispiel der **Fiery Furnace Walk**. Der grün berockte *naturalist* erzählt auch von der Flora und Fauna in diesem Wüstenstrich, denen der ewig wehende Sand das Leben schwer macht. Die winzigen Körner sind rund geschliffen, bleiben deshalb locker und bilden kaum Erde. In manchen Bachbetten am Parkrand gibt es sogar veritable Treibsandlöcher, wie man sie aus den Wildwestfilmen kennt. Sie haben so manches Stück Vieh der Pionier-Rancher verschluckt.

Tot ist die Wüste deshalb nicht. Besonders in den Sanddünen kann man die Spuren von Käfern, Känguruhratten oder Füchsen sehen. Auch Eidechsen und, so unwahrscheinlich es klingen mag, eine Krötenart leben hier: Die *spadefoot toad* buddelt sich in den Trockenzeiten einen halben Meter tief in den Sand der kleinen Bachbetten ein und wartet monatelang auf den nächsten Regen.

Faszinierend ist auch die Zusammensetzung der dünnen Bodenkrume in dieser Region. *Cryptogamic soil* nennen die

Biologen die Erde hier, in der winzige Algen und Bakterien eine nur wenige Millimeter oder Zentimeter dicke Lebensschicht auf dem sonst öden, unfruchtbaren Sandboden bilden. Diese verhärtete Biomasse bietet wiederum Halt für Gräser und kleine Büsche. Bei genauem Hinsehen entdeckt man darin seltsam wuchernde Formen, kleine Säulen und Knubbel. Wie Miniblumenkohl sieht es manchmal aus. Es dauert Jahrhunderte, bis sich diese *cryptogamic soil* entwickelt, und deshalb achten die Ranger hier auch besonders streng darauf, dass die Besucher nicht von den Pfaden schweifen.

Nach der Mittagspause wird die Beinmuskulatur weiter beansprucht: **Devils Garden**. Gott sei Dank findet man in den engen Schluchten des teuflischen Gewirrs riesiger Felsrippen immer wieder Schatten vor der glühenden Sommerhitze. Trotzdem kann es nicht schaden, etwas Trinkbares bei sich zu haben. Acht »Arches« stehen direkt am Pfad, insgesamt gibt es mehr als 60 in diesem steinernen Labyrinth. Richtige kleine Sanddünen, vom Wind angehäuft, umringen den Fuß der Felsen, und nur sparsame Vegetation kann sich hier halten. Wacholderbäume, *squawbush* und Eschen klammern sich in die Ritzen.

Etwa auf halber Strecke auf dem Devils Garden Trail steht der **Landscape Arch** hoch oben vor einer Wand; mit 89 Metern Spannweite hält er den Größenrekord für Felsbögen weltweit. Wenn man den Hang hinaufklettert unter den in der Mitte ganz prekär dünnen Bogen, kann einem schon mulmig werden: Hält er oder hält er nicht? Oder kommen gleich einige Hundert Tonnen roter Fels aus dem Himmel gepoltert? Er hält.

Danach wird der Weg etwas schwieriger und klettert über abgerundete Sandsteinrippen hoch in die Felsen. Oben öffnet sich dann ein weites Panorama auf die in Reih und Glied angeordneten Steinzinnen, die darauf zu warten scheinen, dass die Erosion auch sie zu Bögen macht.

Am Ende des Pfads steht das Doppelfenster des **Double-O Arch** offen: eine riesige Öffnung in der schmalen Felsrippe, seitlich versetzt darunter ein kleines Loch. Der beste Blick bietet sich, wenn man durch den Bogen klettert und am Hang auf der anderen Seite eine Pause einlegt. Ringsum gehen die Felsspalten weiter, und man kann auf dem unmarkierten Weg über die Stufen eines ausgetrockneten Bachbettes im Kreis wieder zum Pfad zurückkehren. Aber Vorsicht, man hat sich in diesem Labyrinth schnell verlaufen!

Auf der Rückfahrt vom Devils Garden locken weitere Felsen und Fenster zum Fotostopp: die **Courthouse Towers** oder die **Windows Section** zum Beispiel, wo hoch über dem Tal des Colorado River weitere riesige Öffnungen in den Monolithen auf die staunenden Besucher warten.

Den krönenden Abschluss des Tages bildet jedoch am späten Nachmittag der Pfad zum **Delicate Arch**, einem der schönsten – und sicherlich dem meistfotografierten – Bogen des Parks. Der Anfang des Weges ist noch leicht, doch dann klimmt er stetig und steil über den nackten Fels bergauf. Schweißtreibend ist das, und die stativschleppenden Fotografen, die sich dieses Motiv natürlich nicht entgehen lassen dürfen und am Wegesrand nach Luft schnappen, können einem Leid tun. Aber der Anblick am Ziel hoch über dem Plateau lässt jede Erschöpfung vergessen: Völlig allein steht der zierliche, im Abendlicht tiefrot leuchtende Bogen vor dem Abgrund einer Schlucht, dahinter die oft schneebedeckten La Sal Mountains in Colorado.

Nadelöhr: fragile Felsbrücke im Arches National Park ▷

8 **Infos:** Moab, Arches National Park

Canyonlands Visitor Center
Center & Main Sts., P.O. Box 550
Moab, UT 84532
✆ (435) 259-1370, Fax (435) 259-1376
www.discovermoab.com
Großes Besucherzentrum mit Buchladen und Multimedia-Show.

Arches National Park
Visitor Center, am Parkeingang
Das kleine Museum ist eine gute Einstimmung. Hier erfährt man auch den genauen Treffpunkt für die von Rangern geführten Wanderungen im Park (besonders zu empfehlen ist die Wanderung im Felslabyrinth des Fiery Furnace, die im Sommer meist um 9.30 Uhr stattfindet).

Mittagspause macht man am besten auf dem Picknickplatz am Anfang des Devils Garden Trail; Einkaufen morgens noch in Moab. Wer keinen Tisch braucht, kann auch zum Delicate Arch Viewpoint nahe der Wolfe Ranch wandern (ca. 20 Min.) und sich dort auf die Felsen setzen – rustikal, aber mit tollem Blick.

Wanderung im Devils Garden
Der nur am Anfang gut ausgebaute, rund 6 km lange Pfad führt durch ein Gewirr von Felsrippen, in denen immer wieder riesige Bögen Durchblick erlauben.

Wanderung zum Delicate Arch
Der 2,5 km lange einfache Pfad ab Wolfe Ranch steigt steil über den nackten Fels an, aber jeder Schritt ist es wert! (ca. 2 Stunden).

Kaibab Mountain Bike Tours
391 South Main St., Moab
✆ (435) 259-7423, Fax (435) 259-6235
www.kaibabtours.com
Mountainbike-Vermietung, Landkarten und geführte Touren (tägl. geöffnet).

Adrift Adventures
378 North Main St., Moab, UT 84532
✆ (435) 259-8594, Fax (435) 259-2296
www.adrift.net
Halb-, ganz- und mehrtägige Bootstouren auf dem Colorado, Jeep-Ausflüge und individuelle Sightseeingtouren in der ganzen Region um Moab.

Tag-A-Long Expeditions
452 North Main St., Moab
✆ (435) 259-8946 oder 1-800-453-3292
Fax (435) 259-8990
www.tagalong.com
Halb- und ganztägige Schlauchbootfahrten und Jeeptouren im Canyonlands National Park; auch mehrtägige Expeditionen im ganzen Canyongebiet. Längere Touren vorab reservieren (auch im Reisebüro in Europa möglich), Tagestrips können auch noch am Vorabend gebucht werden.

Feste und weitere Informationen:
Am Osterwochenende treffen sich jedes Jahr in Moab die Offroad-Fans zur **Jeep-Safari**, Mitte Juni kommen die Rodeo-Cowboys zu den **Butch Cassidy Days** und Mitte Oktober die Mountainbiker zum **Fat Tire Festival**.

Arches National Park

Größe: 297 km²
Gründungsjahr: 1971
Lage: am Fuße der La Sal Mountains in Südost-Utah nahe Moab
Sehenswürdigkeiten: Mehr als 200 natürliche Felsbögen sind durch Winderosion im roten Entrada-Sandstein entstanden; 30 km lange Straße in den Park; Wanderpfade im Devils Garden und zum Delicate Arch
Einrichtungen: Visitor Center, Campingplatz
Info-Adresse: Superintendent
Arches National Park
P.O. Box 907, Moab, UT 84532
✆ (435) 719-2299
www.nps.gov/arch

Durchblick: Arches National Park ▷

9 Versteck der Banditen

Im Labyrinth des Canyonlands National Park

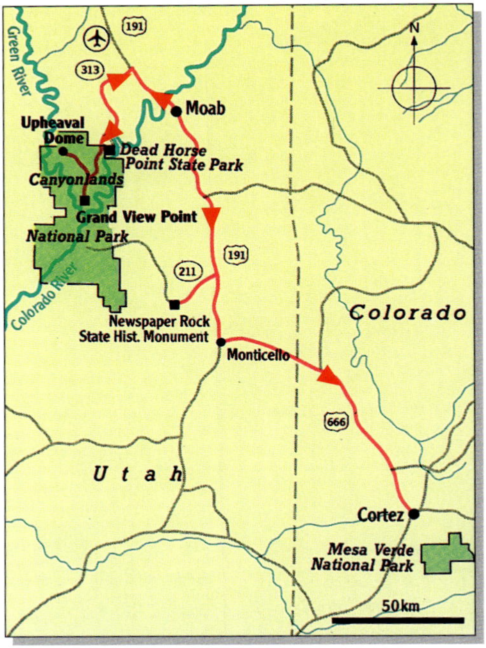

9. Route: Moab – Canyonlands National Park – Cortez (370 km/231 mi)

km/mi	Zeit	Route
0	9.00 Uhr	Abfahrt von **Moab** (morgens kann man eventuell einen sehr lohnenden **Rundflug** ab Moab Airport unternehmen, Reservierung am Vorabend bei Redtail Aviation, © (435) 259-7421.
76/ 47	11.00 Uhr	**Grand View Point Overlook**
	12.30 Uhr	Mittagspause am Picknickplatz des **Dead Horse Point State Park** oder in Moab.
151/ 94	14.00 Uhr	Abfahrt von Moab
233/146	16.00 Uhr	**Newspaper Rock State Historic Monument**
275/172	17.00 Uhr	Monticello
370/231	18.15 Uhr	**Cortez**.

Extratouren

Die SR 128 führt östlich von Moab entlang dem Colorado durch eine tiefrote Schlucht zu den **Fisher Towers**, mächtigen Monolithen, die schon oft Kulisse für Westernfilme und Marlboro-Werbecowboys waren (Zeitbedarf etwa 3–4 Stunden). Eine Karte mit den Drehorten gibt es in der »Hollywood Stuntmen's Hall of Fame« in Moab.

Ein Extratag zum **Mountainbiking** im Canyongebiet um Moab lohnt sich: Radvermietung und Trailkarten in Moab, auch geführte Touren werden angeboten. Solange man auf den nackten Felsplateaus und Schotterwegen der Parks bleibt, ist das Biking wohl auch ökologisch unbedenklich.

Nach gemütlichem Frühstück und kurzem Einkaufsstopp fürs Mittagspicknick geht es zuerst auf der US 191 ein Stück nach Norden und dann wie schon bei der Anfahrt nach Moab vor zwei Tagen auf die S 313 in Richtung Dead Horse Point State Park. Bevor man den Park jedoch erreicht, zweigt die Zufahrtsstraße zum **Canyonlands National Park** ab.

In langen Geraden führt die Straße scheinbar endlos über eine karge Hochebene südwärts. Doch dann fällt urplötzlich am Aussichtspunkt **The Neck** der Boden aus dem flachen Land – das gewaltige Panorama eines riesigen Canyons tut sich auf. Auch hier im Oberlauf hat der Colorado River seit Millionen Jahren an den rotbraunen Sedimentschichten gemeißelt und geschürft.

Einige hundert Meter sind es zu Fuß auf dem schmalen »Hals« bis zum Aussichtspunkt – mit einem Blick, der den Panoramen am Grand Canyon durchaus das Wasser reichen kann. Tief unten in dem weiten Tal zeichnet sich die eigentliche, innere Schlucht des Colorado ab. Auf dem breiten Zwischenplateau zeugen die dünnen Fahrspuren des **White Rim Trail** von der unermüdlichen Entdeckerfreude der Allradler. Mit Jeeps und *dune buggies* kurven die modernen Aktivurlauber den steilen Trail hinab – man sieht ihn rechter Hand im Seitental – und tummeln sich tagelang im Labyrinth der Canyonlands. Wen hier solche Lust ankommt, der kann in Moab einen Jeep mieten, eine Tagestour oder auch mehrtägige Fahrten buchen. Wer nicht herumkutschieren, sondern trotz der im Sommer glühenden Hitze ein Stück laufen möchte, sollte zum **Upheaval Dome** fahren. Vom Aussichtspunkt aus kann man dort eine halbe Stunde zum Rand des durch einen Salzaufbruch entstandenen Kraters wandern.

Panoramablicke reihenweise – bis man am Ende der Straße zum **Grand View Point** kommt, dem absoluten Höhepunkt, in Metern wie in Aussicht. Hier ist das äußerste Ende des **Island in the Sky**, wie das große Felsplateau zwischen Green und Colorado River heißt, und tatsächlich fühlt man sich wie im Himmel über dem roten Felsenmeer.

Unten an der Spitze des Zwischenplateaus stand vor 130 Jahren Major Powell. Der erste Bootsfahrer auf dem Colorado kletterte an der Mündung des Green River in den Colorado (der damals übrigens noch Grand River hieß) aus der engen Schlucht hoch, um einen besseren Überblick zu haben: »Eine großartige Welt breitet sich vor uns aus. Unten ist die Schlucht, durch die der Colorado fließt. Wir können seinen Kurs meilenweit verfolgen und manchmal auch das Wasser selbst sehen. Aus dem Nordwesten kommt der Green River in einer schmalen, gewundenen Schlucht, aus dem Nordosten der Grand … Wohin wir auch schauen, nichts als Felswildnis – tiefe Schluchten, in denen sich die Flüsse unter Klippen und Türmen und Zin-

nen verlieren, und zehntausend seltsam geschnittene Formen in jeder Richtung und darüber die Berge, die sich mit den Wolken vereinen.«

Das Panorama hat sich seit den Tagen Powells nicht verändert. Ein paar Rancher haben in kleinen Seitencanyons ihr Vieh zur mageren Weide getrieben, ein paar Banditen wie Butch Cassidy und seine *wild bunch* in dem Felslabyrinth Unterschlupf vor dem Gesetz gefunden, sonst nichts.

Allerdings war vor 40 Jahren kurz mal der Teufel los: Uran war entdeckt worden, und einige tausend Prospektoren stürmten die Felsfestung der Canyonlands. Moab verdoppelte seine Bevölkerung über Nacht, und die Miners steckten wie wild ihre Claims ab – insgesamt dreimal soviel Landfläche, wie dieser Regierungsbezirk überhaupt besaß. Aber schon wenige Jahre später war alles wieder vorüber und die Bergarbeiter auf und davon. Der nächste Boom kam erst Ende der 1980er Jahre: Mountainbiker und andere Aktivurlauber entdeckten die Canyonlandschaft, seither ist die Region um Moab zum Freizeitmekka aufgestiegen.

Die fantastische Aussicht von der »Himmelsinsel« lässt einen zwar kaum los, doch der Magen rumort womöglich schon. Man kann gleich nahe dem Grand View Point Overlook die Tischdecke ausbreiten oder auch wieder zum Dead Horse Point State Park fahren. Wer lieber klimagekühlt speisen will – im Hochsommer durchaus ratsam –, begibt sich zurück nach Moab.

Am Nachmittag führt die Route vom inzwischen schon vertrauten **Moab** weiter auf der US 191 durch das breite Hochtal am Fuße der La Sal Mountains nach Süden. Der kurze Abstecher zum **Newspaper Rock Monument** an der S 211 lohnt: Auf einer Felstafel im Canyon des Indian Creek haben die prähistorischen Anasazi ihre künstlerischen Spuren hinterlassen. Der Stein sieht tatsächlich fast wie eine Zeitungsseite aus, so dicht ist er mit Ritzzeichnungen bedeckt: dicke, gehörnte Menschen, mysteriöse Schlangenlinien und Gruppen von Bergschafen.

Monticello, natürlich eine Mormonengründung, ist Zentrum der Landwirtschaft im Hochland der Abajo Mountains. Entsprechend nimmt der Verkehr spürbar zu. Felder am Straßenrand, Restaurants, Häuser, Indianerschmuck wird verkauft – welch ein Kontrast zu dem menschenleeren Vormittag!

Einige Kilometer weiter südlich liegen das Kohle- und Ölfördergebiet des riesigen Navajo-Reservats. Man erkennt die Navajo auch fast immer: im Pick-up-Truck mit Kindern und vielen Verwandten und Freunden. Die Weißen sitzen meist allein im Wagen.

Danach folgt man der US 666 über die Grenze nach Colorado und gelangt bald nach **Cortez**, das gleich wie eine Großstadt aussieht. Lichter und Neonreklamen blinken, und es gibt sogar richtige Gehsteige. Aus der Mondlandschaft Südutahs sind wir auf die Erde zurückgekehrt.

Newspaper Rock Monument, Utah

◁ *Wie lockere Zähne ragen die Felsen im Monument Basin auf: Blick vom Grand View in den Canyonlands National Park*

9 Infos: Moab, Cortez, Mancos, Mesa Verde

Canyonlands National Park
Im kleinen Visitor Center (vgl. S. 80) nahe dem Eingang gibt es Landkarten und Tipps. Danach folgt ein großartiger Aussichtspunkt dem anderen – bis zum Ende der Straße zum **Island in the Sky** am Grand View Point.

Tipp für den Canyonlands Park
Sie sollten Trinkwasser oder andere Getränke auf dieser Strecke mitnehmen, weil es im Canyonlands Park keine Läden und außer im Sommer auch kein Wasser gibt.

Sheri Griffith Expeditions
2231 South Hwy. 191
Moab, UT 84532
✆ (435) 259-8229, Fax (435) 259-2226
www.griffithexp.com
Mehrtägige Schlauchbootfahrten auf dem Colorado River. Vorab reservieren.

Mittagspause
In Moab kann man am Morgen noch einkaufen und speist dann auf dem kleinen Picknickplatz nahe dem Grand View Point oder am Dead Horse Point Overlook. Im Sommer bekommt man beim Visitor Center auch Wasser – alles andere muss mitgebracht werden.

Newspaper Rock State Historic Monument
An der riesigen Felswand haben prähistorische Indianer viele Petroglyphen hinterlassen. Der Highway 211 führt vom »Zeitungsfelsen« tief hinein in den Südteil des Canyonlands National Park zum **Needles District** (Gesamtdistanz 55 km), wo mehrere Lehrpfade und Aussichtspunkte warten.

Auf dem gut ausgebauten Netz von Wanderwegen lässt sich mühelos ein zusätzlicher Tag verbringen.

Holiday Inn Express
2121 East Main St.
Cortez, CO 81321
✆ (970) 565-6000 oder 1-800-626-5652
Fax (970) 565-3438
Zuverlässige Unterkunft mit *indoor pool*, Fitnesszentrum, Bar und kleinem Frühstück. $$

Far View Lodge
P.O. Box 277
Mancos, CO 81328
✆ (970) 529-4421, Fax (970) 529-4411
www.visitmesaverde.com
Einzige Lodge im Mesa Verde National Park; in fabelhafter Lage mit Blick über die Canyons. Mehrere Monate im Voraus reservieren; geöffnet von Mai bis Mitte Oktober. $$$

Bauer House B & B
100 Bauer Ave.
Mancos, CO 81328
✆ (970) 533-9707
www.bauer-house.com
Herrlich nostalgische viktorianische Villa mit nur vier Gästezimmern, ca. 20 Min. östlich von Mesa Verde. $$

Morefield Campground
Mesa Verde National Park
✆ 1-800-449-2288
Riesiger staatlicher Platz südl. des Parkeingangs; keine Reservierung möglich.

Mesa Verda KOA
P.O. Box 1257
Cortez, CO 82321
✆ (970) 565-9301
Großer Privatcampingplatz etwa 3 km östl. von Cortez; Swimmingpool.

Weitere Privatcampingplätze liegen an der US 160 in der Nähe des Parkeingangs.

Homesteaders
45 East Main St.
Cortez, CO 82321
✆ (970) 565-6253
Zum knuffigen Futterbunker dekorierte Scheune: Steaks, Rippchen. $–$$

9 **Infos:** Canyonlands National Park

Canyonlands National Park

Größe: 1366 km^2
Gründungsjahr: 1964
Lage: in Südost-Utah etwas westlich von Moab um den Zusammenfluss von Colorado und Green River
Sehenswürdigkeiten: gewaltige Canyonlandschaft um den Oberlauf des Colorado; die S 313 führt zu eindrucksvollen Aussichtspunkten im Island in the Sky, die S 211 zum Felsgewirr des Needles District; Wanderweg zum Upheaval Dome
Einrichtungen: kleine Info-Zentren am Eingang zu den beiden Straßen in den Park; zahlreiche Wildnisstraßen für Allradfahrzeuge; Schlauchbootfahrten und Jeeptouren
Info-Adresse: Superintendent
Canyonlands National Park
Moab, UT 84532
✆ (435) 719-2313
www.nps.gov/arch

Touristen um die vorletzte Jahrhundertwende

9.1 Goldgräberstädte und 9.2 Viertausender-Gipfel
Alternativroute durch die Rockies

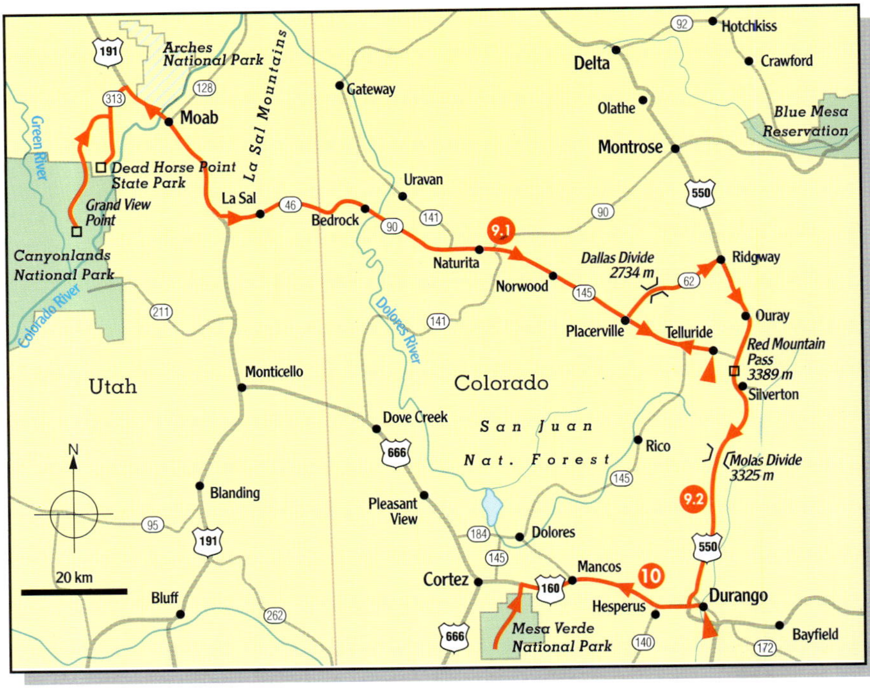

9.1 Route: Moab – Canyonlands National Park – Telluride (365 km/228 mi)

km/mi	Zeit	Route
0	9.00 Uhr	Abfahrt von Moab zum **Canyonlands National Park** und zum
76/ 47	11.00 Uhr	**Grand View Point Overlook**
	12.30 Uhr	Mittagspause am Picknickplatz des **Dead Horse Point State Park** oder in Moab.
151/ 94	14.00 Uhr	Abfahrt von **Moab**. Auf US 191 nach Süden, dann auf SR 46/90 ostwärts über die La Sal Mountains und von
282/176		**Naturita** auf der SR 145 weiter bis
365/228	17.00 Uhr	**Telluride**.

9.2 Route: Telluride – Ouray – Durango (200 km/125 mi)

km/mi	Zeit	Route
		Vormittags Wanderung zu den **Bear Creek Falls** oder **Mountainbike-Tour.**
0	12.00 Uhr	Abfahrt von **Telluride.** Auf SR 145 und SR 62 nach **Ridgway**, dann auf US 550 nach Süden bis
85/ 53	13.00 Uhr	**Ouray** zur Mittagspause. Danach Baden in den heißen Quellen und/oder Besuch der Bachelor-Syracuse Mine. Nach einem kurzen Spaziergang im **Box Canyon** auf US 550 über den Red Mountain Pass weiter nach
122/ 76	16.00 Uhr	**Silverton.** Bummel entlang Greene und Blair Streets, danach weiter nach Süden bis
200/125	18.30 Uhr	**Durango.** Am nächsten Morgen dann auf US 160 nach Westen zum **Mesa Verde National Park** und weiter wie bei Route 10 (vgl. S. 98 ff.).

Abkürzung
Wenn man von Telluride gleich morgens auf der SR 145 nach Süden fährt, kann man noch am selben Tag den **Mesa Verde National Park** (ca. 130 km) besichtigen und dann nach Durango weiterfahren. So kostet der Abstecher in die Rockies keinen Zusatztag – aber man kommt auch nicht in die fotogenen Westernstädtchen Ouray und Silverton.
Extratouren: Ein **Extratag** in Telluride oder Ouray bietet sich an: zum Wandern in den Rockies, zum Mountainbiking oder für eine Jeep-Tour zu Geisterstädten und alten Bergwerken (Rad- und Jeep-Vermietung in Telluride; auch geführte Touren).
Für Westernfans oder einfach zum Ausspannen lohnt sich ein Aufenthalt auf einer der **Ranches** in den San Juan Mountains, zum Beispiel auf der sehr gemütlichen, familiär geführten **Skyline Guest Ranch** bei Telluride, P.O. Box 67, Telluride, CO 81435, ✆ (970) 728-3757, Fax (970) 728-6728, www.ranchweb.com/skyline.

Vor allem im Hochsommer ist die Fahrt durch die kühleren Bergregionen im Südwesten Colorados eine attraktive Alternative zur vergleichsweise eintönigen Wüstenfahrt von Moab nach Cortez. Aber auch schon ab Mitte Mai und noch bis Anfang Oktober, wenn die Pappeln und Birken der Bergwälder im *Indian summer* farbenprächtig leuchten, ist diese Route machbar und sehr lohnenswert. Man bekommt einen kleinen Einblick in die Gipfelwelt der Rocky Mountains und kann einige stimmungsvolle, historische Westernstädtchen entdecken, wie sie sonst auf dieser Reise nicht zu finden sind. Besonders Aktivurlauber sollten sich überlegen, hier etwas mehr Zeit einzuplanen, denn die Bergpfade und Montainbike-Trails um Telluride und Ouray haben noch kaum einen sportlichen Naturfan enttäuscht.

Nach dem Vormittag im **Canyonlands National Park** (s. Route 8, S. 82 ff.) geht es von Moab aus zunächst nach Süden und dann auf der S 46 ostwärts in die Berge. In weiten Schwüngen steigt der Highway die Flanke der **La Sal Mountains** hinauf und lässt die rote, ausgedörrte Erde des Colorado-Plateaus hinter sich. Bald beleben grüne Bergwiesen und Wäldchen die Landschaft, vereinzelt lugt eine Scheune oder ein Ranchhaus hinter den Büschen hervor. Die La Sals sind der westlichste Ausläufer der Rocky Mountains in dieser Region – und ein recht stattlicher dazu: Der massive Gipfel linker Hand ist der Mount Peale mit 3 877 Metern Höhe.

Aber noch sind die eigentlichen Rockies nicht erreicht, an der Grenze zu Colorado führt der Highway erst noch einmal steil bergan. Dass Colorado seit den Tagen der ersten weißen Pioniere der Staat der Silbergräber und Gold-Digger ist, zeigt sich hier gleich ganz deutlich. An den Hängen des schmalen Tales zeugen alte Stollen und Abraumhalden von früheren Bergwerken. Silber, Zink, Blei und viele andere Metalle wurden in dieser erzreichen Region abgebaut.

Im breiten, schon wieder wüstenhaft anmutenden Paradox Valley folgt das nächste Zeichen der Zivilisation: **Bedrock.** Das verstreute Ranchernest am Dolores River wäre kaum der Erwähnung wert, wäre da nicht direkt am Highway der alte **Bedrock General Store**, ein Kolonialwarenladen wie aus den besten Wildwest-Tagen. Seit 80 Jahren hat sich hier drin kaum etwas verändert, nur der Kühlschrank läuft jetzt mit Elektrizität. Aber es kommt immer noch vor, dass ein Cowboy sein Pferd draußen anbindet, um Vorräte für sein Camp zu holen. Im Frühjahr und Herbst trifft man entlang dem Highway oft auf Rinderherden, die von den Kuhjungen hoch zu Ross gehütet werden: Im Frühjahr treiben sie die Herden hinauf in die Berge und im Herbst wieder zurück zur Ranch im geschützten Tal – echtes Cowboy-Country.

Es geht immer weiter nach Osten, wo schon am Horizont die Schneegipfel der Rockies grüßen. Der nächste Ort, **Naturita**, ist ebenfalls nur ein kleines Häufchen Häuser in einem bewaldeten Tal. Heute gibt es hier nicht viel zu sehen, doch das Örtchen kann mit verblüffender Historie aufwarten: In den Hügeln ringsum wurde Ende des letzten Jahrhunderts Carnotit entdeckt, ein uranhaltiges Metall – was man damals natürlich noch nicht ahnte. Einige Tonnen des Erzes wurden 1898 nach Paris verschifft, wo Madame Curie daraus ein neues Element herstellte: Radium. Naturita wurde so zum Wegbereiter der modernen Atomindustrie, und aus den Bergwerken der Stadt kam bis in die 1920er Jahre fast die Hälfte der Weltförderung an Radium. Die Blütezeit der Minen ist allerdings längst vorbei, und hier wie auch in den anderen kleinen Orten der Region hat man sich auf die Farmwirtschaft spezialisiert.

Der Highway 145 folgt dem Tal des San Miguel River hinauf in die **San Juan Mountains**. Sie sind die westlichste Kette der Rockies in Colorado, eine nur spärlich besiedelte, bis heute kaum erschlossene, hochalpine Wunderwelt mit über 4 200 Meter hohen Gipfeln, die oft noch im Hochsommer von Schnee bedeckt sind. Der dunkle Schiefer, Gneis und Granit der Berge hier stehen in deutlichem Kontrast zu den roten Felsen Utahs. Dichte Wälder bedecken die Hänge, die Straße schlängelt sich an munter sprudelnden Bächen entlang.

Am Ende eines von steilen Wänden umrahmten Hochtales liegt dann auf fast 2 700 Metern Höhe das Tagesziel: **Telluride**, ein hübsches Westernstädtchen mit viktorianischen Fassaden, das sich in den letzten Jahren zum Trendziel und schicken Erholungsort gemausert hat.

Shopping wie anno dazumal: der Bedrock General Store

Mountainbiker im neuesten Outfit flitzen die Straßen entlang, auf den Gehsteigen drängelt sich junges Volk.

Nach den verschlafenen Farmorten zuvor ist die bunte Szene eine angenehme Überraschung. Beim Bummel an der Hauptstraße, die in Telluride »Colorado Avenue« heißt, kann man stilvolle Restaurants, Shops und urige Bars entdecken. In Nebenstraßen, wie der Pacific Avenue, stehen prächtig restaurierte viktorianische Villen. Noch vor 20 Jahren konnte man so ein Haus für 5 000 oder 10 000 Dollar kaufen – Telluride war auf dem Weg zur Geisterstadt. Heute muss man für solch ein historisches Haus mindestens eine halbe Million Dollar hinblättern.

Kein Zweifel, Telluride liegt im Trend – nicht zuletzt wegen des ausgezeichneten Skigebietes, das im Winter die Brettlfans von New York bis Los Angeles anzieht. Sogar die Hollywood-Szene ist präsent, und immer mehr junge Leute und betuchte Aussteiger lassen sich hier nieder.

Der Aufschwung der letzten Jahre ist nicht der erste Boom, den Telluride erlebt hat. Das Bergnest entstand, nachdem Prospektoren im Jahre 1875 hier Silber entdeckt hatten. In den folgenden Jahrzehnten wurden noch Gold, Zink, Blei und Kupfer gefunden, und mit jeder Entdeckung boomte das Städtchen erneut. Große Bergwerke wie die Smuggler Mine, die Tomboy Mine oder die Liberty Bell Mine brachten ihren Besitzern gewaltige Vermögen ein. Allein die Liberty Bell Mine förderte zwischen 1897 und 1917 Gold im Nettowert von 16 Millionen Dollar. Gut 500 Kilometer Stollen und Tunnel wurden in die Berge rings um den Ort gedrillt, ehe nach dem Zweiten Weltkrieg die Erzvorkommen aufgebraucht waren. Gut 5 000 Menschen lebten zur Jahrhundertwende hier. Die Ingenieure und Bergwerksbesitzer bauten sich herrschaftliche Villen im Ort und leisteten sich sogar ein Opernhaus (das bis heute als Kino fortbesteht). Bei so viel Reichtum war es kein Wunder, dass auch hin und wieder finstere Figuren auftauchten: Butch Cassidy und seine *wild bunch* raubten 1889 die Bank aus und erbeuteten 30 000 Dollar.

Benannt wurde das heute wieder 1300 Einwohner zählende Städtchen übrigens nach dem tellurhaltigen Erz dieser Region. Als im Jahr 1890 die erste Bahnlinie den Ort erreichte, wurde der Name schnell verballhornt: Der Schaffner rief bei der Abfahrt immer »To hell you ride«, »Ab geht's in die Hölle«. Was für die finnischen und schwedischen Bergleute, die hier für ein paar Dollar am Tag in den Gruben schufteten, wohl eine recht zutreffende Prophezeiung war.

Nach einem Zug durch die Westernbars wird am nächsten Morgen die frische Luft gut tun. Bei einer zwei- bis dreistündigen Wanderung zu den **Bear Creek Falls** zum Beispiel oder – ganz im Stil des neuen Telluride – bei einer Mountainbike-Tour. Die Sportläden im Ort helfen mit Trail-Karten und Tipps weiter.

Vor der Weiterfahrt lohnt sich noch ein kurzer Abstecher ans Ende des Tales von Telluride: Von der Steilwand sprudeln dort die höchsten Wasserfälle Colorados, die 111 Meter hohen **Bridal Veil Falls**. Winzig klein kann man hoch oben am Anfang der Fälle ein Generatorhäuschen stehen sehen. Es ist das älteste Kraftwerk Colorados – unter der Anleitung von Nikola Tesla wurde um die Jahrhundertwende hier die erste größere Wechselstromanlage der Welt gebaut. Telluride war die weltweit erste Stadt, die komplett elektrisch beleuchtet wurde.

Zurück aus dem engen Tal von Telluride, führt die Route weiter ostwärts, überquert an der Dallas Divide die San Juan Mountains und führt dann vom Winzort **Ridgway** aus nach Süden wieder zurück in die Berge. Nächster Stopp: **Ouray**. Noch so ein Bergwerksort im Wildwest-Look. Viktorianische Fassaden an der

Main Street, bis weit hinauf von dichtem Grün bedeckte Gipfel rundherum. Aber das urige Ouray – benannt übrigens nach einem Häuptling der Ute-Indianer – ist noch nicht so schick durchsaniert wie Telluride. Die vielen historischen Bauten sehen etwas angestaubt und damit nostalgischer aus, das alte Beaumont Hotel etwa an der Ecke 5th Avenue und Main Street oder das Opernhaus mit seiner Metallfassade schräg gegenüber.

Ein viktorianisches Bergwerksstädtchen par excellence: Silverton

Die Geschichte von Ouray liest sich ganz ähnlich wie die von Telluride: Silberfunde um 1875, ein Goldboom in den 90er Jahren des 19. Jahrhunderts, danach langsamer Verfall. Zu seiner Blütezeit war Ouray aber sogar noch reicher als sein Nachbarort – allein die Camp Bird Mine brachte ihrem Besitzer Thomas Walsh jährlich sagenhafte 700 000 Dollar.

Doch die großen Zeiten sind längst vorüber. Heute versuchen die verbliebenen 600 Einwohner von Ouray mit dem Tourismus Geld zu verdienen. Schotterstraßen zu alten Bergwerken und Geisterstädten locken die Jeep- und Mountainbike-Fans an. Eines der alten Bergwerke, die **Bachelor-Syracuse Mine**, ist sogar zu besichtigen. Ein Bähnchen fährt hier gut 1 000 Meter weit in den Berg hinein, wo die Führer dann die Bergbautechniken erläutern.

Den Staub der Grube kann man sich danach im **Hot Springs Pool** am Nord-

Kein Cowboy ohne Lasso…

rand des Städtchens wieder abwaschen. Das riesige Badebecken über den heißen Mineralquellen wurde bereits 1926 angelegt und ist bis heute eine der beliebtesten Attraktionen Ourays. Danach ist man sicher wieder fit für den Spaziergang in den **Box Canyon**, eine spektakuläre, nur sieben Meter breite Klamm, die der Canyon Creek ins Granitgestein geschnitten hat.

Der kleine Canyon liegt bereits am Hang auf der Südseite von Ouray, unmittelbar am Anfang des *Million Dollar Highway* (US 550), der nun als kurvige Panoramastraße hoch hinauf in die Berge führt. Bereits im Jahre 1882 wurde die Straße hier angelegt – warum, wird schnell klar, wenn man die vielen Bergwerksruinen am Wegesrand sieht. Und der Name des Highway wird auch einsichtig, wenn man bedenkt, dass der Kies, auf dem die Fahrbahn gebaut wurde, goldhaltig ist. In engen Serpentinen klettert der Highway über den Red Mountain, einst einer der erzreichsten Berge des Minenbezirks.

Am Red Mountain Pass ist auf 3389 Metern schließlich der höchste Punkt unserer ganzen Route erreicht. Es verblüfft, dass sogar hier oben noch Bäume wachsen. Dank der südlichen Lage ist die Baumgrenze in den Rockies weit höher als in den Alpen.

Noch einige Kurven, einige Berge, einige weite Panoramablicke über die San Juans, dann kommt das nächste viktorianische Bergbaunest in Sicht. Der Ort **Silverton** war vor hundert Jahren das Zentrum eines reichen Bergbaudistrikts; vier Eisenbahnen führten von hier zu den Minen und zu den Schmelzwerken nach Durango. Zwar schloss die letzte Grube erst im Jahr 1991, doch schon zuvor waren die meisten Bewohner aus dem kahlen und kargen Bergtal abgezogen.

Das einzige, das Silverton heute vor dem Schicksal einer Geisterstadt rettet, ist die Schmalspurbahn nach Durango. Im Sommer bringen die Ausflugszüge der historischen **Durango & Silverton Railroad** tagtäglich am Morgen einige hundert Besucher, die in den Cafés an der Greene Street essen und einige Dollars in den kleinen Souvenirläden lassen. Doch um vier Uhr, wenn die letzte Bahn wieder abgedampft ist, versinkt das Städtchen in den allabendlichen Dornröschenschlaf. Dann ist die richtige Zeit für einen nostalgischen Bummel und – im späten Nachmittagslicht – auch für die stimmungsvollsten Fotos von den alten Fassaden.

Noch rund eine Stunde Fahrt muss man von Silverton auf dem gut ausgebauten Highway 550 bis **Durango** rechnen. Ein kleinerer Pass, ein steiler Abstieg hinab ins Tal des Animas River, dann wird es nach der Einsamkeit der Berge plötzlich wieder zivilisiert. Farmen und Felder umrahmen den Fluss, der Verkehr nimmt zu. Durango empfängt seine Besucher mit einer langen Reihe von neonschimmernden Motels, Tankstellen und Supermärkten. Aber keine Angst, die Altstadt lässt nichts an Westernflair vermissen – und die Saloons sind auch authentisch.

9.1 **Infos:** Telluride

Canyonlands National Park
Vgl. S. 82 und 86.

Bedrock General Store
Bedrock, CO 81411
Herrlich nostalgischer Laden mit allem Krimskram, den man als Rancher in der Wildnis so braucht.

Telluride Chamber Resort Association
700 West Colorado Ave.
P.O. Box 653
Telluride, CO 81435
✆ (970) 728-4431, Fax (970) 728-6475
www.telluride.com

Telluride Central Reservations
666 W. Colorado Ave.
Telluride, CO 81435
✆ 1-800-525-3455 (gebührenfrei)
Zentrale Reservierungsstelle für alle Hotels in der Stadt; gut für eine kurzfristige Buchung. Auch Verkauf von Tickets für die Festivals.

The Ice House
San Juan & Fir Sts.
P.O. Box 2909
Telluride, CO 81435
✆ (970) 728-6300, Fax (970) 728-6358
www.icehouselodge.com
Luxuriöses Hotel am Rande des Ortszentrums; sehr große, im Southwest-Stil eingerichtete Zimmer. $$$$

Bear Creek B & B
221 East Colorado Ave.
P.O. Box 2369, Telluride, CO 81435
✆ (970) 728-6681
www.bearcreektelluride.com
Familiäre, recht gepflegte Pension im Ortszentrum. $$

Town Park
500 East Colorado Ave.
Telluride, CO 81435
✆ (970) 728-3071
Einfacher städtischer Campingplatz.

New Sheridan Bar
225 West Colorado Ave.
Telluride, CO 81435
Urige Bar im ältesten Hotel der Stadt.

Powder House
226 West Colorado Ave.
Telluride CO 81435
✆ (970) 728-3622
Wildspezialitäten, Ente und Steaks in einem gepflegten Westernlokal, dazu eine gute Weinliste. $$–$$$

Floradora
103 West Colorado Ave.
Telluride CO 81435
✆ (970) 728-3888
Legeres historisches Lokal mit mexikanisch angehauchter Kost und beliebter Bar. $–$$

Feste und zusätzliche Tipps:

Es vergeht kaum ein Wochenende im Sommer, an dem in Telluride nicht irgendein Festival oder ein Mountainbike-Rennen stattfindet.

Die berühmtesten Ereignisse sind das **Bluegrass Festival** am 3. Wochenende im Juni, das **Jazz Festival** Anfang August und das **Telluride Film Festival** Anfang September. Informationen bei der Telluride Chamber Resort Association (s.o.).

Bear Creek Falls
Telluride, CO 81435
Rund 4 km langer, einfacher Wanderweg in einem ruhigen Seitental; alternativ kann man auch den 3 km langen, steilen Trail zu den Bridal Veil Falls gehen.

Telluride Outside
1982 West SR 145
Telluride, CO 81435
✆ (970) 728-3895 oder 1-800-831-6230
www.tellurideoutside.com

Breites Angebot von Bike-, Allrad- und Wildwassertouren in den Bergen um Telluride.

Bon Ton Restaurant
426 Main St.
Ouray, CO 81427
✆ (970) 325-4951
Gepflegtes italienisches Lokal in den Gewölben des historischen St. Elmo Hotel. $$

The Outlaw
610 Main St.
Ouray, CO 81427
✆ (970) 325-4366
Zünftig-rustikales Steak-Lokal mit großer Western-Bar. $–$$

Ouray Hot Springs Pool and Park
1000 Mai US 550, am Nordende der Stadt
Ouray, CO 81427
✆ (970) 325-4746
Im Sommer tägl. 9–22, sonst 12–21 Uhr
Riesige städtische Pool-Anlage mit Fitnesscenter rings um die Mineralquellen (26–40 °C). Eintritt $ 7.

Bachelor-Syracuse Mine
County Rd. 14
Ouray, CO 81427
✆ (970) 325-0220
Ende Mai bis Mitte Sept. tägl. 9–16 Uhr
Knapp einstündige Führungen in ein altes Bergwerk; Touren jeweils zur vollen Stunde. Eintritt $ 10.95.

Box Canyon Falls
US 550, am Südende der Stadt
Ouray, CO 81427
✆ (970) 325-4464
Anfang Mai bis Mitte Okt. tägl. 8–20 Uhr
Knapp 70 m tiefe Klamm, die mit Brücken und Wegen zugänglich gemacht wurde.
Eintritt $ 2.

Durango Chamber Resort Association
111 South Camino del Rio
P.O. Box 2587
Durango, CO 81302
✆ (970) 247-0312, Fax (970) 385-7884
www.durango.org

General Palmer Hotel
567 Main Ave.
Durango, CO 81301
✆ (970) 247-4747, Fax (970) 247-1332
Stilvoll restauriertes Hotel aus dem Jahre 1890 mit schöner alter Bar. $$–$$$

Rochester Hotel
726 East Second Ave.
Durango, CO 81301
✆ (970) 385-1920
Fax (970) 385-1967
Historisches Hotel mit Zimmern dekoriert nach Hollywood-Western, die in Durango gedreht wurden. $$

KOA Durango North
US 550, Exit Rd. 250
Durango, CO 81301
✆ (970) 247-4499
Gepflegter Privatplatz 15 km nördl. von Durango.

Palace Grill
501 B Main Ave., am Bahnhof
Durango, CO 81301
✆ (970) 247-2018
Hervorragende Steaks und Fisch in elegantem Southwest-Ambiente.
$$–$$$

Francisco's
619 Main Ave.
Durango, CO 81301
✆ (970) 247-4098
Großes mexikanisches Restaurant mit stimmungsvoller Atmosphäre. $$

Sweeney's Grubsteak
1644 Animas View Dr. & Hwy. 550
Durango, CO 81301
✆ (970) 247-5236
Großes, rustikales Steaklokal am Nordende der Stadt. $$

9.2 Infos: Durango

Gazpacho
431 East Second Ave.
Durango, CO 81301
✆ (970) 259-9494
Hübsches kleines Lokal mit neumexikanischer Küche. $–$$

Old Tymers Cafe
1000 Main Ave.
Durango, CO 81301
✆ (970) 259-2990
Szenekneipe im Wildwest-Look mit riesigen Hamburgern, guten Salaten und anderen Kleinigkeiten. Beliebter Treff ist außerdem – auch schon zum Frühstück – gleich nebenan das »Carver's Bakery and Brew Pub«. $

Durango & Silverton Railroad
Ticket Office, 479 Main St.
Durango, CO 81301
✆ (970) 247-2733, www.durangotrain.com
Mitte Mai bis Ende Okt. bis zu drei Abfahrten am Morgen (8.15, 9 und 9.45 Uhr), Fahrtzeit 3 1/2 Stunden, Rückfahrt ab Silverton 14, 14.45 und 15.30 Uhr, Fahrpreis $ 55–60

Feste und zusätzliche Tipps:

Sowohl **Ouray** wie auch **Silverton** leisten sich am 4. Juli herrlich nostalgische Paraden.

Durango veranstaltet von Mitte Juni bis Ende August zweimal pro Woche ein Rodeo. Infos bei der Durango Chamber Resort Association (vgl. S. 96).

Banditen in Öl – Butch Cassidy und seine Gang im Sundance Saloon, Durango

10 Bauen im Fels

Die Ruinenstädte von Mesa Verde

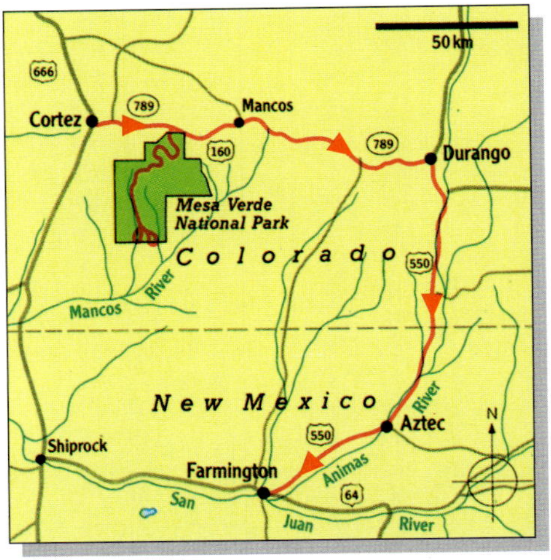

10. Route: Cortez – Mesa Verde – Durango – Farmington (220 km/138 mi)

km/mi	Zeit	Route
0	8.00 Uhr	Abfahrt von **Cortez** auf US 160 Richtung Osten.
45/ 28	8.45 Uhr	Visitor Center, **Mesa Verde National Park**; Besuch des Chapin Mesa Museums (holen Sie sich hier Karten für die Führungen) und eine kleine Wanderung zur Spruce Tree Ruin, danach Rundfahrt auf der Mesa und Besuch von Cliff Palace.
	12.00 Uhr	Abfahrt vom Visitor Center und über die US 160 ostwärts nach
142/ 89	13.30 Uhr	**Durango**. Mittagspause und Stadtbummel.
	17.00 Uhr	Abfahrt auf US 550 nach Süden
220/138	18.00 Uhr	**Farmington**.

Abstecher
Eisenbahnfans können bei einem Zusatztag in Durango eine Tagesfahrt mit der berühmten **Durango & Silverton Railroad** unternehmen; die Fahrt und die dann notwendigen Übernachtungen möglichst einen Monat im Voraus buchen (vgl. S. 97).

Die berühmten Ruinen von Mesa Verde sind besonders im Sommer gut besucht, und wer sie ohne allzu viele Mitmenschen genießen möchte, muss sich zeitig auf die Beine machen.

Der Highway US 160 führt zunächst durch ein weites Hochtal nach Osten. Schon bald erkennt man rechter Hand den waldreichen Abhang der Mesa. Dieser gewaltige, rund 20 mal 40 Kilometer große Tafelberg aus Sandstein und Schiefer wurde vor 50 Millionen Jahren als Block angehoben. Da die Tafel leicht geneigt ist, konnten die Wasserläufe sich an der Südseite schneller und tiefer in das weiche Gestein einfressen als an der Nordseite. Am Südhang von Mesa Verde entstanden deshalb tiefe Canyons, die später die Heimat prähistorischer Indianer werden sollten.

Steil klettert die Stichstraße vom Parkeingang zum Plateau hinauf. Lichter Kiefern- und Juniperwald, dazwischen kleine Wiesen: Hier hat sich in den letzten 100 Jahren kaum etwas verändert, seit die Pionierrancher aus dem Tal des weiter östlich gelegenen Mancos River ihr Vieh auf der welligen Hochfläche weideten. 1888 war es, am 18. Dezember, als zwei Cowboys, Richard Wetherill und sein Schwager Charlie Mason, einige verlorene Kühe aufzuspüren suchten. Ein Sturm trieb dicke Schneeschwaden von Norden her. Da erreichten sie den Rand eines Canyon und sahen durch das Gestöber schemenhaft die Umrisse einer steinernen Stadt auf der anderen Canyonseite. Aufgeregt kletterten sie die Felswand hinab und an der anderen Klippe wieder hoch: Tatsächlich, vor ihnen lag unter der überhängenden Felswand eine ganze Stadt mit Türmen und Häusern, Plätzen und Wegen! Töpfe und Werkzeuge lagen herum, als seien die Bewohner nur für einige Stunden ausgeflogen. Doch die Asche im Herd war kalt – schon seit 700 Jahren. Vergessen und unberührt, waren die Siedlungen der Anasazi über die Jahrhunderte erhalten geblieben.

»Cliff Palace« nannten die Wetherills ihren Fund, und neugierig geworden, entdeckten sie in den folgenden Jahren noch zahlreiche weitere Ruinenstädte der Anasazi. Die Rancher erzählten von den wundervollen Palästen und führten Reporter, Touristen und Archäologen in das Canyonlabyrinth. Kaum einer, der nicht irgendein »Souvenir« mitgehen ließ. Bald fielen sogar regelrechte Grabräuber über die historische Indianersiedlung her. Hunderte von Töpfen wurden mitgenommen, manche der Ruinen umgegraben und zerstört. Erst 1906, nachdem ein Aufschrei der Entrüstung über diese Grabschänder durch die Öffentlichkeit gegangen war, wurde Mesa Verde als Nationalpark geschützt.

Auf der **Chapin Mesa** liegt heute das **Parkmuseum**, der sinnvollste Beginn eines Besuchs im Nationalpark. Detailgenaue Modelle und zahlreiche Ausgrabungsstücke erläutern die Siedlungsepochen, Lebensweise, Krankheiten und das Kunsthandwerk der Anasazi.

Der Analyse der Archäologen zufolge kamen die ersten prähistorischen Indianer um das Jahr 550 unserer Zeitrechnung in das heutige Gebiet des Parks. Das kühlere Klima und die höhere Feuchtigkeit auf dem Plateau boten dem sesshaften Bauernvolk bessere Lebensbedingungen als die südlich gelegenen Wüstengebiete. Mais, Bohnen und Kürbisse gediehen auf ihren Feldern.

Die Indianer dieser frühen Korbflechterkultur, die *Basket Makers,* kannten noch keine Töpferei und wohnten in kleinen, halb in die Erde gebauten Grubenhäusern *(pit houses)* auf dem Plateau. Im Laufe der nächsten Jahrhunderte perfektionierten sie ihre Überlebenskünste: Sie entwickelten Pfeil und Bogen für die

Jagd, zähmten die wilden Truthähne, flochten immer bessere Körbe.

Im 8. Jahrhundert begannen die Anasazi, nun bereits die Basket-Maker-II-Kultur, größere, oberirdische Siedlungen zu errichten. Um einen freien Platz erbauten sie nach außen abgeschlossene, viereckige Häuserkomplexe, die Pueblos. Auf dem zentralen Platz lagen eine oder mehrere *kivas,* kreisrunde unterirdische Räume für Zeremonien. Viele dieser Dörfchen waren winzig klein mit nur fünf oder sechs Räumen. Doch mit steigender Bevölkerungszahl wurden ab etwa 950 große Bewässerungsanlagen mit Dämmen und Kanälen angelegt und zentrale Städte mit umliegenden Dörfern errichtet.

Etwa um das Jahr 1100 unserer Zeitrechnung begann die klassische Pueblo-Periode, die Blütezeit der Anasazi-Kultur in Handwerk und Kunst. Die Steinmetzen und Architekten bauten nun mehrstöckige Wohnhäuser, massiv und genau gearbeitet. Die Astronomen konnten exakt die Daten der Sonnenwenden vorhersagen. Möglicherweise aus Gründen der besseren Verteidigung begannen die Anasazi dann um 1200 ihre Wohnungen in die geschützten Höhlen der überhängenden Sandsteinwände zu verlegen. Städte mit über 100 Räumen, mit Türmen und zahlreichen Kivas wurden unter hohem Arbeitsaufwand in ein paar Jahrzehnten fertig gestellt. Doch schon wenig später, 1276, begann eine mehr als 20 Jahre andauernde Trockenperiode in der Mesa-Verde-Region, die vermutlich die Anasazi dazu zwang, ihre Städte aufzugeben und nach neuen Siedlungsstätten zu suchen. Kleine Gruppen zogen bis weit ins heutige New Mexico und Arizona, vermischten sich vermutlich mit der dortigen Bevölkerung und wurden die Vorfahren der modernen Pueblo-Stämme und der Hopi.

Vom Chapin Mesa Museum ist der Weg nicht weit zum ersten Einblick in die Ära der Anasazi: **Spruce Tree Ruin**, eine der am besten erhaltenen Ruinenstädte. Nahe einer kleinen Quelle fanden die Indianer hier in der Canyonwand einen idealen Siedlungsplatz. Die nach Südwesten weisende, windgeschützte Höhlung bot im Sommer Schatten und ließ die im Winter tiefer stehende Sonne am Mittag und am Nachmittag die Terrassen vor den Häusern erwärmen.

Ein guter Fußweg führt hinab zur Ruine. Unten wartet der Ranger, der daran erinnert, dass man nicht auf die Hauswände steigen darf. Erlaubt ist es aber, in eine rekonstruierte unterirdische Kiva hinabzuklettern, um die geheimnisvolle Atmosphäre der uralten Kultstätte nachzuerleben. Wieder zurück auf dem Plateau, lernt man auf den beiden Rundstraßen der Chapin Mesa Weiteres kennen: Da gibt es unterirdische Grubenhäuser der Basket Makers, Pueblo-Ruinen der Basket-Maker-II-Kultur und die riesige Kultstätte des **Sun Temple**.

Ein Höhepunkt ist sicherlich **Cliff Palace**, die erste damals von den Wetherills entdeckte steinerne Stadt. Ein kurzer Weg, zwei Leitern, und man steht in der exzellent abgeschirmten »Festung«. 217 Zimmer, mehrstöckige Türme und 23 Kivas gibt es in dieser berühmtesten Ruine von Mesa Verde. 200 bis 250 Menschen haben um 1250 hier gelebt. In manchen der unteren Zimmer sind die alten Deckenbalken noch gut zu erkennen.

Die Stämme ermöglichen es den Archäologen, die Bauzeit der Siedlung genau zu bestimmen. Durch die unterschiedliche Dicke der Jahresringe in feuchten und trockeneren Perioden lässt sich für eine bestimmte Region ein exakter Kalender erstellen. Cliff Palace wurde dieser Bestimmung zufolge im 13. Jahr-

Mehr als 200 Räume hatte der Cliff Palace, dessen Ruinen hier im Mesa Verde National Park zu sehen sind ▷

hundert gebaut, die letzten Stämme wurden sogar erst um 1270 gefällt, also wenige Jahre bevor die Indianer ihre Städte verließen.

Für Schwindelfreie bietet sich noch der Besuch des **Balcony House** an, das allerdings – wie Cliff Palace zur Hochsaison – nur mit einer Führung besichtigt werden kann. Felsstufen, eine Leiter und einen Tunnel gilt es zu überwinden, ehe man die hoch über dem Canyon gelegene Ruine erreicht.

Zurück am Parkeingang wendet man sich auf dem Highway US 160 nach Osten, wo denn auch gleich die Indianer vermarktet werden. Bedrohliche Pfeile weisen auf einen Souvenirladen hin. Sogar Totempfähle stehen dort, die ja nun im Südwesten gar nichts zu suchen haben. Aber Kitsch gehört wohl auch dazu.

Durch weite Hochtäler schlängelt sich die Straße in die Hügel Colorados, des Staates der Goldgräber und der Rocky Mountains. Die pferde- und kuhbestückten Weiden der Ranches haben etwas Almwiesenhaftes, und auf dem Pass warten die leeren Sitze der Skilifte auf den nächsten Winter.

Bewaldete Hügel ziehen vorbei, und man erreicht das nächste Tal an der Westflanke der Rocky Mountains. Während des Gold- und Silberbooms vor hundert Jahren beschloss die Denver & Rio-Grande-Eisenbahngesellschaft, von hier Schienen in die reichen Bergwerksgebiete um Silverton zu legen. 1879 wurde die Bahnstation **Durango** gegründet, und schon zwei Jahre später hatte das Wildweststädtchen über 2000 Einwohner, 20 Saloons, Casinos und einen anerkannt rauen Lebensstil.

Silbererz im Wert von über 300 Millionen Dollar wurde in den folgenden Jahrzehnten aus den Bergen geholt und in den Schmelzwerken von Durango weiterverarbeitet. Kohleförderung und Uranabbau kamen später hinzu. Auf der Main Avenue hat das Flanieren und Schieben der Touristen das Gedränge der Bergarbeiter und Prospektoren mittlerweile abgelöst, aber die hübschen Kunsthandwerksläden und die historischen Fassaden lohnen allemal einen Bummel.

An der Ecke der 7th Street steht noch das 1887 erbaute **Strater Hotel** – damals der Mittelpunkt des gesellschaftlichen Lebens. Einige Schritte weiter wurde in der 9th Street Henry Moorman im Jahre 1881 gelyncht. Er war am 10. April, einem Sonntag, in einen Saloon marschiert und hatte erklärt, heute noch jemanden umzubringen! Was er auch tat. Noch am gleichen Abend knüpfte der Mob ihn selbst auf.

Am Nordende der Main Avenue biegt man rechts auf die 12th Street ab. Zwei Straßen weiter, in der **3rd Avenue**, stehen im Nobelviertel einige der schönsten alten Wohnhäuser von Durango. Verspielter viktorianischer Stil, Queen-Anne-Architektur und steilgieblige Neugotik mit Lebkuchenhäuschenfassaden sind in bunter Mischung zu bewundern. An manchen Randsteinen sind noch die Eisenringe erhalten, an denen man weiland sein Pferd festband.

Am späten Nachmittag kann man unten am alten Depot, der Bahnstation, die von schwarzen Rauchwolken eingehüllte Dampflok der **Durango & Silverton Railroad** von der Ausflugsfahrt in die Berge nördlich der Stadt zurückkehren sehen.

Zur Verschnaufpause vom touristischen Treiben draußen empfehlen sich Kaffee und *muffin* in einem der kleinen Cafés oder ein Drink in einer historischen Bar. Die Theken, Buffets und Spiegel wurden damals aus England und Frankreich eingeführt, reizende Ladies ergötzten die Bergleute, zogen ihnen ihr Strumpfband über den Kopf und das Geld aus der Tasche. Die Spiegel sind längst nicht mehr original: Zu oft wurden sie von der gut bewaffneten Kundschaft in Scherben geschossen.

Nach den Wildwestreminiszenzen geht es noch ein Stück durchs Tal des Animas River bis **Farmington**, wo im Gegensatz zum oft überfüllten Durango immer ein Plätzchen für den Reisenden frei ist.

Viktorianische Zuckerbäcker haben sich das Strater Hotel in Durango ausgedacht

Earth Song Haven
33 West Main St., Cortez
✆ (970) 565-9125
Fantasievoller »Book Garden« mit Pflanzen und Vögeln: gut geeignet für Frühstück und Lunch. $

Mesa Verde National Park
Visitor Center und Museum
Tägl. 8–18.30, Okt.–Mai nur bis 17 Uhr
Dem Visitor Center angeschlossen ist das ausgezeichnete **Chapin Mesa Museum**, das die Entwicklung der Anasazi-Kulturen nachzeichnet. Von dort folgt man dem kurzen Pfad ins Tal zur **Spruce Tree Ruin**, der Ranger dort beantwortet Fragen (Sept.–Mai nur mittels Führungen zu besichtigen). Wieder zurück auf der Mesa, fährt man zu den Aussichtspunkten (weitere Ruinen am Weg) und zum Parkplatz für **Cliff Palace**, zu dem ein kurzer, steiler Weg führt (im Sommer uneingeschränkt offen, im Spätherbst und Frühjahr nur mit Führungen zu besichtigen).

Die Fahrt zu den Aussichtspunkten kann man auch mit dem Fahrrad unternehmen – Vermietung bei Spruce Tree Terrace.

Henry's (im Strater Hotel)
699 Main Ave., Durango, CO 81301
✆ (970) 247-4431
Guter Mittagstisch in gepflegter viktorianischer Atmosphäre. $$

Wer keinen großen Hunger hat, kann auch in einem der kleinen **Cafés** oder **Delis** an der Main Avenue eine Pause einlegen, weitere Tipps zu Durango vgl. Alternativroute S. 96 f.).

Vor der Abfahrt kann man (außer dem Fahrer natürlich) in einer der gemütlichen Bars einen Drink nehmen: in Carver's Brew Pub oder der viktorianischen Eckbar im Strater Hotel (beide Main Ave.).

Pinon Acres KOA
30090 US 160, Durango, CO 81301
✆ (970) 247-0783
Privater Campingplatz 8 km östl. von Durango, man kann am nächsten Morgen gleich zu den Aztec Ruins weiterfahren (und abends noch in die Bars von Durango gehen).

Farmington Convention & Visitors Bureau
3041 East Main St.
Farmington, NM 87402
✆ (505) 326-7602oder (800) 448-1240
Fax (505) 325-0279
www.farmingtonnm.org

La Quinta
675 Scott Ave., US 64
Farmington, NM 87401
✆ (505) 327-4706, Fax (505) 325-6583
Modernes, hübsch angelegtes Motel am Westende des Orts. Einige Tage vorher reservieren. 24-Stunden-Restaurant gegenüber. $$

Zahlreiche weitere recht preiswerte Motels gibt es an den Haupteinfahrtsstraßen, in denen man auch im Sommer meist ohne Reservierung unterkommt.

Bloomfield KOA
1900 East Blanco Blvd., US 64
Bloomfield, NM 87413
✆ (505) 632-8339
Privater Campingplatz 20 km östl. von Farmington.

Eine Reise zurück in die 1950er Jahre ist ein **Abendessen** im **Drive-in** (nach Sonnenuntergang). In Farmington sollte man es genauso machen wie die örtlichen Navajo: An den großen Einfahrtsstraßen gibt es allüberall die Sonic Drive-ins (z. B. gleich am Ortseingang von Aztec kommend), komplett mit Neonbeleuchtung und Hamburgern. Mahlzeit!

Three Rivers Brewhouse
101 East Main St.
Farmington, NM 87401
✆ (505) 324-2187

10 **Infos:** Farmington, Mesa Verde National Park

Gute selbst gebraute Biere, dazu Steaks und Kleinigkeiten in einem historischen Haus der Innenstadt. $–$$.

K. B. Dillons
101 East Broadway
Farmington, NM 87401
✆ (505) 325-0222
Gemütliche rustikale Bar und Steakrestaurant. So geschl.

Feste und zusätzliche Tipps:

In einem natürlichen Amphitheater wird in **Farmington** von Mitte Juni bis Mitte August jeden zweiten Abend »Anasazi, the Ancient Ones«, eine Art indianisches Historienspiel, aufgeführt.

Durango veranstaltet den Sommer über zahlreiche kleine Kunstfestivals, und in Cortez, Farmington und dem nahen Shiprock finden im Herbst häufig indianische **Rodeos** statt, Infos beim Convention & Visitors Bureau.

Mesa Verde National Park

Größe: 211 km²
Gründungsjahr: 1906
Lage: Südwest-Colorado
Sehenswürdigkeiten: ausgezeichnetes Chapin Mesa Museum, zahlreiche prähistorische Ruinen (50–1300 n. Chr.), darunter Cliff Palace, Balcony House, Spruce Tree Ruin und Sun Temple, Ruins Road mit Blicken auf über 40 Ruinen
Einrichtungen: Far View Visitor Center, Lodge, Campingplatz, Führungen durch die Ruinen
Info-Adresse: Superintendent
Mesa Verde National Park, CO 81330
✆ (970) 529-4465, www.nps.gov/meve

Haus der offenen Tür: Spruce Tree House im Mesa Verde Park

11 Lichtdurchflutet

Durch den Norden von New Mexico nach Taos

11. Route: Farmington – Aztec Ruins – Chama – Taos (425 km/266 mi)

km/mi	Zeit	Route
0	8.30 Uhr	Fahrt zu den **Trading Posts** am Rande des Navajo-Reservats.
80/ 50	10.30 Uhr	Abfahrt von **Farmington** auf der US 550 zum
103/ 64	11.00 Uhr	**Aztec Ruins National Monument** (1 Stunde). Auf SR 544 bis Bloomfield, dort auf US 64 bis
275/161	14.00 Uhr	Chama, weiter auf US 64
407/254	16.30 Uhr	Brücke über den Rio Grande (Gorge)
425/266	17.00 Uhr	**Taos**.

Dieses **Farmington** ist kein aufgeputztes Touristenstädtchen, eher ein ehrliches, hart arbeitendes Handelszentrum am Rand des riesigen Navajo-Reservats. Wildwestnostalgie ist nirgends zu finden, dafür aber ein Einblick in das heutige Zusammenleben von Weiß und Rot. Überall im Ort sind die von rotbraunem Sand überkrusteten Pick-up-Trucks (Autowaschtag ist am Samstag!) der Navajo zu sehen. Man kommt aus dem nahen Shiprock oder den unterversorgten Reservatsdörfern, um die Schuhe reparieren zu lassen, einen neuen Sattel, Jeans oder Kinderspielzeug zu kaufen und um »einfach mal 'nen Stadtgang zu machen«.

Meist reist man im Familienclan an, es sollen ja alle vom Ausflug etwas haben. Die alten Navajo-Frauen tragen ihre traditionellen schillernden Samtröcke und schweren Silberschmuck, die Männer oft noch die hohen schwarzen »Indianerhüte«.

Interessant sind die **Trading Posts**, eine Institution des Südwestens seit über hundert Jahren. Ursprünglich waren die Handelsposten Supermarkt, Kaufhaus und gesellschaftlicher Treffpunkt der Indianer – und oft der einzige Kontakt mit der Welt der Weißen. Seit dem Zweiten Weltkrieg hat ihre Bedeutung nachgelassen, und sie haben sich mehr und mehr auf indianisches Kunsthandwerk spezialisiert.

In der Stadt gibt es Galerien, die sich auf die moderne Kunst der Navajo konzentrieren; die alten Trading Posts an der Grenze des Reservats westlich von Farmington handeln mit traditioneller Kunst: handgewebten Decken, Silberschmuck und Körben. Für die Kunstgalerien der Städte sind sie die Großhändler, für die Navajo, die oft seit Generationen mit einem bestimmten Händler arbeiten, die persönlichen Ansprechpartner in guten wie schlechten Zeiten.

Tom Wheeler vom **Hogback Trading Post** stammt aus einer der alten Händlerfamilien. Sein Urgroßvater hat 1871 den Laden an einer kleinen, baumumstandenen Quelle westlich des Reservats gegründet. Im Obergeschoss seines modernen Postens, der die traditionelle Hogan-Form der Navajo nachempfindet, hat Tom ein kleines Museum mit alten Familienstücken eingerichtet. Viele junge Navajo holen sich hier Anregungen für Webmuster, und manchmal kommt auch eine ganze örtliche Schulklasse, der Tom dann in einer Geschichtsstunde aus den Tagen seines Urgroßvaters erzählt.

Aztec Ruins, rechts die Leiter zur unterirdischen Kiva

»Es war sicherlich nicht leicht, sich als erster Weißer hier inmitten der Navajo anzusiedeln«, meint er. »Aber nach einigen Jahren begannen sie ihm zu vertrauen. Die Navajo konnten nur nicht verstehen, wieso dieser Mann, der ihr Freund sein wollte, sein Gesicht vor ihnen verbarg – er trug nämlich nach Pionierart einen dichten Vollbart. Die allesamt bartlosen Indianer hatten ihn wohl einige Male darauf hingewiesen, aber nichts passierte, er zeigte ihnen nicht sein Gesicht. Da lauerten sie ihm eines Tages auf, warfen ihn auf den Boden, hielten ihn fest und rissen ihm in dicken Büscheln den Bart aus! Nun konnte er ihr Freund sein! Mein Urgroßvater war von dieser Minute an täglich bestens rasiert, und sein Posten florierte.«

Der Westteil des 65 000 Quadratkilometer großen Navajo-Reservats ist reich an Bodenschätzen. Die Navajo Mine bei Kirtland etwa fördert im Tagebau Kohle, die in der Four Corners Power Plant zu Strom verfeuert wird. Die Industrie schafft damit einige Arbeitsplätze im Reservat, aber auch dicke, schweflige Rauchwolken: ein viel beklagtes Übel in dieser Region.

Der Highway US 550 zurück nach Farmington ist eine einzige lange Geschäftsstraße: Flohmärkte, Autofriedhöfe, Handelsposten, Gemüsestände und viele andere versuchen vom Geschäft mit den Navajo zu profitieren. Östlich von Farmington wird es bald ruhiger, und man steigt wieder in die Geschichte ein: **Aztec Ruins National Monument**.

Im Tal des Animas River entdeckte der spanische Missionar Escalante 1776 einige mysteriöse Ruinen. Spätere Siedler schrieben sie den Azteken Mexikos zu, mit denen die steinernen Wälle natürlich nichts zu tun haben. Anasazi der Basket-Maker-Kultur hatten sich hier vor 1 500 Jahren, ähnlich wie im Gebiet von Mesa Verde, angesiedelt und später eine hoch entwickelte Bauernkultur geschaffen.

Der Nationalparkservice der USA ließ als Arbeitsbeschaffungsmaßnahme während der Weltwirtschaftskrise der 1930er Jahre einen großen Zeremonienraum originalgetreu auf den alten Fundamenten rekonstruieren, die **Great Kiva**. Im Halbdunkel des riesigen, kreisrunden Raumes ist der Sprung zurück in die Vergangenheit nicht schwer. Auf dicken Fellen saßen an der Wand wohl die alten Männer, für die die Kiva der Treffpunkt und oft auch Schlafplatz war; dort erzählten sie den Jungen von früheren Kriegen, der Entstehung der Welt und den Heldentaten der Götter; bei den zahlreichen Zeremonien dröhnten die Trommeln, und die Tänzer suchten Jagdglück und fruchtbarkeitbringenden Regen zu beschwören.

Draußen in der gleißenden Sonne sehen die Ruinen nüchterner aus. Doch liegt über den vor 800 Jahren in mühsamer Handarbeit behauenen Steinen eine geheimnisvolle Ruhe. Etwa 500 Anasazi lebten damals hier, pflanzten Mais und Kürbisse und trieben intensiven Handel mit den über 100 Kilometer weiter südlich gelegenen Pueblos der Chaco-Kultur. Um 1200 unserer Zeitrechnung verließen sie aus bisher ungeklärten Gründen die Siedlung: Vielleicht blieb der Regen mehrere Jahre lang aus, vielleicht änderte der Animas River seinen Lauf.

Doch schon wenige Jahrzehnte später, um das Jahr 1225, zogen neue Mieter ein, Anasazi der Mesa-Verde-Kultur. Sie besserten die Wände aus, bauten neue Wohn- und Zeremonienräume an und errichteten ein weiteres großes Dorf nahebei. Mit dem Untergang der Mesa-Verde-Kultur im ausgehenden 13. Jahrhundert verschwanden auch die Bewohner von Aztec aus ihrer steinernen Stadt.

Durch die historisch restaurierte Main Street des Ortes Aztec geht es nach Süden zum Highway US 64. Ein kurzer Abstecher führt zum großen Stausee Navajo Lake, in dem man die staubige Hitze abwaschen kann.

»Welcome to the Homeland of the Jicarilla Apache« heißt es später. Winnetou-Land! Und es erinnert tatsächlich etwas an die Karstlandschaft Jugoslawiens, die man aus dem Film kennt. Nur reiten hier keine federgeschmückten Krieger umher.

Die modernen Apachen leben – gar nicht so darbend und hungernd – auf Ranches und in kleinen Dörfern. Die Gasvorkommen im Südteil des Reservats bringen Einkommen für den Stamm, und bei Bedarf vermietet man Fischerei- und Jagdrechte an die reichen Weißen.

In **Dulce** stehen die sonntags gut besuchten Missionskirchen am Straßenrand, und im Restaurant wird man von Apachen-Mädchen bedient. Sonst ist von indianischem Leben wenig zu sehen. Nur beschauliches Ranchland mit kleinen Flüsschen und Seen, während sich die Straße zur kontinentalen Wasserscheide über die Rocky Mountains hinaufwindet.

Die Renommiermarken Harley Davidson und Porsche haben den Highway US 64 zur schönsten Fahrstraße Amerikas gewählt – verständlich angesichts seines Reichtums an Abwechslung und Szenerie. Lichtdurchflutete Bergrücken, Pässe, Serpentinen, gut ausgebaute, lang gezogene Kurven in den Flusstälern und endlose Geraden über die Plateaus erwarten die passionierten Motorrad- und Sportwagenfahrer.

Bei **Chama** erreicht man den Siedlungsraum am oberen Rio Grande. Das fast 400-jährige spanisch-mexikanische Erbe zeigt sich sogleich in Orts- und Straßennamen.

Das etwas verlassen wirkende Chama entstand erst während des Silberbooms vor gut 100 Jahren als Endpunkt einer Schmalspureisenbahn in die erzreichen Berge Colorados. Die rußigen Dampfloks stehen noch unten am Depot und heizen im Sommer ihre Kessel zu ganztägigen Ausflugsfahrten auf der historischen Bahnlinie an. Auf der Anhöhe über dem Bahnhof thront das etwas altersschwache Foster's Hotel, wo man bei einer Schale Chili das elektrische Klavier klimpern lassen kann.

Noch ein bewaldeter Bergrücken: schöner Blick zurück, schöner Blick nach vorn. Noch einige lang gezogene Bergtäler mit idyllischen Viehweiden, und dann geht's von Tres Piedras schnurgerade durch das karge Hochplateau des Rio-Grande-Tals. Endlos zieht sich der Highway bis zum Horizont. Doch plötzlich tut sich eine tiefe Spalte auf; in weitem, schneeweißem Bogen springt die Straße über die Schlucht des **Rio Grande**.

Da unten fließt er nun, der Strom mit dem berühmten Namen! Aber was für ein Rinnsal! Und das bleibt er im Wesentlichen auch über Hunderte von Kilometern auf seinem Weg nach Süden, denn die Nutzung für die Landwirtschaft sorgt mit Dämmen und Staus für eine dauernde Abmagerungskur. Übrigens: Wie kaum ein anderer US-Bundesstaat leidet gerade New Mexico unter chronischem Wassermangel, der den Farmern ebenso wie dem Bergbau und den wachsenden Städten zusetzt.

Noch einige Kilometer bis zum Fuß der Berge, dann ist man im Pueblo-Land: in **Taos**, wo die Nachmittagssonne die Adobewände in warme Erdfarben taucht.

Um sich nach einem langen Tag die Beine zu vertreten, kommt **Taos Plaza** gerade recht. Eine Fülle von kunstgewerblichen Shops und Galerien ringsum und in den Seitenstraßen lädt zum Bummel ein, die Restaurants oder die bunt bemalten Bänke zur abendlichen Siesta.

11 **Infos:** Aztec Ruins National Monument, Chama, Taos

Westl. von Farmington beginnt das Navajo-Reservat, in dessen Nähe mehrere historische **Trading Posts** liegen, die Decken und Schmuck der Navajo in ausgezeichneter Qualität anbieten (alle an US 550). Neben Bob French's und Foutz Trading Post besonders sehenswert:

Hogback Trading Co.
Waterflow, NM 87421
✆ (505) 598-5154
Linker Hand, auf halber Strecke zwischen Farmington und Shiprock; eigenes kleines Museum im Obergeschoss mit alten Decken und Schmuck aus dem Familienbesitz des Traders.

Aztec Ruins National Monument
Tägl. 8–17 Uhr, im Sommer länger
Dem Visitor Center ist ein kleines Museum angeschlossen, danach geht man auf einer vorgezeichneten Route durch die Ruinen. Besonders eindrucksvoll: die rekonstruierte riesige Kiva.

Chama
Das alte Eisenbahnstädtchen hat noch seinen – etwas staubigen – Charme der Jahrhundertwende bewahrt, ein Kaffee oder eine *bowl of chili* im historischen Foster's Hotel gehören dazu.

Taos Visitor Center/Taos County Chamber of Commerce
1139 Paseo del Pueblo Sur (Hwy. 68)
Taos, NM 87571
✆ (505) 758-3873 und 1-800-732-8267
www.taoschamber.com
taos@taoschamber.com
Tägl. 9–17 Uhr

The Historic Taos Inn
125 Paseo del Pueblo Norte
Taos, NM 87571
✆ (505) 758-2233 und 1-888-461-8267
Fax (505) 758-5776
www.taosinn.com
taosinn@newmex.com
Renommierter Adobebau im Ortszentrum: gemütliche Zimmer mit offenen Kaminen, gepflegtes Restaurant (**Doc Martin's**, $$$). Die schöne Lobby dient spätestens nachmittags der Erweiterung der beliebten **Adobe Bar**. $$$–$$$$

Fechin Inn
227 Paseo del Pueblo Norte
Taos, NM 87571
✆ (505) 751-1000 und 1-800-746-2764
Fax (505) 751-7338
www.fechin-inn.com
Geschmackvoll gestaltetes Südwest-Ambiente neben dem Haus des russischen Künstlers Nicolai Fechin (1887 bis 1955). Ruhig, geräumige Zimmer, Bar, Fitnessraum, Jacuzzi. $$$–$$$$

Kachina Lodge
413 Paseo del Pueblo Norte
Taos, NM 87571
✆ (505) 758-2275 und 1-800-522-4462
Fax (505) 758-9207
www.kachinalodge.com
sales@kachinalodge.com
Im Pueblo-Ranch-Stil, 5 Blocks von der Plaza. Restaurant, Cafeteria, Pool. $$$

Inn on La Loma Plaza
315 Ranchitos Rd.
Taos, NM 87571
✆ (505) 758-1717 oder 1-800-530-3040
B & B-Inn in einer alten spanischen Hacienda nur wenige Minuten zu Fuß von der Innenstadt. $$–$$$

El Monte Lodge
317 Kit Carson Rd.
Taos, NM 87571
✆ (505) 758-3171 und 1-800-828-TAOS
Bewährtes Motel (seit 1932) mit hübschen Räumen, schattiger Picknickwiese mit altem Baumbestand (Cottonwoods), Minuten von der Plaza – eine echte Alternative zu den Kettenhotels.
$$–$$$

Adobe Wall Motel
East Kit Carson Rd.

◁ *Ökologie am Bau: alternatives Wohnen auf der Hochebene von Taos*

Taos, NM 87571
✆ (505) 758-3972
Einfaches, ruhig gelegene Motel; nur ein paar Minuten bis zur Plaza. $$

Casa Benavides
137 Kit Carson Rd.
Taos, NM 87571
✆ (505) 758-1772 oder 1-800-552-1772
Fax (505) 758-5738 und (505) 758-8891
www.taoscasabenavides.com
Dekorfreudig ausgestattete Zimmer und Studios. Mit opulentem Frühstück, heißen Bädern, Nachmittagstee und selbst gebackenem Kuchen. $$$–$$$$

Taos Valley RV Park
Hwy. 68
Ranchos de Taos, NM 87557
✆ (505) 758-4469
März–Sept. geöffnet

Privater Campingplatz 4 km südwestl. des Ortes. Ca. $ 15

John Dunn House Shops
Bent St., Taos
Kleine attraktive Ladenstraße: Mode, Kunstgewerbe, alte Graphik, Schuhe etc. – eine Alternative zur Plaza.

Taos Book Shop
122 East Kit Carson Rd., Taos
Im Sommer 9–17 Uhr

Labyrinthische und älteste Buchhandlung in New Mexico: Regionalia, vergriffene Exemplare. Das **Caffé Tazza** liegt gleich nebenan.

Ogelvie's Bar & Grille
Taos Plaza, Taos
✆ (505) 758-8866
Beliebtes Plätzchen für einen Drink, besonders am Nachmittag mit Blick auf die gut beleuchtete Plaza. $$

Joseph's Table
4167 South Santa Fe Rd. (Hwy. 68)
Ranchos de Taos, NM 87557
✆ (505) 751-4512
Mi–So 17–23 Uhr
Originelles Dekor, kreative Südwest-Küche. Dinner only. $$

Trading Post Cafe
4 Meilen südl. der Plaza
4179 Hwy. 68 (Hwy. 518)
Ranchos de Taos, NM 87557
✆ (505) 758-5089
Eins der besten Restaurants weit und breit, mit viel Geschmack dekoriert. So geschl. $$

Bravo
1353-A Paseo del Pueblo Sur
Ranchos de Taos, NM 87557
✆ (505) 758-8100
www.taosweb.com/menu/bravo
Delikatessenladen, wo man auch leckere Kleinigkeiten essen kann. Gutes Weinsortiment.

Lambert's of Taos
309 Paseo del Pueblo Sur
Taos, NM 87571
✆ (505) 758-1009
Tägl. Lunch (außer Sa) und Dinner
Schlichte Räume, überdurchschnittliche Küche. Hauptgerichte auch als halbe Portionen erhältlich. $$

Apple Tree Restaurant
123 Bent St.

11 Infos: Taos, Ranchos de Taos

Taos, NM 87571
✆ (505) 758-1900
www.appletreerestaurant.com
appletree@newmex.com
Am schönsten sitzt man im Innenhof an den Tischen unter dem Apfelbaum beim Lunch. $$

Villa Fontana Restaurant
Hwy. 522 (5 Meilen nördl. von Taos)
✆ (505) 758-5800
In den gemütlichen Räumen der Villa serviert man traditionelle norditalienische Küche. Lunch (Mo–Fr) und Dinner (Mo–Sa). So geschl. $$$

Far Flung Adventures
Ein paar Minuten nördl. von Taos
P.O. Box 707
El Prado, NM 87529
✆ (505) 758-2628 oder 1-800-359-2627
Veranstalter für Wildwasserfahrten *(white river rafting)* auf dem Chama River und Rio Grande.

Zwischen April und Oktober werden Trips zwischen 3 Stunden und 3 Tagen Dauer angeboten. »To shoot the box«: heißt es, wenn die Boote durch den steilen Basalt-Canyon des oberen Rio Grande zischen. Telefonische Voranmeldung erforderlich.

Entertainment auf der Taos Plaza

11.1 Steinerne Stille
11.2 Alternativroute über den Chaco Canyon

11.1 Route: Farmington – Aztec Ruins – Bloomfield – Chaco Canyon – Cuba (250 km/156 mi)

km/mi	Zeit	Route
0	9.00 Uhr	Von **Farmington** US 550 nach Aztec und zum
22/ 14	9.30 Uhr	**Aztec Ruins National Monument** (ausgeschildert). Rundgang ca. 1 Stunde – Weiterfahrt über S 544 nach
38/ 24	11.00 Uhr	**Bloomfield**, dort geradeaus weiter über S 44 und am Blanco Trading Post die S 57 rechts ab über den Schotterweg zum
134/ 84	12.30 Uhr	Visitor Center im **Chaco Culture National Historical Park**. Rundfahrt zu den Pueblos: z.B. Chetro Ketl, Pueblo Bonito, Kin Kletso, Pueblo del Arroyo, Casa Chiquita (ca. 4 Stunden). – Glei-

		cher Weg zurück, aber diesmal die County 7800 rechts ab zur S 44 (Nageezi); diese nach Süden bis
250/156	18.00 Uhr	**Cuba**.

11.2 Route: Cuba – San Ysidro – Jemez Springs – Bandelier National Monument – Taos (288 km/180 mi)

km/mi	Zeit	Route
0	9.00 Uhr	Von **Cuba** S 44 nach Süden bis San Ysidro, dort S 4 über **Jemez Springs** und weiter auf der S 4 bleiben (nicht die Straße nach Los Alamos wählen) und dem braunen Schild BANDELIER folgen zum
157/ 98	11.00 Uhr	**Bandelier National Monument** (Visitor Center). Klettern, Wandern und evtl. Picknick (ca. 3 Stunden).
	14.00 Uhr	Abfahrt von **Bandelier**: Am Parkausgang der S 4 und dem Schild SANTA FE folgen, dann S 502 East und über den **Rio Grande**, an der Black Mesa und dem San Ildefonso Pueblo vorbei, bis zur Kreuzung der US 84/285, diese nach Norden Richtung Taos über Velarde nach
245/153	15.00 Uhr	**Embudo Station Restaurant** am Rio Grande (Pause und evtl. spätes Lunch, ca. 1 Stunde), danach weiter nach
288/180	17.00 Uhr	**Taos**.

Alternativen
Statt der Rast am Rio (Embudo Station) kann man schon heute **San Ildefonso Pueblo** besuchen, das am morgigen Tag auf dem Programm steht (vgl. S. 122, 129 und 131), heute aber gleich am Weg liegt.

Nach Tagen voller natürlicher und historischer Bilder gerät in **Farmington** wieder US-Boden des 21. Jahrhunderts unter die Räder. Geschäft ist Geschäft, bedeuten die Schilderwälder, der grelle *commercial pop* und die Drive-ins, die hier nie aus der Mode gekommen sind. Selbst die Geschichte möchte man nicht nur den Ruinen überlassen. Ein Billboard wirbt für den Besuch von »Anasazi«, einem *outdoor drama* (einer Art Freilichtoperette), die im Sommer die Siedlungskunst der indianischen Vorfahren als Entertainment vorführt.

Dagegen wirkt das **Aztec Ruins National Monument** wie eine Oase (vgl. S. 108 f.), denn die restaurierten Reste eines alten Anasazi-Dorfs vertrauen lediglich auf die Ausstrahlungskraft der Steine. Tatsächlich helfen in der grandiosen Kiva nur ein paar indianische Trommeln (vom Band), die alte Zeit wieder aufleben zu lassen, während die Vögel draußen Flieder und Pusteblumen umschwärmen. »Wie heißt der Vogel, der so aussieht wie Orca«, fragen die TV-geschulten Kinder einer Schulklasse und zeigen dabei auf die schwarzweißen *magpies*, die Elstern. Dieses **Aztec** ist übrigens, zumindest an seiner Hauptstraße, ein hübscher kleiner Ort, der sogar ein Klasse-Hotel aufweisen kann.

Südlich von Bloomfield beginnt dann die Anfahrt zum abgelegenen Chaco Canyon ein bisschen wie eine Geduldsprobe, denn ringsum sieht es ziemlich nichtssagend aus: grüne Alfalfa-Felder anstelle spannender Bergsilhouetten. *Checkerboard area* heißt diese Gegend, weil das Land sehr unterschiedlich verteilt ist, zwischen Indianern, Anglos und dem Staat. Außer *sagebrush*, Rindern und ein paar Pferden springt dabei für Touristen nicht allzu viel heraus, so dass man sich bald ganz auf die rappeligen Rillen und *cattle guards* im Schotter der *dirt road* (S 57) konzentrieren kann, die vom einsamen Blanco Trading Post auf den Canyon zuführen, der sich bis zum letzten Augenblick versteckt. Obwohl auf bundesstaatlichem Grund und Boden *(federal land)*, dulden und respektieren die Indianer, so hört man, die Enklave ihrer Vorfahren.

Casa Chiquita ist die erste Ruine, die man im **Chaco Culture National Historical Park** zu Gesicht bekommt, in diesem archäologisch so reichhaltigen und zugleich geheimnisvollen Canyon, dessen natürliche Eigenschaften sich alles andere als kulturfördernd anhören: lange Winter, kurze Wachstums- und Reifezeiten und wenig Regen bestimmen das Wüstenklima. Holz, Nahrung und Türkise lagen zu keiner Zeit vor der Haustür, sondern fernab. Umso erstaunlicher daher die Leistung der so genannten *Chacoan Culture* der Anasazi vor etwa 1 000 Jahren. In der Vierländerregion des Colorado-Plateaus (Utah, Colorado, New Mexico, Arizona) war sie vergleichsweise am weitesten entwickelt, in puncto Architektur, kulturellem Niveau und sozialer Organisation.

Die Mega-Anlage der zwölf Pueblos für mehrere tausend Einwohner muss um das Jahr 1000 einem prähistorischen Los Angeles des Südwestens ähnlich gesehen haben. Dabei waren die Siedlungen im Canyon nur der Teil eines Komplexes von 400 weit verstreuten, durch ein Straßennetz miteinander verbundenen Pueblos. Chaco, nimmt man an, war so etwas wie das versorgende und beherrschende Zentrum eines wirtschaftlichen, sozialen und politischen Satellitensystems (sowie ebenso dessen religiöse Mitte angesichts der auffälligen Fülle von Kivas). Auch Aztec war ein Teil davon.

Zahlreiche Keramikfunde deuten darauf hin, dass die meisten Stücke gar nicht an Ort und Stelle gefertigt wurden, sondern wie andere Güter (rohe Türkise, Muscheln, Kupfer) importiert waren. Den Niedergang der Chacoan Culture schreibt man (wie oft) einer Dürreperiode zu, die das San-Juan-Becken 1130–80 heimsuchte.

Es ist völlig egal, in welcher Reihenfolge man die zahlreichen steinernen Überreste besucht. Vielleicht ist es sinnvoll, zuerst bis zum Visitor Center zu fahren, um sich mit zusätzlichen Karten und sonstigem Informationsmaterial zu versorgen und dann von dort aus, gewissermaßen rückwärts, das Tal zu erkunden. Mit Sicherheit zählen Pueblo Bonito und Pueblo del Arroyo zu den Höhepunkten von Chaco, sieht man von der höher gelegenen Casa Rinconada (etwa 1100) ab, die die größte Kiva des Südwestens zu bieten hat.

Pueblo del Arroyo, gegen 1075 mit fast 300 Räumen und mehr als 20 Kivas in D-Form dicht am Chaco Wash errichtet, zeigt die typischen Merkmale der *great houses*: große Maßstäbe, kunstvolles Mauerwerk und fortgeschrittene Bautechnik. Die Steine kamen, wie die aller Pueblos hier, aus den Sandsteinklippen der Canyonwände; Wasser, Sand, Ton und Schlamm aus dem Fluss, der übrigens heute erheblich breiter fließt als noch im vorigen Jahrhundert und dessen Ufer am Pueblorand auch befestigt ist, um weitere Ausspülungen zu vermeiden. Die Überbeanspruchung der Weideflächen *(over-grazing)* gilt als die Hauptursache der Bodenerosion.

Zu den imposantesten Ruinen des Südwestens zählt der **Pueblo Bonito**, dicht

Kunst am Stein: Pueblo Bonito im Chaco Canyon

am Fuß der Sandsteinklippen der Canyonwand gelegen. Seinen Namen erhielt das »schöne Dorf« von dem Indianer-Scout Carravahal aus dem San Juan Pueblo am Rio Grande, der 1849 eine Militärexpedition in diese Gegend führte. Auf einer hypothetischen Rekonstruktionszeichnung ähnelt das Riesenhaus einem gewaltigen Ufo: ein vierstöckiges Halbrund mit 600 Raumparzellen und 40 Kivas. Zwischen 900 und 1 200 Menschen sollen hier einmal gelebt haben. Beachtlich auch hier die Kunst des Mauerwerks: im Kern bestehend aus dickeren, in Mörtel eingelegten Sandsteinbrocken und verkleidet mit ebenso sorgfältig ausgesuchten wie geformten Steinen an beiden Seiten der Außenhaut.

Stundenlang kann man sich durch das Labyrinth der steinernen Räume bewegen und die Baukunst der Fenster- und Türausschnitte bewundern. Am besten natürlich frühmorgens oder ab dem späten Nachmittag, je später, umso besser – wegen des Lichts, der abwesenden Besucher, der Stimmung. Tagsüber und an Wochenenden kann es nämlich mitunter unschön werden. Im Gewimmel der Stimmen drängt sich dann letztlich nur noch das Layout der kleinen Täfelchen vor, die eine stumme Führung vorschreiben: Bitte hier nicht gehen, dort abbiegen, hier nicht sitzen, nichts berühren, umkehren – Eiertänze zwischen sensibler Früh- und trampeliger Zeitgeschichte. Erst wenn die Hasen und Mauersegler sich vorwagen, bringen das warme Spätlicht und die Stille die Steine zum Sprechen. Dann erwacht die nüchterne Archäologie zum Leben und wird zu einer persönlichen Erfahrung.

Der Rückweg geht wieder über Schotter, vorbei an graugrünem Sagebrush und Ziegen, manchmal auch an einem Indianerjungen auf einem Mountainbike. Je nach Wetterlage tun sich unterwegs nach Cuba im Rückspiegel Farben wie bei einem riesigen Waldbrand auf: ein Sonnenuntergang, der sich mit schweren Gewitterwolken zu einem spektakulären Lichtspiel vermischt und der einmal mehr für jenen magischen Mehrwert sorgt, den New Mexico mit Recht für sich in Anspruch nimmt.

Reichlich umhegt von satten Weiden und lieblicher Landwirtschaft, macht **Cuba** dagegen einen recht schlichten Eindruck. Doch für ein unerwartet gutes neumexikanisches Abendessen und eine ruhige Motelnacht ist es allemal gut.

Je weiter man nach Süden kommt, umso unterhaltsamer werden die von zahlreichen *washes* zerfurchten Landschaftsbilder, auf deren Farbpalette Rotgrün dominiert. Mal sind es die von Büschen grün betupften Felsen, mal hellgelbe Erdfarben, die durch tiefhängende Wolkenklumpen inszeniert werden.

Ab **San Ysidro** kommt zum ersten Mal die für dieses Land typische Lehmbauweise ins Spiel und (nach langer Zeit) eine Kirche, die sich sehen lassen kann, weiß getüncht und spanischer Abstammung. Die erste Möglichkeit, sich einen indianischen Pueblo anzusehen, bietet **Jemez Pueblo**, dessen Adobehäuser sich linker Hand im bewässerten und begrünten Tal des Jemez River hinziehen.

Jemez Springs sieht gut aus. Im Ort scheinen sich die Kontakte zum Jenseits und irdische Lebenslust die Waage zu halten. So jedenfalls wirkt die bunte Mischung aus Espressobars und Zen-Zentrum, Boutiquen und Galerien, Badehäusern (heißen Quellen) und einer Kirche mit auffällig rotem Dach, das an das Blut Christi erinnern soll. Danach wird es schluchtig, und während der Jemez River auf Tuchfühlung mit der Straße geht, verkriecht sich diese immer mehr in den Wald, der hier den Namen Santa Fe National Forest trägt. Ab und an blickt man auf kleine Oasen am Fluss, Picknickgruppen und Angler. Erst allmählich weiten sich die Blicke, unter anderem auf eine riesige grüne Wanne, die einst ein Krater zurückgelassen hat.

Das **Bandelier National Monument**, 1916 gegründet, wurde nach Adolph Bandelier benannt, einem anthropologischen Pionier, der das Gebiet Ende des 19. Jahrhunderts erforschte. Nähere Auskünfte über Trails, Ausrüstung, Ge- und Verbote gibt das Visitor Center, wo man sich bei längeren Touren (z.B. über den Falls Trail) eintragen sollte. Der Juniper Campground lässt keinen einschlägigen Wunsch offen; oft werden dort am abendlichen Feuer Tipps und Informationen gegeben.

Wer die Höhlenwohnungen kennen lernen möchte, sollte mindestens eine Stunde Zeit haben. Mit Kindern und anderen Neugierigen kann daraus leicht ein Tagesprogramm werden, denn es gibt einige ehemalige Höhlenklausen in den weichen Tuff-Felsen, in die man über Leitern klettern kann, um von dort aus einen besonders schönen Blick über das Tal und auf die Ruinen des Pueblo zu werfen. Vielfältig und oft überraschend sind die Felszeichnungen, die man, je nach Sonnenstand, oft nur nach längerem Hinsehen entdeckt. Höhepunkt, auch im wörtlichen Sinn, ist der letzte Aufstieg zur Kiva über mehrere steile Holzleitern. Der Weg durch das Tal, den El Rito de los Frijoles Creek entlang, ist meist schattig; dasselbe gilt für den Picknickplatz beim Besucherzentrum.

Auch wenn die Route den Ort links liegen lässt, kann man an **Los Alamos** nicht einfach kommentarlos vorbeifahren. Denn hier, im »Oppenheimer Country«, wurde die erste A-Bombe entwickelt, die im Juli 1945 an der »Trinity Site« in der Jornada-del-Muerto-Wüste gute 200 Kilometer südlich von Los Alamos (in der Nähe von White Sands) gezündet wurde. Das Ganze begann streng geheim im Zuge des »Manhattan Project«, bei dem die Nationallabors von Los Alamos als »Project Y« fungierten. Hier brüteten Wissenschaftler unter Leitung von J. Robert Oppenheimer jene »Fat Man« genannte Bombe aus, deren Nachfolger den Zweiten Weltkrieg in Hiroshima und Nagasaki beendeten. In dem zunächst in einer Schule untergebrachten und später erheblich erweiterten »Lab« arbeiteten

Höhlenforscher: im Bandelier National Monument

außer Oppenheimer auch Niels Bohr, Hans Bethe und Edward Teller, der später Oppenheimer als Kommunisten denunzierte, um sich dann selbst maßgeblich am Bau der Wasserstoffbombe zu beteiligen.

Die Top-Secret-Adresse Los Alamos oder »Atomic City«, wie es heute selbstbewusst auf den Ortsschildern heißt, öffnete sich 1957 zu einer jedem zugänglichen adretten Provinzstadt von rund 20 000 Einwohnern, doch bei der Frage, was denn heute so alles im »Lab« abläuft, trifft man auf allgemeines Schulterzucken. Die meisten wissen es wirklich nicht, andere sagen es nicht. Über die Arbeit wird geschwiegen, niemand will sich den Mund verbrennen. Einige der Anwohner klagten schon gegen das Atomlabor wegen radioaktiver Emissionen, die bisher verschwiegen wurden. Und im Jahr 2000 kamen Waldbrände den Labors bedrohlich nahe. Rund um Bandelier sieht man hin und wieder blaue Schilder: TECH AREA. Was dort passiert, darf nur vermutet werden. Gleichwohl, die »Lab«-Leute leben selbst nicht schlecht. Noch immer verwaltet diese Form der Wissenschaft stolze Millionenetats, bei denen auch die Angestellten nicht leer ausgehen. Die ortsüblichen Gehälter liegen doppelt so hoch wie sonst in den USA.

Im Handumdrehen wechselten die Welten einander ab: erst die Anasazi-Kultur, dann die Atomszenerie. Und das bleibt so, wenn links die **Black Mesa** auftaucht, das Wahrzeichen in Sichtweite vom **San Ildefonso Pueblo**.

Mit der Überquerung des Rio Grande rücken die lange ins Jahr hinein verschneiten Kuppen der **Sangre de Cristo Mountains** näher. Wenn sie das richtige Sonnenuntergangslicht erwischt, färben sie sich tatsächlich blutig rot. Daher der Name. Schließlich biegt der Highway nach Norden, um sich Española zu nähern, jener Stadt die sich zwar fest in hispanischer Hand befindet, die aber deswegen leider nicht schon zu den Augenweiden dieser ansonsten so traumhaften Region des Großen Flusses zählt – kommerzieller Wildwuchs, ausnahmsweise. Abends muss man in Española mindestens auf zweierlei gleichzeitig achten: auf die strengen und in martialisches Schwarz gekleideten Sheriffs, die von Amts wegen auf die Einhaltung des Tempolimits achten, und auf jene, die, um am beliebten *cruising* teilzunehmen, unversehens aus den Seitenstraßen schießen und es mit dem Gesetz nicht so genau nehmen.

Der Spuk ist bald vorbei, und schon bei **Velarde** rücken anstelle von Reklameschildern wieder Büschel roter Chilischoten *(ristras),* Obst und Gemüse ins Blickfeld. Zur jährlichen *Apple Fiesta* belebt sich hier die Früchteszene mit unzähligen *locals*, die außer Äpfeln nur eines im Sinn haben: *having a good time*.

Kurz hinter Velarde beginnen Highway und Rio ihren Paarlauf durch die immer enger werdende Schlucht, die ein ebenso schattiges wie einladendes Shangri-La auf der gegenüberliegenden Fluss-Seite zu bieten hat: **Embudo Station**, eine jener *boutique breweries*, die sich, weil wohlschmeckend, neuerdings zunehmend erfolgreich gegen das fade amerikanische Standardbier behaupten.

Einige Kurven führen zur Hochebene hinauf und plötzlich sieht man, was der bisher so unscheinbar vor sich hin gurgelnde Rio Grande sich zunutze gemacht hat: die enge Kerbe, eine gewaltige Erdbebenspalte, die bei rechtem Licht besehen ein eindrucksvolles Naturschauspiel aufführt und vor allem ein Fressen für das *white river rafting* der Kanu- und Schlauchbootfreunde ist. Dem Autofahrer bleibt dagegen nur der trockene Endspurt übers Plateau nach Taos.

Infos: Chaco Culture Historical Park, Cuba, Los Alamos

Aztec Ruins National Monument vgl. S. 111.

Chaco Culture National Historical Park
S 57 (40 Meilen nördl. von Crownpoint)
Nageezi, NM 87037-0220
✆ (505) 786-7014, Fax (505) 786-7061
www.nps.gov/chcu
chcu_superintendent@nps.gov
Im Sommer tägl. 8–18, sonst bis 17 Uhr
Eine der bedeutendsten Anasazi-Ruinen der Four Corner Region: **Casa Chiquita** (1100–26), **Kin Kletso** (1100–26), **Pueblo del Arroyo** (1074–1110), **Chetro Ketl** (1005–1105) und **Pueblo Bonito** (850–1145).
Auskunft über den Zustand der Schotterstraße: ✆ (505) 786-7014 und (505) 786-7060. Campingplätze ganzjährig. Eintritt $ 8 pro Auto.

Frontier Motel
6474 Hwy. 44
Cuba, NM 87013
✆ (505) 289-3474
Einfaches Motel. $

El Bruno's
6448 Hwy. 44
Cuba, NM 87013
✆ (505) 289-9429
Cantina y Ristorante: hübsches neumexikanisches Lokal (auch zum Draußensitzen im Schatten) mit überdurchschnittlicher Küche, Boutique und Bar mit Live-Musik am Wochenende. Tägl. Lunch und Dinner (bis 22 Uhr). $$

Cuban Cafe
6333 Hwy. 44 (am Südende des Orts)
Cuba, NM 87013
✆ (505) 289-0257
Herzhaftes Frühstück – meist frequentiert von Truckern und Beamten der Highway Patrol. $

Bandelier National Monument
Von Pojoaque: Hwy. 502 und Hwy. 4
(südl. von Los Alamos)
Los Alamos, NM 87544
✆ (505) 672-0343, Fax (505) 672-9607
www.nps.gov/band
band_superintendent@nps.gov
Im Sommer tägl. 8–18, sonst bis 18.30 Uhr
Historische Felssiedlung und Kiva im Tuffstein (über Leitern zugänglich); außerdem Bauten aus Steinschutt am Felsen; Grundmauern von Tyuonyi, einem Anasazi-Pueblo aus dem 14./15. Jh.: Diese um eine Plaza mit mehreren Kivas gebaute Rundanlage hatte einmal 3 Stockwerke und 400 Räume. Dia-Schau, Filme, handwerkende Indianer und ein kleines sehenswertes Museum im Visitor Center.
Campingplatz: **Juniper Campground** (März–Nov.): auf *First-come, first-served*-Basis.

Der empfohlene Rundkurs führt an den Ruinen des Pueblo auf dem Talgrund vorbei zu den Höhlenwohnungen und schließlich zur Kiva am Steilhang. Wanderfreunde sollten am Ende des Rundgangs den kühlen schattigen Pfad am Bach entlang in den Bohnen-Canyon weiterlaufen: unten Fichtelgebirge, oben Anasazi (ca. 6 Meilen = 2–3-stündige, gemächliche Wanderung). Zwischen Nov. und Feb. geschl. Eintritt $ 10 pro Auto.

San Ildefonso Pueblo vgl. S. 131.
Embudo Station vgl. S. 130.
Taos vgl. S. 122 f.

Kiva in der historischen Klippensiedlung von Bandelier

12 Land der drei Kulturen

Von Taos nach Santa Fe

12. Route: Taos – Ranchos de Taos – Las Trampas – Chimayo – San Ildefonso Pueblo – Santa Fe (170 km/106 mi)

km/mi	Zeit	Route
0	9.00 Uhr	Abfahrt zum **Taos Pueblo** (ca. 1 Stunde). – Zurück in den Ort, an Kit Carson Road links zur
11/ 7	10.30 Uhr	Recycling-Architektur. Über SR 68 nach Süden nach
19/ 12	11.30 Uhr	**Ranchos de Taos** (Missionskirche) und am Rio Grande entlang, bei Embudo die S 75 links über **Las Trampas** (Kirche) und **Truchas** nach
110/ 69	13.00 Uhr	**Chimayo** (Lunchpause ca. 2 Stunden). – Abfahrt in Richtung Nambe zur US 84, diese links und gleich auf die S 502 rechts (Richtung Los Alamos) zum
138/ 86	15.30 Uhr	**San Ildefonso Pueblo.**
170/106	16.30 Uhr	**Santa Fe.**

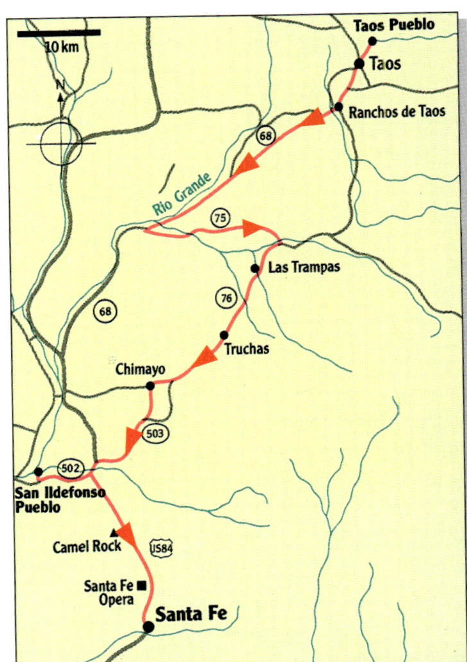

Alternativen

Der zusätzliche Besuch des sehenswerten **Millicent Rogers Museum** (vgl. S. 130). Eine kürzere, direktere Route nach Süden (SR 68/US 84/US 285) bietet südlich des Abbiegers der S 75 rechter Hand Gelegenheit, eine Pause im einzigen Restaurant (und Biergarten!) am gurgelnden Rio Grande zu machen: **Embudo Station** (vgl. S. 120, 130).

Der Sonnenaufgang bringt Farbe nach Taos. Ockergelb, braunrot und beige leuchten die Lehmhäuser, gerahmt vom Grün der Bäume, im Kontrast zum Himmelsblau. Das struppige Sagebrush duftet, und die putzigen Präriehunde stellen die Ohren auf: **Taos**, der magische Ort auf der Hochebene, häufig gemalt und fotografiert, poetisch verklärt von D. H. Lawrence, der hier lebte, – heute ein beschauliches Westernstädtchen, eine Künstlerkolonie mit rund dreieinhalbtausend Einwohnern, Nachbar eines berühmten Indianer-Pueblo und Skidorf im Winter.

Schon um die Jahrhundertwende machte der Ort der trockenen Luft wegen von sich reden: als eine Art Davos und Zauberberg für gesundheitlich (vor allem im Lungenbereich) Angeschlagene. Später dann, in den 1920er und 1930er Jahren, kam der Ruf des Ästhetischen hinzu. Zahlreiche Künstler kamen zu Besuch, denen es die Zeitlosigkeit der Hochebene und die Anziehungskraft der Sangre de Cristo Mountains angetan hatten. Außer D. H. Lawrence auch die Malerin Georgia O'Keeffe.

Der **Taos Pueblo** ist ohne Frage einer der Höhepunkte auf der Reise. Das Dorf der Taos-Tewa-Indianer, der nördlichste der insgesamt 19 Pueblos am Oberlauf des Rio Grande, zählt zu den ältesten Siedlungen in den USA überhaupt. Er bestand bereits Jahrhunderte bevor die Spanier 1540 anrückten – ein Regiment Konquistadoren aus der groß angelegten Coronado-Expedition, die auf der Suche nach den sagenhaften goldenen Städten Angst und Schrecken verbreitete. Wahrscheinlich war es die Abendsonne, die Hochebene und Pueblo beleuchtete, so dass es den Anschein hatte, die verheißenen Goldberge lägen zum Greifen nahe. Später, im Jahre 1680, war Taos Pueblo Keimzelle des Indianeraufstands gegen die Spanier, an dem sich schließlich alle Pueblo-Stämme beteiligten. Aber ihr Sieg hielt die Spanier nur knapp zwanzig Jahre fern; dann schlugen sie zurück.

Rund 150 Personen leben heute in den beiden Wohnblöcken an der Plaza, die der gurgelnde Rio Pueblo de Taos in zwei Hälften teilt. Eine weitaus größere Zahl – 1800 – lebt auf dem Land, das zum Reservat der Taos-Indianer gehört. Dass Katholizismus und indianische Glaubenstradition friedlich nebeneinander existieren, beweist die gleichzeitige Präsenz von Kirche und Kiva im Dorf. In einigen Adobehäusern verkaufen die Indianer ihre kunstgewerblichen Produkte und draußen unter den schattigen *ramadas* wird selbst gebackenes frisches Brot angeboten. Das sind im Wesentlichen die wirtschaftlichen Grundlagen der Pueblo-Bewohner. Elektrizität und fließendes Wasser gibt es hier nicht. Auch kein Fernsehen. TV, so sagen die konservativen Indianer, ruiniere das Geschichtenerzählen und die mündliche Tradition. Viele Stammesmitglieder ziehen es daher vor, mit allem Neuzeitkomfort außerhalb des traditionellen Pueblos zu leben und nur bei religiösen Feierlichkeiten in ihr Dorf zurückzukehren.

Bis heute bestimmt die terrassierte Wohnanlage die Bauweise in der gesamten Region – architektonisch ebenso wie ökologisch. Dies wird gerade in Taos frappierend klar, wenn man nach dem Besuch des Pueblo zu einem anderen Schauplatz ungewöhnlicher Baukunst fährt: ein paar Minuten zurück zur »Hauptkreuzung«, links in die Kit Carson Road, ein paar hundert Meter stadtauswärts, vorbei an schönen Adobehäusern und der himbeerfarbenen Lehmburg des russisch-amerikanischen Malers Leon Gaspar, der hier von 1882 bis 1964 wohnte. Rechts, bei den Resten eines bräunlichen

Taos Pueblo ▷

Lehmtors, führt ein Schotterweg leicht abwärts. Am besten parkt man scharf rechts an der Straße, geht den Weg zu Fuß und lässt sich überraschen.

Nach ein paar Schritten taucht linker Hand ein einzelnes Lehmhaus auf, das nichts Auffälliges an sich zu haben scheint. Aber hundert Meter weiter, nach einer kleinen Brücke, steht rechts ein sonderbares Gebilde, ein Haus, dem man schon eher ansieht, aus welch merkwürdigen Materialien und Baustoffen es besteht: aus Aluminiumbüchsen und Flaschen, teils verputzt mit Lehm. Auch die Wände des ersten Anwesens, das wir passierten, bestehen aus wassergefüllten Dosen und erdgefüllten Autoreifen, nur kann man das von außen nicht sehen. Beide Eigenheime stammen von dem alternativen Architekten und Baumeister Michael Reynolds, der seit langem diese praktische Ökologie am Bau betreibt.

Nur ein paar Autominuten sind sie also voneinander entfernt: die Indianer und die Weißen, die jahrhundertealte Bautechnik mit luftgetrockneten Lehmziegeln im Pueblo und das konstruktive Recycling moderner Prägung. Wie sonst nirgendwo in den USA liegen in Taos traditionelle und experimentelle Formen des energiesparenden Bauens in engster Nachbarschaft.

Georgia O'Keeffe: Ranchos Church-Taos, 1930. Öl auf Leinwand

Übrigens, früher konnte man am ersten Haus (von der Straße aus gesehen) die silbrigen Dosenböden an den Erkerwänden noch gut erkennen. Jetzt sind sie verputzt. Warum? »Ach, wissen Sie«, erzählt Linda Sherer, die Hausbesitzerin, »ein paar böse Buben haben sich öfter einen Spaß daraus gemacht und Löcher in die Aludosen geschossen. Mit dem Luftgewehr!«

Vor dem Abschied von Taos sollte man noch einen Blick in die schöne Adobekirche **San Francisco de Assís** werfen. Sie liegt rund sechs Kilometer südlich, in **Ranchos de Taos**. Wie eine Riesenkatze aus Lehm thront der mächtige Bau mitten auf der hübschen Placita. Nahezu alles in dieser Kirche ist, steht oder hängt schief: die Decke, die Kerzenhalter, die Bilder, das Kreuz.

Der Highway nach Süden bringt bald ein Wiedersehen mit dem **Rio Grande**, zuerst mit dessen tiefer Erdspalte, dann mit seinem Flusslauf selbst, dem die Straße bis zu jenem Abzweig nach Osten folgt, der durch uraltes spanisches Siedlungsgebiet kurvt – vorbei an zahlreichen Friedhöfen mit mexikanischen Plastikblumen. Auch akustisch tut sich der spanische Einfluss kund, durch Musik und Werbesendungen im Autoradio.

Eindrucksvoll und einen Stopp wert: die Lehmkirche in **Las Trampas**. Kurz darauf folgt das alte Dorf von **Truchas**, das so aussieht wie eine Kulisse in einem Pancho-Villa-Film, aber es ist durchaus real, denn wie die meisten anderen Orte ist Truchas eine Gründung der ehemals rein spanischen Landbevölkerung, der *paisanos*, die mehr als hundert Jahre früher in dieses Land kamen als zum Beispiel nach Kalifornien oder Texas. Es dauerte bis zum Ende des 19. Jahrhunderts, bis die ersten Anglos in dieser so lange Zeit spanisch und indianisch besiedelten Region aufkreuzten, die meisten

»Land of Enchantment«: Taos High Road

von ihnen Händler und Viehtreiber. Einst machte sich Robert Redford die Szenerie zunutze – zur Verfilmung des Bohnenkriegs von »Milagro«.

Vielleicht sind diese besonderen geschichtlichen Voraussetzungen dafür verantwortlich, dass sich die kulturelle und ethnische Koexistenz im Norden von New Mexico durchweg liberaler und toleranter vollzieht als etwa in Texas oder Arizona. Vielfach begegnet man Querverbindungen und Wechselbeziehungen zwischen den drei Kulturen am oberen Rio Grande.

John, ein Freund und Anglo, der zusammen mit einem mexikanischen Kompagnon in der Nähe des San Juan Pueblo bei Española lebt, baut Möbel und restauriert antike Stücke. Häufig holt er mit seinem Pick-up ältere »spanische Möbel« und Geräte aus Holz ab, um sie wieder in Schuss zu bringen. In den meisten Fällen, so erzählt er, seien diese Sachen gar nicht von den Spaniern hergestellt worden, sondern von den Indianern. Das wird ihm immer wieder beim Umgang mit den Werkstücken klar. Zum Beispiel: An einem ramponierten alten Bottich, der ursprünglich zur Käseherstellung verwendet wurde, fallen ihm seltsam geformte und anscheinend völlig zwecklose Ausbuchtungen auf. Dort, wo die Molke abfließt, sind Erhebungen zu erkennen, die sich bei näherer Betrachtung als zwei Ohren entpuppen, die, zusammen mit dem merkwürdig wulstigen Ganzen, auf einen Schweinskopf schließen lassen. Auch die vier Füße, auf denen das Ding steht, sind nicht einfach runde oder eckige Hölzer, sondern enden in Formen, die offenbar Bärenklauen darstellen sollen. Es ist auch bei anderen Geräten und Möbeln häufig so: Die indianischen Gerätebauer wollten sich wohl mit der praktisch-ordentlichen Aufgabenstellung nicht abfinden. Sie konnten gar nicht anders, als ihre Vorstellungswelt, vor allem Tierbilder, einzubringen.

Über altes geformtes Holz also läuft der Dialog der Generationen und Kulturen; durch die Hände eines weißen Restaurators werden spanische Geräte und Möbel wieder hergestellt, die von Indianern gestaltet wurden.

Die Spanier brachten den Indianern das Weben bei und vermittelten ihnen neue Bautechniken; die Pueblo-Bauten wurden Vorbild für die Bauformen der Yankees. Kiva und Kirche stehen heute friedlich auf demselben Pueblo-Grund. Die Reihe lässt sich fortsetzen. Immer wieder trifft man auf Sitten und Einrichtungen, an denen alle drei Kulturen im Laufe ihrer gemeinsamen Geschichte mitgewirkt haben.

Da dies deren Eigenständigkeit eher gefördert hat, ist New Mexico eigentlich nie ein richtiger amerikanischer Schmelztiegel gewesen. Am deutlichsten wird das am Selbstverständnis der spanisch-mexikanischen Bevölkerung, die in den USA offiziell *Mexican-American* heißt (oder vor allem bei den Jüngeren: *Chicano*). In New Mexico nennt sie sich stolz *Spanish-American* oder (vor allem die Älteren) *Hispanic*.

Lourdes des Südwestens: Wallfahrtskirche in Chimayo

Hinter Truchas eröffnen sich erste Weitblicke in das Rio Grande Valley. In **Chimayo** bietet sich die gemütliche »Rancho de Chimayo« für eine Erfrischung an. Besonders schön sitzt man auf den Terrassen unter den Sonnenschirmen beim *lunch al fresco*. Nach der Pause sollte man sich »Ortega's« Webstuben ansehen, in denen die spanische Webkunst über Generationen hinweg bis heute gepflegt (und natürlich auch verkauft) wird.

El Santuario, die Wallfahrtskirche in Chimayo, ist ein wahres Schmuckstück in beschaulicher Lage, innen mit religiöser Volkskunst ausgestattet, außen von reizvoller Proportion und Plastizität. Ein Hauch von Lourdes umweht den Adobebau, denn in einem Seitenraum (links vom Altar) sind die Holzkrücken aufstellt, die gebrechliche Pilger hier zurückgelassen haben. Sie kommen alljährlich zur Osterzeit zu der als heilig und heilend geltenden Erde von Chimayo, die in einer kleinen Grube untergebracht ist. Wer sie isst, so heißt es, dem widerfahren die Wunder der körperlichen Genesung. Und damit der Lehm im Loch nicht ausgeht, schaffen die Chimayenser stets rechtzeitig Nachschub aus den Bergen heran.

An Montagen, wenn die Speise-Ranch von Chimayo geschlossen ist, aber natürlich auch sonst taugen das eine oder andere kleine Imbisslokale in der Nähe der Lehmkirche allemal für ein einfaches Lunch. Selbstversorger finden gleich nebenan oder auf den Bänken der schattigen *open air church* unten am Bach angenehme Picknickplätze.

Neuerdings hat die Idylle Kratzer abbekommen. Am Parkplatz bei der Kirche raten Schilder: LOCK YOUR CAR. Drogen dringen inzwischen selbst in solche stillen Provinzen vor, und weil man für gestohlene Sachen nicht viel bekommt, muss besonders viel gestohlen werden. Selbst im Santuario. Der kleine rundliche Pfarrer spricht es ebenso unverblümt wie traurig aus: »Vandalismus und Drogenhandel haben uns viel Ärger gebracht. So was hat es noch nie gegeben.«

Das Land ringsum wird nun zunehmend karger. Wenn der Highway bei Nambe die US 84/285 erreicht, sind es zum **San Ildefonso Pueblo** nur ein paar Minuten – vorbei an der Black Mesa, die ihrem Namen alle Ehre macht. Ein paar Indianerkinder radeln auf ihren Mountainbikes unter dem mächtigen Baum auf der Plaza in Richtung Kiva, ein Hauseingang wird gefegt, sonst tut sich nicht viel. Nur einige Fernsehantennen verraten den Einfluss der weißen »Kultur«. Nach einem Besuch der alten Kirche kann man gegenüber, im »Studio of Indian Arts«, erlesene Exemplare des Töpferhandwerks begutachten, das in San Ildefonso zur höchsten Blüte gebracht wurde. In Stil und Mustern sind die Indianer hier künstlerische Nachfolger von Maria Martinez, der wohl berühmtesten Töpferin des Südwestens. Das schlägt sich nicht nur in der Ästhetik der meisten Objekte nieder, sondern leider auch in ihren Preisen.

Im Laufe dieses Tages war von einem Land die Rede, das nicht nur großartige Panoramen, magisches Licht und malerische Wolkenformationen bietet, sondern vor allem eine reiche Geschichte. Was beim San Ildefonso Pueblo um die Ecke liegt, schreibt dies bis in die jüngste Vergangenheit fort: die Atomlaboratorien von Los Alamos, deren Ausgeburt 1945 im Südosten von New Mexico detonierte. Der Knall löste den Zustrom ganz neuer Bevölkerungsschichten aus, in erster Linie Scharen von Technikern und Wissenschaftlern, alles Anglos, die die Atomforschung in Los Alamos und Albuquerque vorantrieben. (Vgl. auch Seite 119 f.)

Pueblo San Ildefonso

Unterwegs nach Santa Fe kommt man schnell auf andere Gedanken, denn rechter Hand grüßt plötzlich ein Riesenkamel, kein lebendiges natürlich, sondern Felsbrocken, die so aussehen und deshalb auch so heißen: **Camel Rock**. Zu Füßen des Kamels liegt ein kleiner Campingplatz, auf dem man den Tag beschließen kann.

Mit dem Mietwagen geht es noch ein Stück weiter, vorbei an der Abzweigung zur **Santa Fe Opera**. Die Stadt hat ihren Kulturpalast einmal nicht ins Ortszentrum gestellt, sondern in den Hügeln draußen eine Opernbühne geschaffen, die ihresgleichen sucht (Entwurf: Frank Lloyd Wright). Während der Sommerfestspiele sind die Vorstellungen fast immer ausgebucht, so dass schon ziemliches Glück dazu gehört, »Salome« oder »Die Zauberflöte« durch die Sternennacht der Wüste klingen zu hören.

12 **Infos:** Taos, Ranchos de Taos, Las Trampas

Michael's Kitchen
304 Paseo del Pueblo Norte
Taos, NM 87571
✆ (505) 758-4178
www.michaelskitchen.com
Tägl. 7–20.30 Uhr
Rustikales und soziales Zentrum, ideal zum kräftigen Frühstück oder Lunch. $

Taos Pueblo
3 km nördlich der Plaza
P.O. Box 1846
Taos, NM 87571
✆ (505) 758-9593, Fax (505) 759-4604
Im Sommer tägl. 8.30–16.30 Uhr
Eins der architektonischen Highlights des Südwestens: fünfstöckige Pueblo-Anlage, gebaut ca. 1000–1450 und sehenswerte San-Geronimo-Kirche von 1850. Besondere Festtage und Zeremonialtänze: Pueblo-Fest (29./30. Sept.), Turtle Dance (1. Jan.), Deer and Buffalo Dance (6. Jan.), Corn Dance (3. Mai, 13. Juni, 24. Juni), Pow Wow (10.–12. Juli), Santiago's Day (25. Juli), Deer Dance (25. Dez.). Eintritt $ 4 pro Person, $ 6 pro Auto, $ 10 für jede Kamera, $ 20 für Videokameras.

Millicent Rogers Museum
P. O. Box A
Hwy. 522 (6 km nördl. von Taos)
Taos, NM 87571
✆ (505) 758-2462
Internet: www.millicentrogers.org
April–Okt. tägl. 10–17, sonst Di–So 10–17 Uhr; am besten vorher noch mal anrufen! Landschaftlich reizvoll auf der Hochebene gelegen: sehenswerte Sammlung der gleichnamigen Öl-Erbin – indianische und hispanische Kunst der Region in verwinkelten Adoberäumen der Privatvilla: Schmuck, Kachinas, Textilkunst, Flechtkörbe, Möbel, Tafelbilder, Keramik, zeitgenössische Plastik. Viele der Keramik-Schätze stammen von Maria Martinez, der berühmten Töpferin von San Ildefonso. Eintritt $ 6.

Mission San Francisco de Asís

Mission San Francisco de Asís
Main St., ein Block östl. der S 68
Ranchos de Taos, NM 87571
✆ (505) 758-2754
www.californiamissions.com
Mo–Sa 9–16 Uhr, in den beiden ersten Wochen im Juni geschl.
Eine der wuchtigsten (und: nicht restaurierten) spanischen Missionskirchen in New Mexico, 1710–55, bekannt durch viele Bilder von Georgia O'Keeffe und Fotos von Ansel Adams. Eintritt $ 2.

Embudo Station
Hwy. 68, südl. des Abzweigers der S 75
Embudo, NM 87531
✆ (505) 852-4707
Das einzige Lokal im Südwesten, das direkt am Rio Grande liegt. Lauschiges, schattiges Gartenrestaurant, Brauerei und Winzerei. Stolz verweist man hier auf das selbst gebraute schäumende »Embudo Gold«. Mit Recht. Leichte neumexikanische Küche für Lunch und Dinner. So keine alkoholischen Getränke. Angeschlossen: »Deli & Bakery« für Snacks zum Mitnehmen. Mo geschl. $$

San Jose de Gracia
S 76, Las Trampas
Eine der schönsten sakralen Lehmbauten in New Mexico; massive spanische Missionskirche von 1763, reich dekoriertes Innere.

12 **Infos:** Chimayo, San Ildefonso Pueblo

Ortega's Weaving Shop
Hwy. 76 (Country Rd. 94E)
Chimayo, NM 87522
✆ (505) 351-4215 und 1-877-351-4215
www.ortegasdechimayo.com
Seit vielen Generationen sind hier die Weber der Familie tätig. Decken, Teppiche, Mäntel, Westen und Taschen. Ein Besuch lohnt auch, wenn man nichts kaufen möchte.

Rancho de Chimayo
Santa Fe Country Rd. 98
Chimayo, NM 87522
✆ (505) 351-4444
Feb.–Mai und Sept. Mo geschl., im Jan. ganz geschl.
Hübsch gelegenes Patio-Restaurant mit traditionell neumexikanischer Küche, ganz in der Nähe der alten Kirche. $$

El Santuario de Chimayo
Country Rd. 94C & Santuario Rd.
Chimayo, NM 87522
Im Ort Schildern folgen
✆ (505) 351-4889
Tägl. 9–17 Uhr
Malerische Wallfahrtskirche (1813–16) und Kultstätte der wundertätigen Erde – eine Mischung aus indianischen und christlichen Glaubensvorstellungen. Zentrum der hispanischen Gemeinde.

Léona's Restauranté
Chimayo, NM 87522
✆ 1-888-561-5569
leonas@roadrunner.com
Freundliches Imbiss-Stübchen gegenüber der Kirche. *Tortillas, Tamales, biscochitos* (süße Plätzchen), Souvenirs. Tägl. 9–17 Uhr, im Winter Di geschl. $

El Ancon
Hwy. 582, Drive 1080 (zwischen Santa Fe und Taos, Nähe Española)
San Juan Pueblo, NM 87566
✆ (505) 852-2506
Fax (505) 852-0241
Altes Adobehaus zur alleinigen Nutzung, authentisch restauriert und eingerichtet. Gepflegter Wohnraum mit Kamin, Schlafzimmer, Bad und Küche, großer moskitogeschützter Veranda *(portal)*.

Stille Lage an einem Seitenarm *(el ancon)* des Rio Grande (35 Meilen nördl. von Santa Fe, 37 Meilen südl. von Taos) unterhalb einer mit indianischen Petroglyphen übersähten Mesa. Mit Frühstück; keine Kreditkarten. Tagesausflugsziele: Taos und Santa Fe, Abiquiu, Ojo Caliente. *River rafting* in Embudo Station. Nahe Restaurants: Embudo Station am Rio Grande, Rancho di Chimayo und Española (Anthony's at the Delta).
Anfahrt von Chimayo: SR 76 nach Westen und in Española weiter in Fahrtrichtung über den Rio Grande, die US 84 Richtung Abiquiu, dann rechts S 582 (Richtung LYNDEN) noch 5.5 Meilen bis 1080 Drive. $$$

San Ildefonso Pueblo
Hwy. 502 (32 km nordwestl. von Santa Fe)
San Ildefonso Pueblo, NM 87501
✆ (505) 455-3549
Tägl. ca. 8–17 Uhr, außer an Feiertagen
Plaza mit uraltem Cottonwood-Baum, eindrucksvolle Kiva und Gift Shops mit der berühmten schwarzen Keramik, eine Technik, die 1919 von Maria Martinez und ihrem Mann Julian entwickelt wurde. Sehenswerte Tänze am Festtag des San Ildefonso am 23. Jan., außerdem am Ostersonntag, im Juni, September und Weihnachten. Die Black Mesa blickt auf den Pueblo herab. Eintritt $ 3 pro Auto. Zusätzliche Gebühren für Foto, Video und Zeichnung.

Camel Rock RV Campground
16 km nördl. von Santa Fe
US 285 (Tesuque Pueblo)
✆ (505) 455-2467 und 1-800 –879-7872
Etwa 20 Minuten nördlich der Santa Fe Plaza am Camel Rock: großer privater Campingplatz, Zeltplätze, Pool, Waschmaschinen. Ganzjährig.

Gemütlichkeit im Lehm: Adobehaus mit Kamin

Santa Fe Convention & Visitors Bureau
201 West Marcy St., P. O. Box 909
Santa Fe, NM 87504-0909
✆ (505) 984-6760 und 1-800-984-9984
Fax (505) 984-6679
www.santafe.org
santafe@santafe.org

Inn on the Alameda
303 East Alameda St. (am Santa Fe River, Nähe Canyon Rd.)
Santa Fe, NM 87501
✆ (505) 984-2121 und 1-800-289-2122
Fax (505) 986-8325
www.inn-alameda.com/sfis
Sehr »Santa Fe-isch«: intimer Inn im Pueblo-Stil. Geschmackvolle Räume, einige mit Kamin, Balkon oder Patio. Fitnessräume, Massage, Jacuzzi und Spa. Buntes (unamerikanisches) Frühstücksbuffet. $$$–$$$$

La Fonda
100 East San Francisco St.
Santa Fe, NM 87501
✆ (505) 982-5511 und 1-800-493-7896
Fax (505) 988-2952
www.lafondasantafe.com
Historische Herberge am Ende des Santa Fe Trail: hübsche Zimmer, malerischer Speisesaal, Fiesta Lounge (oft mit Live-Musik), Pool, Garage. $$$–$$$$

El Rey Inn
1862 Cerrillos Rd.

12 Infos: Santa Fe

Santa Fe, NM 87505
✆ (505) 982-1931und 1-800-521-1349
Fax (505) 989-9249
www.elreyinnsantafe.com
Motel mit Pool und Frühstücksraum, schöne Gartenanlagen und Frühstück. $$–$$$

Trailer Ranch
3471 Cerrillos Rd.
Santa Fe, NM 87505
✆ (505) 471-9970

Los Campos de Santa Fe RV Resort
3574 Cerrillos Rd.
Santa Fe, NM 87505
✆ (505) 473-1949
Städtische Campingplätze.

Geronimo
724 Canyon Rd.
Santa Fe, NM 87501
✆ (505) 982-1500
Erlesenes Südwest-Ambiente in schönem altem Adobebau mit Spitzenküche. $$$

SantaCafé
231 Washington Ave.
Santa Fe, NM 87501
✆ (505) 984-1788
Tägl. Lunch (außer So) und Dinner. Vorzügliche Küche, geschmackvolle, puristische Räume, im Sommer angenehmer Innenhof. $$$

Pranzo Italian Grill
540 Montezuma Ave. (Sanbusco Market)
Santa Fe, NM 87501
✆ (505) 984-2645
Beliebt und daher quicklebendig: italienische Spezialitäten, gute Weine. Lunch (außer So) und Dinner. $$

El Farol
808 Canyon Rd.
Santa Fe, NM 87501
✆ (505) 983-9912 und 1-888-EL FAROL
Fax (505) 988-3823
Gemütliche Bar (meist mit *locals*), oft mit Live-Musik. Im verwinkelten Restaurant gibt es vorzugsweise Tapas. $$

Il Piatto
95 West Marcy St.
Santa Fe, NM 87501
✆ (505) 984-1091
Lunch Mo–Fr, Dinner tägl.; im Winter So geschl.
Klein, aber fein: italienisch inspirierte Küche. Frische Salate, viele Pasta-Gerichte, freundlicher Service. $$

Pasqual's
121 Don Gaspar Ave. (Water St.)
Santa Fe, NM 87501
✆ (505) 983-9340
Gemütlich und beliebt: Südwestküche mit asiatischem und französischem Einschlag. Frühstück, Lunch (meist mit Warteschlangen) und Dinner. $$–$$$

Weitere Informationen zu Santa Fe finden Sie S. 138 f.

Besondere Feste: Opernfreunde im Pick-up und Porsche zieht es im Juli in die **Santa Fe Opera**; in den Juli (bis Monatsende) fällt ebenso der **Spanish Market** auf der Plaza; Ende August ist die Zeit des **Indian Market**, der größten indianischen Kunstschau in den USA; Anfang September wird bei den **Fiestas de Santa Fe** die spanische Wiedereroberung von Santa Fe und New Mexico nach dem Indianeraufstand von 1680 gefeiert. Im Festzug kehrt Don Diego de Vargas mit der spanischen Miliz zurück, abends wird bei Tanz und Feuerwerk die Zozobra-Puppe verbrannt.

13 Hauptstadt des Milden Westens

Santa Fe

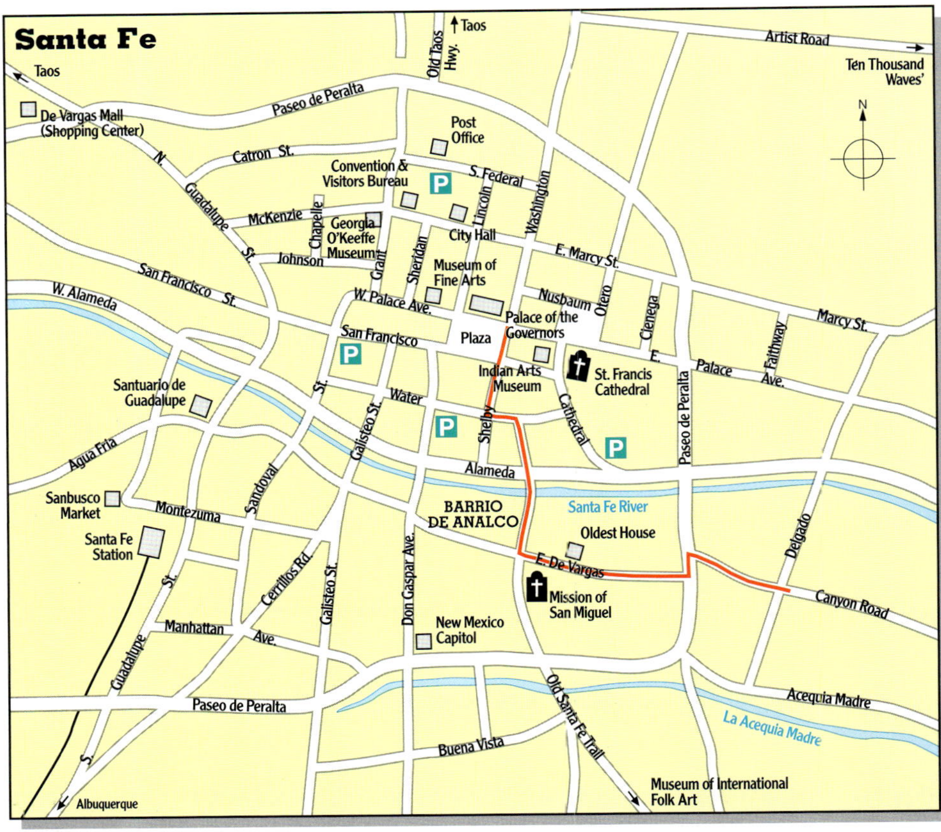

13. Programm: Santa Fe

Vormittag	Plaza, Palace of the Governors, Sena Plaza, Old Santa Fe Trail, San Miguel, Canyon Road.
Mittag	Lunch in der Nähe der Plaza.
Nachmittag	Mit dem Auto über Guadalupe Street, Santuario de Guadalupe, Santa Fe Station, Museum of International Folk Art.
	Anschließend: Baden in den »Ten Thousand Waves«.

Alternativen
Selbstverständlich kann man den ganzen Tag in Tuchfühlung mit der Plaza bleiben und sich zwischendurch (statt des Volkskunstmuseums) z. B. das zentral gelegene **Institute of American Indian Arts Museum** (vgl. S. 139) ansehen.

Oder mit der Santa-Fe-Eisenbahn fahren, nach der Devise »**Take the Train to Lamy**«, jeweils Di, Do, Sa 10.30 Uhr schaukelt und tutet der Zug ab Santa Fe Station auf der historischen Strecke der Atchison, Topeka and Santa Fe Railway (ATSF) von 1879 nach Lamy (vgl. S. 139).

Was New Orleans für die Südstaaten oder San Antonio für Texas, das ist **Santa Fe** für den Südwesten: die ungekrönte Schönheitskönigin, der Inbegriff der Stadtkultur. Kaum eine andere Stadt verdichtet die kulturellen Merkmale der Region so sinnfällig wie Santa Fe, die älteste Hauptstadt in den USA am Ende des nach ihr benannten Trails. Sie war einst Zentrum der spanischen Kolonialmacht, stets eng mit dem Handel der Pueblo-Indianer verbunden, und ist in jüngerer Zeit geradezu ein Magnet für alle, die zum *American way of life* eine Alternative suchen. Eine komfortable, wohl bemerkt.

Die Andersartigkeit von Santa Fe fällt zunächst durch sein architektonisch weitgehend integres Stadtbild ins Auge. Von wenigen Straßenzügen abgesehen (etwa Cerrillos Road), beherrschen alte oder neuere, in jedem Fall aber gepflegte Lehmziegelbauten die Innenstadt. Wo die Anwendung der traditionellen Techniken zu mühsam war oder modernen Funktionen widersprach, ist man bemüht, zumindest im Stil von Adobearchitektur zu bauen – Tankstellen, Hotels, ja sogar Banken. Schon seit den 1920er Jahren wacht die Old Santa Fe Association (eine Art Bauaufsicht) streng darüber, dass baulich nichts aus der Reihe tanzt.

Viele der rund 80 000 Bewohner fallen nicht minder aus dem Rahmen des in den USA Üblichen. Eine ungewöhnlich hohe Anzahl unter ihnen sind Leute, die es beruflich geschafft oder sonst zu etwas ge-

Herzstück der alten Hauptstadt: die Santa Fe Plaza

bracht haben, aber eine persönliche Veränderung für wichtig halten und die einfach in Santa Fe leben möchten. Selbstbesinnung statt Stress, Muße statt Karriere: Santa Fe, die Hauptstadt des *Land of Enchantment*, des verzauberten Landes, scheint solche Biografien zu fördern.

Zuerst kamen die Hexen und Heiler, Therapeuten, Akupunkteure und Homöopathen, die den Großstädten den Rücken kehrten, um Kontakt aufzunehmen mit den mehr oder weniger spirituellen Obertönen dieses wundersamen Fleckchens Erde. Aber dann stiegen die Preise, was sich, wie überall auf der Welt, auch hier wie eine Sortiermaschine auswirkte: in den 1980er und erst recht den 1990er Jahren konnten sich zunehmend nur noch Betuchte eine jener malerischen Lehmburgen und den ihnen entsprechenden Lebensstil leisten. Im Gegenzug setzten sich die alternativen Vorgänger in die ländliche Umgebung ab. Seit Mitte der 1980er Jahre prägen auch mehr und mehr Schwule die Stadt, am meisten den Kunstbetrieb rund um die Oper. Kurz, Santa Fe ist nach wie vor ein faszinierendes Gegenstück zur US-Norm, aber eben ein nicht ganz billiges.

Am besten beginnt man den Tag in Santa Fe an der **Plaza**. Morgens widmen sich hier die Gärtner den (immer kleiner werdenden) Rasenstücken, die ersten Touristen vertreten sich die Beine, und die Indianer der umliegenden Pueblos entfalten ihre Decken unter dem lang gezogenen *portal* des **Palace of the Governors** und legen ihren Schmuck aus. In diesen spanischen Gouverneurspalast von 1610 sollte man kurz hineinsehen, denn er beherbergt eine aufschlussreiche kleine Ausstellung zur Stadt- und Besiedlungsgeschichte, einen Museumsladen und eine gutsortierte Buchabteilung.

Nur wenige Schritte liegen zwischen der alles verbindenden Plaza und **Sena Plaza**, einem hinreißenden Baukomplex mit kleinen Läden, schattigen Bänken und einem blütenreichen Innenhof mit Flieder, Löwenzahn und Klatschmohn.

Die Fußgängerfreundlichkeit von Santa Fe bewährt sich auch über längere Distanzen – so auf dem anschließenden Weg von Sena Plaza über den **Old Santa Fe Trail**. Am Weg liegt der kleine Santa Fe River (an dem übrigens ein schattiger Wanderweg entlang führt) und, bei der San Miguel Church, der so genannte **Barrio de Analco**, ein ehemals spanisch besiedelter Stadtteil mit sehenswerten alten Lehmziegelhäusern an der East De Vargas Street. Neben der schönen Adobekirche **San Miguel**, deren dicke Lehmwände trotz zahlreicher Umbauten und Restaurierungsarbeiten seit dem 17. Jahrhundert standhalten, steht noch das älteste Haus der USA, von indianischen Baumeistern vor mehr als 800 Jahren errichtet.

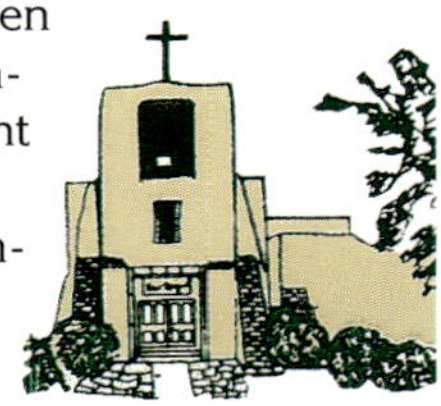

Die De Vargas Street mündet in die **Canyon Road**, die führende Kunst- und Modemeile von Santa Fe. Ihr dörflich-rustikaler Charme lässt kaum vermuten, wie apart die Preise sind, die hier verlangt werden. Aber so ist das nun mal in Santa Fe: Geschäfte vollziehen sich in geschmackvollem Ambiente, unter plätschernden Brunnen, blühenden Büschen und summenden Bienen, in lieblichen Adobe-Villen mit bunter Bleiverglasung. Canyon Road ist ein kommerzielles Paradiesgärtlein, in dem man sich nach Herzenslust ergehen kann.

Zurück zur **Plaza**, um eine Pause einzulegen. Ringsum in der Nähe gibt es allerlei Essbares und Getränke zum Mitnehmen nach draußen, auf eine der Bänke. Hier eine Stunde lang Siesta zu machen

mag für ein Sandwich übertrieben lang erscheinen, nicht aber für die eigentliche Hauptsache: zu verfolgen, was sich hier abspielt.

Da sind noch andere, die ihr Lunch in der Sonne verdrücken, sitzen und schauen, den Platz kreuzen oder ihn umkurven – in zerbeulten Pick-ups, polierten Harleys, eiligen Biertransportern, Rollbrett-Klapperern, hispanischen *low riders* oder *high rollers*. Man hört Englisch, Spanisch, indianische Sprachen. Ein Einheimischer bringt es auf den Punkt: »Die meisten sehen aus wie Schauspieler, die gerade aus den Kulissen verschiedenster Filme kommen. Oder sie sind unterwegs ins Studio, um einen Western oder einen Film über den Amerikanisch-Mexikanischen Krieg zu drehen.«

Dabei ist, was da kreuzt, keine Maskerade. So gibt man sich eben hier. Die Yankees lassen sich noch deutlich von den Spaniern und Indianern unterscheiden. Die Jugendlichen im Schlabberlook sind ebenso unter sich wie der Touristentrupp in kurzen Hosen, Hawaiihemd und gelehrtem Führer. Manchmal steigt ein kleines Fest mit ein paar tanzenden Indianern, oder Hispanics versammeln sich zur Gedenkfeier für den verstorbenen kalifornischen Arbeiterführer Cesar Chavez – eine Memorial Show mit buntem *ballet folklórico*. Santa Fe auf engstem Raum: das sanfte Ensemble dreier Kulturen.

Für den Nachmittag schlagen wir eine Autowanderung zu ein paar abgelegenen Kulturschauplätzen der Stadt vor. Da ist zunächst die Gegend um **Guadalupe Street**, das »neuere« Santa Fe, obwohl es der Substanz nach gar nicht neu ist, sondern nur renoviert und ausgebaut: Restaurants, Galerien und Kunstgewerbeläden. Man merkt, hier ist investiert worden, um dem kulturellen Establishment um die Plaza und in der Canyon Road Paroli zu bieten. Nebenan steht ein durch und durch provinzieller Bahnhof, der aber mit seinem Namen fest ins Geschichtsbuch des Wilden Westens eingetragen ist: **Santa Fe Station**. Manchmal schnaubt eine Lok der gleichnamigen Eisenbahnlinie auf den einsamen Gleisen, aber mehr als vereinzelte Gütertransporte und Ausflugsfahrten laufen hier nicht. Die großen Personenzüge auf der interkontinentalen Ost-West-Achse halten ein paar Meilen südlich der Stadt. In einem Nest, in Lamy, und zwar immer schon. Auch wenn es die Westernklischees nicht wahrhaben wollen: Santa Fe hat weder je am Rio Grande noch an der Eisenbahnlinie gelegen!

Am besten parkt man in einer der Seitenstraßen der Guadalupe Street oder auch am Bahnhof, und nach einem kleinen Orientierungsgang oder auch dem Besuch der alten Adobekirche **Santuario de Guadalupe** geht es weiter mit dem Auto zu einer der bedeutendsten Sammlungen der Stadt, der Volkskunst im **Museum of International Folk Art**. Wer den Weg dort hinaus scheut, kann auf Naheliegenderes zurückgreifen, auf das **Georgia O'Keeffe Museum** unweit der Plaza.

Lok nach Lamy: am Bahnhof in Santa Fe

13 **Infos:** Santa Fe

French Pastry Shop
100 East San Francisco St. (Hotel La Fonda) Santa Fe, NM 87501
Zentral und ideal für ein leichtes Frühstück mit frischen Backwaren und gutem Kaffee. $

Palace of the Governors
100 Palace Ave. (Plaza)
Santa Fe, NM 87501
✆ (505) 476-5100
Di–So 10–17, Fr bis 20 Uhr
Eines der ältesten öffentlichen Gebäude in den USA, 1610 errichtet. Seit 1909 Stadtmuseum. Um die Ecke (Washington & Palace Ave.) gibt es den Museumsshop mit gut sortierter Südwest-Literatur und ausgesuchtem Kunsthandwerk. Auf dem *portal* vor dem lang gezogenen Bau breiten Indianer der verschiedenen Pueblos ihr Kunsthandwerk aus.

La Casa Sena
125 East Palace Ave. (20 Sena Plaza)
Santa Fe, NM 87501
✆ (505) 988-9232
Traumhafter Innenhof mit passenden neumexikanischen Gerichten. Ideal zum Lunch. Abends: originelle neumexikanische Küche, gemütliche Räume, freundlicher Service. Reservierung empfohlen. $$$

Oldest House
215 East De Vargas St.
Santa Fe, NM 87501-2703
Frühes Beispiel der für die Region typischen Adobebauweise: Lehmfußboden, niedrige, durch Holzbalken *(vigas)* gestützte Decken, Eckkamin. Gift Shop.

Desert Son
725 Canyon Rd.
Santa Fe, NM 87501
✆ (505) 982-9499
Was hier vom Leder gezogen wird, sitzt: Gürtel, Gürtelschnallen, Mokassins, Stiefel und Hüte.

Downtown Subscription
376 Garcia St. (Nähe Canyon Rd.)
Santa Fe, NM 87501
Sympathisches Café. Zeitungen, Bücher: drinnen und draußen im Garten unter hoch und gelb blühenden *chamisas*. $

Sanbusco Market
500 Montezuma Ave.
Santa Fe, NM 87501
Mo–Sa 10–18, So 12–17 Uhr, Nov.–April an Wochenenden geschl.
Shopping-Komplex u. a. mit **Borders Books and Music** (Mo–Do 9–22, Fr/Sa 9–23, So 10–20 Uhr) und dem Restaurant **Pranzo's**.

Santuario de Guadalupe
100 Guadalupe St.
Santa Fe, NM 87501
✆ (505) 988-2027
Mo–Sa 9–16, So 12–16 Uhr, Nov.–April an Wochenenden geschl.
Mehrfach umgebaute franziskanische Adobekirche von 1776–95 am Ende des El Camino Real, der Handelsstraße, die einst von Mexico City nach Santa führte. Schöner Innenraum, der außer für Gottesdienste für Konzerte und Ausstellungen genutzt wird.

The Market Place
627 West Alameda St.
Santa Fe, NM 87501
✆ (505) 984-2852
www.sf-marketplace.com
Mo–Sa 7.30–21, So 9–20 Uhr
Reiche Auswahl an Nahrungsmitteln aus dem ökologischen Landbau; Vitamin- und Kräuterabteilung, homöopathische Apotheke.

Museum of International Folk Art
706 Camino Lejo
Santa Fe, NM 87505
✆ (505) 827-6350
www.nmculture.org
Di–So 10–17 Uhr, im Winter Mo geschl.
Erstklassige Sammlung neumexikani-

scher und internationaler Volkskunst: Möbel, Textilien, Plastiken, Schmuck und Tafelbilder. Ein Museum, das durch seine Leichtigkeit offenbar alle Besucher in gute Laune versetzt!

Georgia O'Keeffe Museum
217 Johnson St.
Santa Fe, NM 87501
✆ (505) 995-0785
www.okeeffe-museum.org
Di–So 10–17, Fr bis 18 Uhr, Mo geschl.
Umfangreichste Sammlung von Arbeiten der großen Dame von New Mexico (1887–1986), die, nachdem sie fast vier Jahrzehnte im nahen Abiquiu gelebt hatte, kurz vor ihrem Tod nach Santa Fe zog. Rund 100 Tafelbilder, Aquarelle, Zeichnungen, Pastelle und Plastiken zwischen 1914 und 1982. Texanische Öl-Erben finanzierten den Bau, den der New Yorker Architekt Richard Gluckman entwarf, der u.a. auch für das Andy Warhol Museum in Pittsburgh verantwortlich zeichnet. Eintritt $ 5.

Institute of American Indian Arts Museum (IAIA)
Gegenüber St. Francis Cathedral
108 Cathedral Place, Santa Fe, NM 87501
✆ (505) 988-6281
www.iaiancad.org
Sommer 9–17, Winter 10–17 Uhr
Wo früher Finanzamt, FBI und CIA untergebracht waren, betreiben heute Indianer die einzige selbst verwaltete Akademie, die zeitgenössische indianische Kunst zeigt. Skulpturengarten. Eintritt $ 4.

Ore House
50 Lincoln Ave. (Plaza)
Santa Fe, NM 87501
✆ (505) 983-8687
Gemütliche Bar und Restaurant. Die besten Plätze gibt's auf dem Balkon mit Blick auf die Plaza. $$–$$$

Inn of the Anasazi
113 Washington Ave.
Santa Fe, NM 87501
✆ (505) 988-3030
Kleine Edel-Bar im Luxushotel. Die Trennwand zwischen Bar und Restaurant erinnert an das Mauerwerk von Pueblo Bonito in Chaco Canyon: Anasazi de luxe.

Lehm mit Stil: Bed & Breakfast in Santa Fe

Take the Train to Lamy
410 S. Guadalupe St. (Bahnhof)
Santa Fe, NM 87501
✆ (505) 989-9600 und 1-888-989-8600
www.sfsr.com, Di, Do, Sa 10.30 Uhr
Lustfahrt mit dem Zug der Atchison, Topeka and Santa Fe Railway auf der historischen (Kurz-)Strecke von der Santa Fe Station nach Lamy. Dort gibt es ein kräftiges Lunch im alteingesessenen Steak-Lokal **Legal Tender**. Rückkehr gegen 16 Uhr.

Santa Fe Opera
7 Meilen nördl. von Santa Fe am Hwy. 84/285
P. O. Box 2408, Santa Fe, NM 87504
✆ (505) 986-5900 und 1-800-280-4654
santafeopera.org
Spielzeit: Juli/Aug., nicht tägl.
1998 renoviert und regensicherer gemacht. Tickets wochentags $ 20–114, am Wochenende $ 28–122.

14 Erddörfer und Himmelsstädte

Von Santa Fe bis Gallup

14. Route: Santa Fe – Santo Domingo Pueblo – Albuquerque – Acoma Pueblo – Gallup (347 km/217 mi)

km/mi	Zeit	Route
0	9.00 Uhr	In **Santa Fe** über Cerrillos Road oder St. Francis Drive zur I-25 bis S 22, dort rechts ab (Exit 259)
51/ 32	10.00 Uhr	**Santo Domingo Pueblo** und Trading Post (Besichtigung), danach zurück auf die I-25.
132/ 82	12.00 Uhr	Lunch an der **Old Town Plaza** in Albuquerque (Stadtplan vgl. S. 240).
	13.30 Uhr	Weiterfahrt über I-40 bis S 23 nach Acoma
245/153	15.00 Uhr	**Acoma Pueblo** (Besichtigung, ca. 2 Stunden). Zurück zur I-40 und weiter bis
347/217	18.30 Uhr	**Gallup**.

Extratour
Zu den **Tent Rocks** – wie Zelte geformte Felsen aus erodierter Lava. Der Abstecher geht vom Santo Domingo Pueblo über S 22 Richtung Cochiti Lake, dem Schild zum Cochiti Pueblo folgen, beim Wasserturm (als Riesentrommel bemalt, denn die Cochiti-Indianer sind Meister im Bau von Trommeln) geht eine kleine unbefestigte Straße ab, der man 9 km folgt (82 km zusätzlich).

Alternativrouten

1. Von Santa Fe nach Gallup über **Chaco Canyon**, wenn man diesen nicht schon vorher (vgl. S. 114 f.) besucht hat. Strecke und Timing: Um 9 Uhr ab Santa Fe über Cerrillos Road oder San Francis Drive zur I-25 South, S 44 West vorbei an Santa Ana und Zia Pueblo, über San Ysidro, Cuba (11 Uhr) und am Trading Post von Nageezi links die Schotterstraße S 57/County 7800 zum Visitor Center des Chaco Culture Historical Park (Ankunft etwa 13 Uhr bei 296 km); 3 Stunden Rundfahrt über den Loop, Picknick und Pueblos; gegen 16 Uhr weiter auf der S 57 nach Süden in Richtung Crownpoint, S 371 nach Thoreau, I-40 West nach Gallup (Ankunft etwa 18 Uhr, Gesamtstrecke: 448 km).
2. Von Santa Fe die I-25, S 14 nach Albuquerque zu fahren bedeutet zwar, die Stadt durch die Hintertür zu verlassen, aber auch: einen der schönsten Highways im nördlichen New Mexico, den **Turquoise Trail**, kennen zu lernen, der so heißt, weil er im vorigen Jahrhundert eine bekannte Handelsstraße für Türkis-Edelsteine war. Auf der Route liegen das verschlafene **Cerrillos** und die durch eine Menge bunter Neuzugänge wieder belebten Geisterstädte **Madrid** und **Golden**.

Südlich von Santa Fe durchzieht der Highway die rund 40 Meilen breite Talsohle des Rio Grande, begrenzt von den Sangre de Cristo Mountains im Osten und den Jemez Mountains im Westen. Nach etwa einer dreiviertel Stunde kann man zum **Santo Domingo Pueblo** am Ostufer des Rio Grande abzweigen.

Unter den Pueblos der Region gilt dieser als ausgesprochen konservativ. Die Kinder lernen *Keresan*, ihre Sprache; in den Schulen ist zweisprachiger Unterricht untersagt. Alle Bewohner haben abends rechtzeitig zum Pueblo zurückzukehren und niemand darf Indianer anderer Pueblos heiraten. Wer es dennoch tut, lebt draußen im Reservat, nicht mehr im Pueblo.

Entsprechende Zurückhaltung wird auch vom Besucher im Dorf erwartet. Fotografieren ist nicht erlaubt, das steht sogar auf deutsch angeschlagen. Dem Rundgang durch den Ort sollte sich ein Blick in die Missionskirche von 1886 anschließen, ein schöner Neubau, der seinen Vorgänger ersetzt, weil dieser Opfer einer Überschwemmung des Rio Grande wurde. Die Kiva im Dorf und die christliche Kirche: Katholizismus und indianischer Glaube koexistieren hier wie in anderen Pueblos.

Die rund 3 500 Indianer leben von der Landwirtschaft und vom Kunsthandwerk; Silberschmuck und Keramik – erkennbar an den strengen geometrischen Formen des Designs – spielen von jeher die größte Rolle.

Berühmt wie das Kunsthandwerk sind auch ihre Feste, ja, sie gelten als die eindrucksvollsten im Südwesten: der Ritualtanz am Dreikönigstag, der Erntetanz im März und vor allem der Maistanz am 4. August, der gewaltigste überhaupt – mit Hunderten von Tänzern, Trommlern, Clowns und Sängern.

Die Interstate 25 führt nach Süden weiter zur Stadt mit dem unaussprechlichen Namen – nach **Albuquerque**. Fast ein Viertel der gesamten Bevölkerung von New Mexico lebt hier, was nicht heißt, dass daraus gleich eine Metropolis wird. Denn mit seinen rund 300 000 Einwohnern hält sich Albuquerque zwar nicht in engen räumlichen Grenzen, aber

Himmelsleiter: In Sky City werden Stockwerke durch Holzleitern verbunden

in Grenzen im übertragenen Sinn, d.h., sie ist das moderne Gegenstück zu Santa Fe: ein Raumfahrt-, Nukleartechnologie- und Computerzentrum, verkehrsgünstig gelegen, aber halt kein Traumziel. Sehenswert allerdings ist der Straßenkomplex rund um die historische **Plaza**, die mit ihren Innenhöfen, Arkaden und schattigen Durchgängen hübsche Plätzchen zum Shopping, für mexikanische Leckerbissen und für die Siesta offeriert. Gleich am Platz steht die Kirche **San Felipe de Neri** – ein alles in allem anschauliches Stilgemenge aus viktorianischer und Adobearchitektur als Ergebnis zahlreicher Umbauten seit der Entstehung 1706.

Kommt man zufällig in der richtigen Woche im Oktober nach Albuquerque, dann erlebt man das berühmte internationale Heißluftballonfestival – ein jedes Jahr wieder imposanter Auftrieb von bunten Blasen am neumexikanischen Strahlehimmel.

Aber nun endlich nach Westen – auf der Interstate 40, jenem Highway, der unter seiner alten Nummer Route 66 zur Legende wurde! Kaum ist der Rio Grande überquert und Albuquerque aus dem Rückspiegel entflohen, enthüllt sich die Fernstraße als Lieblingspiste für Trucker, die entgegen amerikanischen Gepflogenheiten oft mit überhöhtem Tempo dafür sorgen, dass die gemächlich über Land Reisenden nicht einschlafen. Bald taucht rechter Hand der weiße **Laguna Pueblo** auf, den man von einem *view point* gut überblicken kann.

Der Abzweiger nach **Acoma** führt zu einem besonders eindrucksvollen Pueblo, nach **Sky City**, so genannt wegen seiner Lage hoch oben auf einem monolithischen Felsen. Dieser karge Zauberberg trägt eine der ältesten Siedlungen des Landes; seit 1075 leben hier die Acoma-Indianer. In der Mehrzahl arbeiten sie heute als Farmer und Viehtreiber im Reservat, im Dorf selbst leben zur Zeit nur 40 bis 60 Personen.

Man parkt unten am Visitor Center, einem Komplex aus Cafeteria, Museum und Souvenirladen, und meldet sich dort für die Führung an. Der Bus fährt über eine asphaltierte Straße hinauf: ein komfortables Geschenk aus vergangenen Tagen, als eine Filmcrew aus Hollywood hier drehte und die Schotterstraße ersetzte. Oben findet man, ähnlich wie in Taos Pueblo, mehrstöckige Stein- und Adobebauten. Besonders fotogen wirken die Holzleitern, die zum zweiten oder dritten »Stock« der Häuser führen. Die *guided tour*, die geschäftstüchtig nicht nur an den Sehenswürdigkeiten, sondern auch an zahlreichen Verkaufsständen vorbeiführt, bewegt sich zuerst zur mächtigen **San Esteban del Rey Mission**, deren mühseliger Bau 1629 begann und von deren vorgelagertem Friedhof aus man einen schönen Weitblick auf die von anderen Mesas bestückte Ebene hat, vor allem auf die gegenüberliegende Enchanted Mesa.

Die Interstate 40 führt weiter nach **Grants**, in dessen Nähe, in Ambrosia Lake, seit den 1940er Jahren große Uranvorkommen abgebaut werden, um deren Besitz- und Nutzungsrechte Indianer und auswärtige Erschließungsfirmen sich heftig zanken. Im Gegensatz zu den landschaftlichen Highlights entlang der Straße und trotz roter Sandsteinmesas und Lavafeldern präsentiert sich der Highway mehr und mehr als kommerzielle Schneise: mit aufdringlichen Schilderwäldern und brutalen Leuchtreklamen – Anzeigenlärm für den Ost-West-Transit. Nebenher rollen die Güterzüge, geführt von den gelben Nasen der Loks der Santa-Fe-Eisenbahn.

Schließlich **Gallup**. Nichts ist schöner, als hier bei Sonnenuntergang anzukommen. Dann verklären der dramatisch gerötete Abendhimmel und die glitzernden Neonzeichen den langen Strip, der sich meilenweit neben der Bahnlinie hinzieht. Stolz nennt sich Gallup »Welthauptstadt der Indianer«, weil es die einzige größere Stadt in Reichweite des weitläufigen Navajo- und des Hopi-Reservats ist. Die Nähe äußert sich in zahlreichen Kunstgewerbeläden, die unübersehbare Mengen indianischer Arbeiten anbieten, insbesondere Silber- und Türkisschmuck der Zuni. Außerdem ist Gallup der Schauplatz für eine ganze Reihe indianischer Festivals.

Alltäglicher, und vor allem ernüchternder wirken allerdings die Kehrseiten der »Welthauptstadt«. Nirgendwo nämlich liegt der sich ausbreitende Alkoholismus der Indianer drastischer zutage als in Gallup, wo es von Schnapsläden, Bars und Pfandhäusern nur so wimmelt. Hauptkunden sind die Indianer, die hier ihre Löhne und ihre Sozialhilfe vertrinken. In den Reservaten ist der Verkauf von Alkohol zwar verboten, aber entlang den Zufahrtsstraßen nach Gallup kann man sehen, wie solche Verbote umgangen werden: Bierdosen und Flaschen, wohin man sieht. In der Woche zählt Gallup rund 20 000 Einwohner, am Wochenende das Doppelte.

Gallup, New Mexico

14 **Infos:** Santo Domingo, Albuquerque, Acoma

Santo Domingo Pueblo
Exit 259 von I-25 zwischen Santa Fe und Albuquerque
Santo Domingo, NM 87052
✆ (505) 465-2214
Indianer-Pueblo mit ca. 3500 Bewohnern, der für seine Feste berühmt ist.

Albuquerque Convention & Visitors Bureau
20 First Plaza, Suite 601
Albuquerque, NM 87125-6866
✆ (505) 842-9918 und 1-800-284-2282
Fax (505) 247-9101, www.abqcvb.org

Historic Old Town Albuquerque
Rund um die Plaza und in den Seitenstraßen gibt es Läden mit indianischem Kunsthandwerk, mexikanischer Kleidung, Schmuck, Handarbeiten und jede Menge *cantinas*.

Weitere Informationen zu Albuquerque finden Sie S. 240 f.

Old Town Albuquerque mit San Felipe de Neri

San Felipe de Neri Church
Old Town Plaza
Albuquerque, NM 87104
✆ (505) 243-4628
Die Kirche wurde 1792 im spanischen Kolonialstil errichtet.

The Albuquerque Museum
2000 Mountain Rd., NW (Old Town)
Albuquerque, NM 87104
✆ (505) 242-4600
www.cabq.gov/museum
Di–So 9–17 Uhr
Landes- und Kulturgeschichte, u.a. die größte Sammlung kolonialspanischer Artefakte in den USA (Conquistadores, Missionare, Siedler) im Hinterhof von Old Town. Eintritt kostenlos.

High Noon Restaurant & Saloon
425 San Felipe St. (Old Town)
Albuquerque, NM 87104
✆ (505) 765-1455
Komfortables Lunch und Drinks. Auch Dinner. $$

La Placita Dining Rooms
208 San Felipe St., NW (Plaza, Ostseite)
Albuquerque, NM 87104
✆ (505) 247-2204
Alteingesessene Adresse für neumexikanische Kost, touristenfreundlich garniert mit Gitarrenmusik, folkloristischer Bedienung und Dekor. $$

Acoma Pueblo
P. O. Box 309
Acoma, NM 87034
✆ (505) 470-4966 und 1-800-747-0181
Im Sommer 8–19, sonst 8–17 Uhr
Indianersiedlung auf einer über 100 m hohen Sandstein-Mesa, die seit 1150 bewohnt ist und daher zu den ältesten Dörfern Amerikas zählt. 1540 entdeckte die Armee des Francisco Vásquez de Coronado das Dorf als erste Weiße: sie waren angetan von der Felslage und der guten Versorgung durch Mais, Bohnen und Truthähne. Auffahrt zum Dorf Sky City in

kleinen Bussen und Rundgang nur mit Führer. Beeindruckend: **San Esteban del Rey Mission**, eine Adobekirche mit meterdicken Mauern, 1629 vom spanischen Franziskanerpater Juan Ramirez errichtet und seit 1998 mit Fördergeldern aus privaten Stiftungen der Sanierung unterzogen.

Festtage: 2.2. (Governor's Feast Day/Acoma Sky City); 1. So im Mai (Santa Maria Feast Day/Santa Maria Church in McCarty's); 24.6. (San Juan's Day/Acoma Sky City); 10.8. (St. Lorenzo's Day/Acomita); 2.9. (Harvest Dance and Annual Feast of San Esteban/Acoma Sky City); 25.–28.12. (Christmas Festivals/ Acoma Sky City).

Bei allen Feiern: Fotoverbot, keine Video-Aufzeichnung! 10.–13. Juli und 1. und 2. Wochenende im Okt. geschl. An allen anderen Tagen: Eintritt $ 8, Fotogebühr $ 10.

Gallup Convention & Visitors Bureau
701 Montoya Blvd.
Gallup, NM 87305
✆ (505) 863-3841 und 1-800-242-4282
Fax (505) 863-2280
www.gallupnm.org
genuine@gallupnm.org

Holiday Inn Holidome
2915 West Hwy. 66
Gallup, NM 87301
✆ (505) 722-2201 und 1-800-432-2211
Fax (505) 722-9616
Am Westende der Stadt; Bar, Restaurant, Pool. Mit kleinem Frühstück. $$–$$$

Best Western Inn & Suites
3009 West Hwy. 66
Gallup, NM 87301
✆ (505) 722-2221 und 1-800-528-1234
Fax (505) 722-7442
Ordentliches Hotel am westlichen Stadtrand. $$

El Rancho Hotel & Motel
1000 East Hwy. 66
Gallup, NM 87301
✆ (505) 863-9311 und 1-800-543-6351
Fax (505) 722-5917
elrancho@cnetco.com
Stattliche Holzburg (1937) mit glamouröser Vergangenheit als Treff früherer Hollywood-Größen. Restaurant, Lounge, Pool. $$–$$$

Red Rock State Park
Gallup, NM 87311
✆ (505) 722-3829
www.koa.com
Im Sommer tägl. 8–18, sonst 8–16.30 Uhr
Staatlicher Campingplatz 20 km östlich von Gallup in schöner Felslandschaft.

Gallup KOA Kampground
2925 West Hwy. 66
Gallup, NM 87301
✆ (505) 863-5021
Sauberer Privatplatz am Westrand des Ortes, im Sommer gibt's Steaks und Pancake-Frühstück. Ganzjährig.

El Sombrero
1201 West Hwy. 66
Gallup, NM 87301
✆ (505) 863-4554
Mexikanische Küche. $–$$

Ranch Kitchen
3001 West Hwy. 66
Gallup, NM 87301
✆ (505) 722-2537
Tägl. bis 21 Uhr
Ein paar Kilometer westlich von Downtown. Im Westernstil mit Shop. $–$$

Virgie's Restaurant & Lounge
2720 West Hwy. 66, Gallup
✆ (505) 863-5152
Einfache mexikanische Küche. $$

Tobe Turpen's Indian Trading Co.
1710 South 2nd St., Gallup
✆ (505) 722-3806 und 1-800-545-7958
Traditioneller Trading Post mit reicher Auswahl an indianischem Kunsthandwerk (Navajo, Zuni, Hopi): Kachinas, Körbe, Keramik, Silberschmuck und Teppiche.

⑮ Navajo Nation
Canyon de Chelly und Monument Valley

15. Route: Gallup – Canyon de Chelly – Goosenecks State Park – Monument Valley – Kayenta (460 km/288 mi)

km/mi	Zeit	Route
0	8.00 Uhr	Abfahrt von **Gallup** auf US 666/S 264
96/ 60	9.00 Uhr	**Hubbel Trading Post**. Auf US 191 nach Norden zum
156/ 98	10.30 Uhr	**Canyon de Chelly National Monument** (Visitor Center, Fahrt am South Rim Drive, Wanderung zu den White House Ruins, Picknick).
	14.30 Uhr	Abfahrt vom Canyon de Chelly auf US 191 über Many Farms, Round Rock und Mexican Water zum
361/226	16.30 Uhr	**Goosenecks State Park** (kurz vor Mexican Hat).
	17.30 Uhr	Einfahrt ins **Monument Valley** (kleine Tour und Sonnenuntergang).
460/288	20.00 Uhr	**Kayenta**.

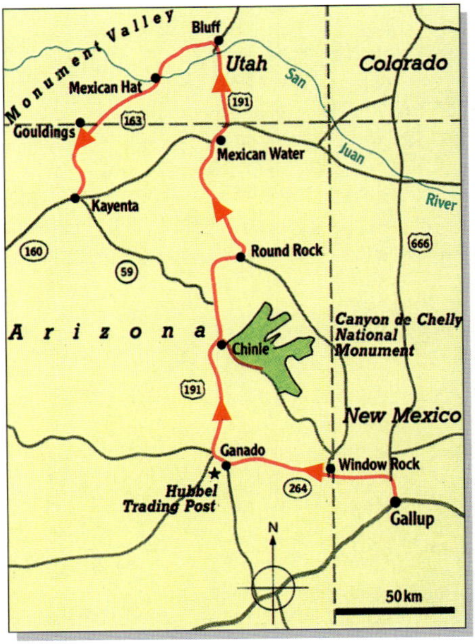

Extratour
Im Canyon de Chelly vom White House Overlook noch weiter bis zum **Spider Rock Outlook** (zusätzliche 32 km).

Abkürzungen
Verzicht auf die Goosenecks spart 13 km. Von Many Farms direkt nach Kayenta (Indian 59) und von dort ins Monument Valley spart 80 km (hat aber den Nachteil des schlechteren Lichteinfalls).

Ein Frühstart am Morgen wird sich im Lauf des Tages als nützlich erweisen; nicht minder der Gedanke, das Hotel für den Abend schon jetzt zu reservieren bzw. zu bestätigen.

Es ist gerade Erntezeit, eine Woche vor Halloween. Das merkt man an den vielen Obst- und Gemüseständen an den Straßen, vor allem an den orangefarbenen Superkürbissen, den *pumpkins*, aus denen (in weiten Teilen der USA) Fratzen und fantastische Gesichter zum Masken- und Laternentreiben von Halloween geschnitzt werden. (Eine burlesk-amerikanische Mischung aus Sankt Martin und Allerheiligen.)

An der US 666, außerhalb von Gallup, ist in dieser Jahreszeit landwirtschaftliche Vorsorge Trumpf. Die meisten *supply shops* bieten Geräte und Futtermittel an, *hay and feed* heißen sie. An einigen Gebäuden kann man FEED AND PAWN lesen, was in Reservatsnähe bedeutet, ein indianisches Schmuckstück gegen ein Bündel Heu tauschen zu können. Hinter Window Rock, dem Verwaltungszen-

Hubbel Trading Post

trum der Navajo Nation, streckt sich das leere Band der Straße durch Ponderosakiefern Richtung Ganado, dem Sitz des berühmtesten Handelspostens im Südwesten, des **Hubbel Trading Post**. Hier sehen sich die Touristen nach indianischen Souvenirs um, während die Indianer ihre Lebensmittel einkaufen. In der Nähe steht ein alter *hogan*, die traditionelle Behausung der Navajo, und dann ist da noch ein Besucherzentrum, wo indianische Weberinnen und Silberschmiede am Werk sind. Eine mittelgroße Decke zu weben erfordert vier bis sechs Monate mühsamer Kleinarbeit; die stolzen Preise werden da verständlich.

Schnurstracks ritzt die US 191 einen dünnen Asphaltstrich durch das weite Tal, dessen Felsränder pastellfarben leuchten. Im Autoradio mischt der indianische Sprecher unter die Country & Western-Töne englische Werbesprüche und Nachrichten in der Navajo-Sprache.

Chinle bietet neben anderem Nützlichen auch einen Supermarkt zum Eindecken fürs Picknick im nahen **Canyon de Chelly** (gesprochen »schej«). Im Visitor Center bekommt man, wie meistens, gute Karten und anderes Informationsmaterial. Wer es geruhsam liebt, kann sich in der »Thunderbird Lodge« (ausgeschildert) stärken. Gegenüber der Lodge kann man Pferde für einen Ritt zu den White House Ruins mieten.

Dann aber hinauf zum Canyon, zum **South Rim Drive**. Hinauf? Ja, denn die Straße verläuft am oberen Rand der Steilwand, von der sich abgrundtiefe Blicke auftun. An den diversen Aussichtspunkten verkaufen die Navajo ihre Arbeiten: Silberschmuck, Ketten aus Türkis und Koralle. Eine Indianerin erklärt ihre Sandbilder, die Technik und die immer wieder auftauchenden Sym-

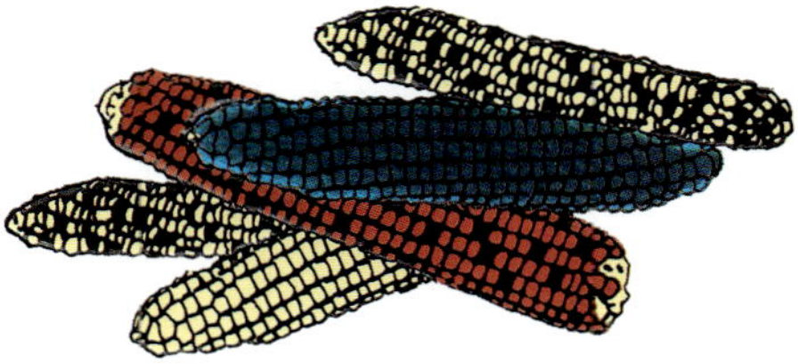

bole der vier heiligen Pflanzen: *corn* (Mais), *squash* (Kürbisse), *tobacco* und *beans*.

Die Navajo leben etwa seit 1700 n. Chr. in dieser Region; der verzweigte, abgeschiedene Canyon de Chelly war ihre letzte Zuflucht im Krieg gegen die US-Armee. 1864 drang die Kavallerie unter der Führung von Kit Carson in diese natürliche Festung ein und zwang die Navajo zum Aufgeben. 8 000 Indianer wurden daraufhin in den Osten von New Mexico umgesiedelt, durften aber später wieder hierhin zurückkehren. Noch heute leben Navajo im Canyon, was man an den kleinen Farmen und Obstgärten tief unten am Flussufer erkennen kann.

Am Canyonrand reihen sich zahlreiche *view points*. An einem, vielleicht am Junction Overlook, sollte man sich einmal ein paar Meter vom Parkplatz entfernen, um die Stille auf sich wirken zu lassen. Zum Wandern empfiehlt sich der ebenso steile wie schmale **White House Trail** hinab in die Schlucht. Unten kann man den meist recht seichten Fluss durchwaten und sich die gut 900 Jahre alten Ruinen der Anasazi ansehen. Eine hilfreiche Broschüre für die rund dreistündige Wanderung gibt es im Visitor Center.

Ein letzter Stopp auf dem Rim Drive: der **Spider Rock Overlook**. 300 Meter über der Canyonsohle sieht man sich hier einem Gewirr von tiefroten Felswänden und nackten Steilhängen gegenüber. Unbezwingbar ragt in der Mitte des engen Tals die graziöse Säule des Spider Rock 244 Meter hoch auf. Die

Scherenschnitt: Monument Valley ▷

Navajo erzählen ihren Kindern, dass auf der Spitze des Felsens die Spinnenfrau wohne, die ungehorsame Kinder in ihr Nest dort oben hole. Die helle Farbe der Felsen oben auf dem Spider Rock überzeugte die Sprösslinge der Navajo von der Wahrheit dieser Drohung, denn das konnten nur die ausgebleichten Gebeine der bösen Kinder sein.

Zurück auf die US 191. Vieh, Pickups, Satellitenschüsseln, Hogans. Ab und zu auch mal eine Art Sandhose, Sand, den der Wind von den Äckern aufwärts zwirbelt. Die Indianer nennen diese windigen Sachen »Staubteufel«, weil sie darin böse Geister vermuteten. Kurz hinter Many Farms bekommt man angesichts der beiden markanten Round-Rock-Felsen einen optischen Vorgeschmack aufs Monument Valley.

Der erste Fernblick auf dieses Tal der Täler südwestlich von Bluff stimmt in der Tat erwartungsvoll. Erhaben thronen die mächtigen Felssäulen im Gegenlicht. Zunächst aber liegt ein Abstecher zu den **Goosenecks** nahe – zu den Gänsehälsen, wie diese erodierte Flusslandschaft genannt wird, die der San Juan River über lange Jahrtausende in den Fels geschnitten hat. Rund 300 Meter tief unten schlängelt er sich vorwärts. Kaum zu glauben, dass ein solches Rinnsal so viel ausgefressen hat.

Als bekanntes Markenzeichen des großen Tals grüßt der **Mexican Hat** linker Hand als steinerner Sombrero. Der Ort selbst ist fix beschrieben: zwei kleine Motels, Café, Bar und Laden.

Im Visitor Center des **Monument Valley** (dicht umstellt von Verkaufstheken und Lattenverschlägen fliegender Navajo-Händler) erfährt man unter anderem, welche Bereiche man allein und welche man nur mit Führer erkunden kann. *Self-guided tours* bringen bei den schlechten Straßen nicht viel, im Camper schon gar nicht. Fährt man mit einem allradgetriebenen Fahrzeug und indianischem Führer oder auf einer Jeep-Tour hinauf zur **Hunt Mesa**, um dort oben den Sonnenuntergang zu erleben, sieht man natürlich mehr.

Wer sich nach einem staubigen Tag auf die Happy Hour freut, dabei aber nicht auf eigene Bestände zurückgreifen kann, hat schlechte Karten. **Kayenta** und alle Hotels sind *dry* und das heißt: strikt alkoholfrei.

15 Infos: Canyon de Chelly, Monument Valley

Plaza Cafe
1501 West Hwy. 66
Gallup, NM 87301
✆ (505) 722-6240
Uriger Coffee Shop mit pinkfarbenen Gardinchen für Frühaufs: *locals, truckers, railroad people*. $

Hubbell Trading Post
SR 264
Ganado, AZ 86505
✆ (520) 755-3475
Im Sommer tägl. 8–18, sonst 8–17 Uhr
Historischer Handelsposten (1878), in dem indianisches Kunsthandwerk hergestellt und verkauft wird (mit kleinem Museum).

Canyon de Chelly National Monument
P. O. Box 588 (5 km östl. von Chinle)
Chinle, AZ 86503
✆ (520) 674-5500
Die bis zu 300 m tiefen und 40 km langen Schluchten des Canyon de Chelly im Reservat der Navajo-Indianer waren von 348 v. Chr. bis 1300 von verschiedenen Indianerstämmen bevölkert. In den tiefroten Steilwänden sind zahlreiche Ruinen der Anasazi-Kultur aus der Zeit zwischen 900 und 1300 n. Chr. erhalten. Danach lebten hier sporadisch Hopi-Stämme. Eintritt frei.

Thunderbird Lodge
Hwy 191 & Route 7 (3 Meilen nach Osten)
Chinle, AZ 86503
✆ (520) 674-5841 und 1-800-679-2473
Fax (520) 674-5844
tbirddechelly@juno.com
Am Eingang zum Canyon de Chelly. Buchung von Jeepfahrten und Ausritten in den Canyon. Hier oder in einem der wenigen kleinen Restaurants in Chinle kann man etwas essen, aber ein Picknick ist besser.
$$–$$$

Holiday Inn Canyon de Chelly
Route 7, Box 191
Chinle, AZ 86503
✆ (520) 674-5000
Fax (520) 674-8264
Östlich der US 91, am Eingang des Canyon auf dem Gelände des historischen Garcia Trading Post. Mit Restaurant, Pool.
$$–$$$

Canyon de Chelly National Monument

Größe: 339 km²
Gründungsjahr: 1931
Lage: im Navajo-Reservat Nordwestarizonas nahe Chinle
Sehenswürdigkeiten: bis zu 300 m tiefes Canyonlabyrinth mit prähistorischen Ruinen, 30 km langer South Rim Drive und 55 km langer North Rim Drive; Wanderweg zu den White House Ruins, Spider Rock
Einrichtungen: Visitor Center, Lodge, Campingplatz, Jeeptouren und Ausritte im Canyon
Info-Adresse: Superintendent
Canyon de Chelly National Monument
P.O. Box 588
Chinle, AZ 86503
✆ (520) 674-5500

Goosenecks State Park
14 km nordwestl. der S 261
Blanding, UT 84511
✆ (435) 678-2238
Tägl. 24 Stunden
Blick auf die Mäander des San Juan River. Kein Visitor Center, Eintritt kostenlos.

Goulding's Trading Post & Lodge
2 Meilen westl. von US 163 (nördl. der Grenze von Arizona)
Monument Valley, UT 84536
✆ (435) 727-3231
Fax (435) 727-3344
www.gouldings.com
gouldings@gouldings.com
Motel in Panorama-Lage, Pool, Restaurant, Museum, Multimediashow. Auch Campingplatz. $$$–$$$$

15 **Infos:** Monument Valley, Kayenta

Monument Valley Navajo Tribal Park
Visitor Center
Monument Valley, UT 84536
✆ (435) 727-3287
Im Sommer 7–19, sonst 8–17 Uhr
Campingplatzreservierungen: ✆ (801) 727-3353
Eine kleine Ausstellung zeigt das Modell einer Navajo-Siedlung: *hogan* (Wohnhaus), *sweathouse* (Sauna, religiöse Feiern, sozialer Treff), *corral* (Pferch), *shadehouse* (schattenspendendes Holzgerüst aus Balken mit Gestrüppbelag). Gleich beim Visitor Center liegt auch ein schöner Campingplatz.
Parkeintritt $ 2.50.

Monument Valley KOA
P.O. Box 3
Monument Valley, UT 84536
✆ (801) 727-3280
Geschützt in einem Felsenmonolithen des Tals bei Goulding; im Sommer einige Wochen im Voraus reservieren.

Mitten View Campground
P.O. Box 93
Monument Valley, UT 84536
✆ (801) 727-3287
Etwas staubiger Reservatscampingplatz mit grandiosem Blick in herrlichster Lage, direkt neben dem Visitors Center. Im Sommer muss man schon Wochen vorher reservieren.

Holiday Inn
Kreuzung US 160 & 163
Kayenta, AZ 86033
✆ (520) 697-3221
Fax (520) 697-3349
Solide Bleibe am Rand des Tals. Eine Renovierung hat dem Speiseraum etwas mehr Pfiff gebracht, was man aber weder vom »Pueblo Burger« noch vom Charme der indianischen Bedienung behaupten kann. $$$–$$$$

Anasazi Inn
Hwy. 160 (15 km westl. von Kayenta)
Kayenta, AZ 86033
✆ (520) 697-3793
Fax (520) 697-8249
Einfaches Motel mit Blick auf den roten Sandstein-Canyon. Im Sommer 1–2 Wochen, sonst ein paar Tage vorher reservieren. $$–$$$

Sanddüne im Monument Valley

16 Großes Tal, großes Loch
Vom Monument Valley zum Grand Canyon

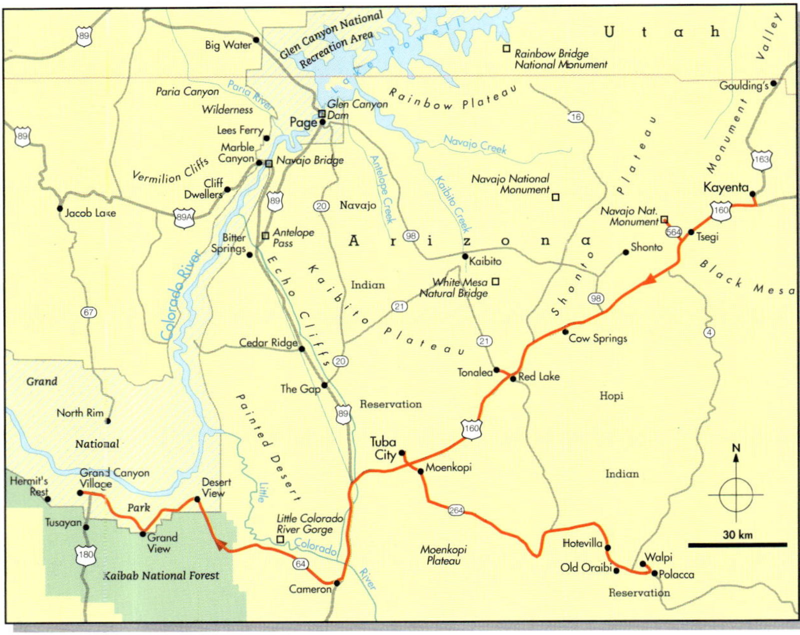

16. Route: Kayenta – Tuba City – Hopi-Dörfer – Grand Canyon (510 km/319 mi)

km/mi	Zeit	Route
0	8.00 Uhr	Abfahrt von **Kayenta** auf US 160, dann S 564
	8.30 Uhr	**Navajo National Monument** (kleiner Morgenspaziergang oder geführte Wanderung).
144/ 90	11.00 Uhr	**Tuba City** (Lunch, Einkauf fürs Picknick), danach auf S 264 weiter
265/166	12.30 Uhr	Hopi-Dörfer, von Third Mesa (**Old Oraibi**) über Shongopovi zur First Mesa (bei Polacca links nach Hano, Sichomovi und **Walpi**) und zurück
419/262	18.00 Uhr	Cameron Trading Post, dann S 64 (Zeitgrenze im Sommerhalbjahr: 1 Stunde)
470/294	18.00 Uhr	**Grand Canyon** (Desert View)
510/319	19.00 Uhr	**Grand Canyon Village**.

Nur eine halbe Stunde ist es von Kayenta zum **Navajo National Monument**, das Kurzbesuchern die Chance zu einem kleinen Spaziergang zum Canyonrand bietet. Man kann dem Trampelpfad ein Stück über den geteerten Weg hinaus, der beim Visitor Center beginnt, folgen und vorn am Abhang über dem Canyon eine Weile sitzen bleiben und die Aussicht genießen.

Die historische Klippensiedlung, der im Canyon de Chelly nicht unähnlich, ist schon mit bloßem Auge gut zu erkennen. Hier lebten im 13. Jahrhundert die Kayenta-Anasazi, aber ungewöhnlich kurz. Nur etwa fünfzig Jahre lang waren die Felsaushöhlungen bewohnt, obwohl sie sich, nach Süden hin offen, als Behausungen bestens eigneten, weil sie im Winter die Sonnenwärme nutzbar machten.

Man vermutet, dass starke Erosionen das Flussbett und die angrenzenden landwirtschaftlich genutzten Landflächen plötzlich absenkten und schließlich zerstörten.

Bei den Piñonkiefern, unter denen man diesen Gedanken nachhängen kann, wachsen rundblättrige Büffelbeeren, Wacholder, Klippenrosenbüsche und natürlich die hartgesottenen Burschen, die Yuccas, aus denen die Navajo und Hopi Malpinsel und Sandalen herstellten und sogar Shampoo gewannen, indem sie die Wurzeln zerstampften.

Eine Schafherde kreuzt den Highway: erst der Hund, dann die Lämmer, zuletzt der indianische Schäfer. Zwischen Cow Springs und Red Lake fallen zwei ulkige Felsruinen neben der Straße ins Auge: Elefantenfüße heißen sie. Hin und wieder flitzen die Auslagen in den Verkaufsständen der Navajo am Autofenster vorbei, Gestelle aus Pappmaché und Abfallholz mit schattenspendenden *ramadas*.

Das Hopi-Dorf Oraibi auf einer alten Darstellung

Tuba City, trotz des pompösen Namens ein bescheidenes Nest, empfiehlt sich als Versorgungsposten, bevor man den Kurs auf das Hopi-Reservat einschlägt: Tanken und/oder Einkaufen.

Die Straße zu den **Hopi-Dörfern** zieht sich zunächst durch karges Hochland: Rinder, Pferde und Windräder. Ab und zu torkelt ein *tumbleweed* über die Straße, einer jener tanzenden Büsche, wie wir sie aus windigen Westernfilmen kennen. Dann das Schild WILLKOMMEN IM HOPI-RESERVAT. BITTE NICHT FOTOGRAFIEREN. Landschaft und Mesas darf man von weitem schon mal knipsen, aber sich selbst und ihre Dörfer lassen die recht traditionell eingestellten Hopi nicht so gern ablichten.

Vorsicht auch mit dem Tempo. Die Reservatspolizei lauert schon mal hinter einer Ecke, um dem Stamm einige Touristendollars einzutreiben. Aber der rote Sheriff lässt auch mit sich reden, und wenn man zerknirscht den deutschen Führerschein zückt, fällt ihm vielleicht ein, wie schön es doch zu Army-Zeiten beim Oktoberfest war, und es bleibt bei einer strengen Ermahnung.

Schließlich klettert der Highway einen Hügel hinauf und erreicht die westlichste der drei Mesas, die das Kernland des Reservats bilden. Schon seit mehr als tausend Jahren bewohnen die utoaztekischsprachigen Hopi diese karge Steinwelt. Während ihre entfernten Verwandten, die kriegerischen Azteken, weiter südlich ein mächtiges Reich aufbauten, haben sie als friedliche Bauern ein abgeschiedenes Leben auf dem öden Hochplateau des heutigen Arizona vorgezogen. Ihre Dörfer stehen gut geschützt und kunstvoll errichtet auf den äußersten Enden der Mesas. Unten, am Fuß der schroff abfallenden Berge, pflanzten sie auf kleinen, vom Grundwasser durchfeuchteten Feldern Mais, Kürbisse und Bohnen. Stets war ihr Selbstbewusstsein stark ausgeprägt. Sie widersetzten sich ebenso hartnäckig wie erfolgreich dem christlichen Glauben und hielten an ihrer Religion fest. Heute gibt es ständige Grenzstreitigkeiten mit ihren Nachbarn, den Navajo, neue Zuzügler, von denen sie nie viel gehalten haben.

Old Oraibi, das uralte steinerne Dorf, wirkt meistens wie ausgestorben, trotz der vereinzelten TV-Antennen, die so aus den Dächern ragen wie einige alte Kivaleitern aus dem Boden. Viele der Hopi arbeiten außerhalb und kommen oft nur zum Wochenende heim. Manchmal sieht man eine alte Frau von einer schief hängenden Tür zur nächsten schlurfen – offenkundig möchte sie nicht gestört werden. Als kleinen Einblick in das traditionelle Leben der Hopi kann man im winzigen Laden des Dorfes mal *piki* probieren, hauchdünnes, auf flachem Stein gebackenes Brot. Überraschend ist dabei die Farbe, *piki* wird nämlich aus blauem Maismehl *(blue corn)* hergestellt.

Erst in neuester Zeit entstanden vereinzelte, »amerikanisch« aussehende Häuser und Siedlungen außerhalb der traditionellen Dörfer. Von ihnen ist die **Second Mesa** am dichtesten besiedelt und folglich auch gleich belebter. In **Shongopovi** laufen Kinder herum, an etlichen Häusern wird angebaut, und einige Männer schleppen Holzlatten in die Kiva – kein Zweifel, eine intakte Gemeinschaft.

Walpi ist das letzte Dorf oben auf der First Mesa und nur in Begleitung eines Führers zu besichtigen. Aber keiner zeigt sich weit und breit. Nach einer Weile kommt ein Indianer auf uns zu.

»Braucht Ihr Hilfe? Aber Ihr müsst zahlen! Wenn Ihr was wissen wollt, macht das fünf Dollar. Ich kenn' auch ein Geheimnis. Für fünf Dollar sag' ich es Euch.«

Wir haben das Geheimnis nie erfahren, und uns statt dessen mit einem beruhigenden Ausblick von der Mesa in die Ebene begnügt. Im **Hopi Cultural Center**, einem neueren Komplex aus kleinem Museum, Restaurant, Hotel und Shops, kann man sich nach den anstehenden Zeremonien erkundigen. Über das Jahr verstreut feiern die Hopi noch viele der überlieferten Tanzrituale: Eindrucksvolle, aufwendig geschmückte *kachinas* aus der mythologischen Welt besuchen die Dörfer und tanzen für Regen, Fruchtbarkeit und Wohlstand. Die Zeremonien dauern oft Tage, und man darf als weißer Besucher gern zusehen. Nur Fotografieren ist strikt verboten.

In den Läden des Kulturzentrums sind die nach diesen Tänzern modellierten Kachinapuppen am meisten gefragt. Die Preise sind entsprechend. Draußen auf dem Parkplatz versuchen es die Indianer auf eigene Faust. Sie winken uns beiseite und ziehen selbstgeschnitzte Kachinas aus braunen Lunchtüten. Natürlich sind sie erheblich billiger als die in den Läden. Außerdem kann man sogar um den Preis etwas feilschen, was die Angestellten in den Geschäften nicht dürfen.

Die S 264 wirkt insgesamt reizvoller als die US 160 weiter nördlich. Besonders dann, wenn die Wolken ihre faszinierenden Lichtspiele treiben, wenn der Himmel in Blau- und Grautönen leuchtet und Gräser und Steine, Büsche und Geröll mit ständig wechselnden Licht- und Schattenflecken überzieht.

Nach Passieren des **Cameron Trading Post** beginnt der Endspurt zum Grand Canyon, bei dem die Camper noch einmal kräftig zulegen müssen, denn die Straße steigt beträchtlich. Werbung für Kitsch und Schmuck der Indianer säumt die Ränder des Highways: STARK VERBILLIGT! NUR NOCH ZWEI MEILEN! JETZT ABBIEGEN! HALT, SIE SIND ZU WEIT GEFAHREN, KEHREN SIE BITTE UM!

Blick vom Toroweap Point in den Grand Canyon

Kehrt man nicht um, so öffnet sich bald der Blick nach Osten über die Ebene. Schon sind die ersten Ritzen eines kleinen Canyon in der Hochfläche zu erkennen: der **Little Colorado**, ein Zubringer zum großen Bruder. Am nächsten Aussichtspunkt wird auf einen Blick in die Schlucht klar: In ein paar Millionen Jahren wird aus dem Little auch ein Grand.

Danach geht's weiter aufwärts. Endlos zieht sich die Straße durch das dichtbewaldete Plateau. Der Sonnenuntergang rückt näher, und kein Ende ist in Sicht. Doch dann: der Parkeingang zum **Grand Canyon**, und gleich dahinter im roten Abendlicht die ersten Wälle und Zinnen, Tempel und Schluchten. **Desert View Point**: Schon der erste Eindruck vom gewaltigen Tal entschädigt für die lange Tagesreise. Und dies ist erst der Anfang.

16 Infos: Grand Canyon National Park

Navajo National Monument
45 km westl. von Kayenta
✆ (520) 672-2366/67
Mo–Fr 8–17 Uhr
Vom Visitor Center führt ein kurzer Fußweg zum Aussichtspunkt auf die Anasazi-Ruine Betatakin in herrlicher Canyonlandschaft. Im Sommer starten mehrmals am Tag Führungen zu den Ruinen. Telefonische Voranmeldung erforderlich. Campingplatz. Eintritt frei.

Grand Canyon National Park – South Rim
P. O. Box 129 (Superintendent)
Grand Canyon, AZ 86023
✆ (520) 638-7888
www.reservations.nps.gov/ und
www.thecanyon.com/nps
Reservierung für Camper außerdem: 1-800-365-2267. Eintritt $ 20 pro Auto.

Grand Canyon Chamber of Commerce
P. O. Box 3007
Grand Canyon, AZ 86023
✆ (520) 638-2901
www.thecanyon.com/chamber

Grand Canyon IMAX Theater
S 64, Tusayan, AZ 86023
✆ (520) 638-2203, Fax 638-2807
www.ngtheater.com/grandcanyon
grandcanyon@ngtheater.com
Im Sommer jede halbe Stunde zwischen 8.30 und 20.30 Uhr Vorführung des Films »Grand Canyon – The Hidden Secrets«. In der Hochsaison besser reservieren.

Grand Canyon National Park Lodges
P. O. Box 699
Grand Canyon, AZ 86023
✆ (520) 338-6000
Fax (303) 338-2045
www.amfac.com
Zentralverwaltung verschiedener Hotels und Lodges, reserviert werden u. a. das historische und sehenswerte **El Tovar Hotel** ($$$$) von 1905 am Canyonrand, ein düsterer Stilmix aus Schweizer Jagdhütte und viktorianisch angehauchtem Blockhaus, das zu den prächtigsten Herbergen in der Wildnis zählt; lange galt es als das eleganteste Hotel westlich des Mississippi; Pedro de Tovar war einer der Canyonforscher im 16. Jh.; weiterhin die moderne **Maswik Lodge** ($$$–$$$$), die rustikalen **Bright Angel Lodge & Cabins** ($$–$$$), die **Thunderbird & Kachina Lodge** mit Canyonblick ($$$), die **Yavapai Lodges** ($$$) im Wald zwischen Yavapai Point und El Tovar und die **Phantom Ranch** auf dem Canyongrund. Mehrere Monate im Voraus reservieren.

Best Western Grand Canyon Squire Inn
S 64, 14 km südl. Grand Canyon Village
P.O. Box 130
Grand Canyon, AZ 86023-0130
✆ (520) 638-2681 und 1-800-662-6966
Fax (520) 638-0162
www.grandcanyonsquire.com
bestwestern@thecanyon.com
Pool, Sauna, Fitnessräume, Tennisplätze, Restaurants, Cocktails. $$$–$$$$

Grand Canyon Quality Inn & Suites
P. O. Box 520
S 64, 1 Meile südl. des Parkeingangs
Grand Canyon, AZ 86023
✆ (520) 638-2673 und 1-800-221-2222
Fax (520) 638-9537
www.thecanyon.com/gcqual
In Tusayan hinter dem IMAX Theater: Mit Restaurant, Pool und Wintergarten-Lounge. $$$–$$$$

Mather Campground and Trailer Village
P. O. Box 520
Grand Canyon Village, AZ 86023
✆ (520) 638-7851 und 1-800-365-CAMP
Zwei große staatliche Campingplätze nahe dem Südrand; weitere private Campingplätze in Tusayan außerhalb des Parks. Buchung über den National Park Reservation Service, ✆ (301) 722-

16 **Infos:** Grand Canyon National Park

1257, innerhalb der USA kostenlos: 1-800-365-2267 oder: www.reservations.nps.gov

Grand Canyon Camper Village
P.O. Box 490
Tusayan, AZ 86023
✆ (520) 638-2887
Privater Campingplatz (ganzjährig) an der S 64, einige Tage zuvor reservieren.

El Tovar Dining Room
El Tovar Hotel
Grand Canyon, AZ 86023
✆ (520) 638-2631
Gepflegter Speiseraum mit guter Küche. Unbedingt reservieren! $$–$$$

Weitere Informationen zum Grand Canyon finden Sie S. 164 f.

Tiefe Blicke ermöglicht dieser Vista Point am Rande des Grand Canyon

16.1 Der Antelope Canyon bei Page

16.1 Route: Kayenta – Antelope Canyon – Page

Von Kayenta aus erreicht man die Region Antelope Canyon/Page/Lake Powell auf einem kleinen Umweg über US 160 West, S 98 North – bis (vor Page) die roten Felskamine und das dampfende Kraftwerk in Sicht kommen. Kurz hinter dem Kohlekraftwerk liegt links ein Parkplatz mit dem Schild ANTELOPE CANYON. ACCESS INTO PREMISES WITH PERMIT ONLY. PERMIT CAN BE PURCHASED HERE AT THE GATE MONDAY THROUGH FRIDAY 9–4 OR CALL ✆ (520) 689-3296.

Unter den zahlreichen so genannten *slot canyons* ist der **Antelope Canyon** einer der beliebtesten, vor allem bei den Fotografen. Man parkt auf dem freien Stück am Antelope Canyon *wash*, wo meist zwei Indianer in einem Pick-up warten, um die Besucher gegen eine Besichtigungsgebühr zum Eingang des Canyon zu kutschieren, von dem aus man allein loslaufen und die Perspektiven der leuchtenden Schlucht genießen kann.

Die drei Meilen dieses ersten freien Stücks lassen sich zwar auch zu Fuß bewältigen, aber man muss sich dabei auf einen strammen Wüstenmarsch auf sandig-steinigem Boden in (meist) ziemlicher Hitze gefasst machen. Fotofreunde sollten bedenken, dass die beste Zeit zum Besuch des Canyon ausnahmsweise einmal *high noon* ist: Weil nur durch die hochstehende Sonne ausreichend Licht in die Felsspalten fällt.

Wer noch zusätzlich eine Bootsfahrt auf dem Lake Powell unternehmen möchte (etwa zur **Rainbow Bridge**), muss in Page übernachten, z. B.:

Wahweap Lodge & Marina, 6,5 km nördlich des Damms über Lake Shore Dr., Page, AZ 86404, ✆ (520) 645-2433, Fax (520) 645-1031, Hotelrestaurant mit Seeblick, Pool, Jacuzzi, Marina (Bootstouren und -verleih). In der Lodge kann man Bootsfahrten buchen, in der Nähe gibt es auch einen Badestrand. $$$.

Holiday Inn, 287 North Lake Powell Blvd., Page, AZ 86040, ✆ (520) 645-8851, Fax (520) 645-2523, $$–$$$.

Page Boy, 150 North Lake Powell Blvd., ✆ (520) 645-2416. Einfaches Motel für kostenbewusste Reisende ($). Privater Campingplatz: **Wahweap RV Park and Trailer Village**, 11 km nordwestl. von Page über den Damm, ✆ (520) 645-8883; ganz in der Nähe: **National Park Service Campground**. Für den Abend: **Ken's Old West**, 718 Vista Ave., ✆ (520) 645-5160. Uriger Holzschuppen und Lounge mit deftigen Gerichten. Oft abends Live-Musik. $–$$. – **Informationen**: Page-Lake Powell Chamber of Commerce, 106 South Lake Powell Blvd., Page, AZ 86040, ✆ (520) 645-2741.

Ein Wort zu Page, der Versorgungsstation für den Freizeit- und Sportbetrieb an und auf dem Lake Powell. Angefangen hat hier alles natürlich erst einmal mit dem Bau der Staumauer im Colorado River, dem Glen Canyon Dam. Schon bei Baubeginn war das Wachstum der 1957 gegründeten Siedlung vorauszusehen und deshalb tauschte man mit den Navajo-Indianern 17 Quadratmeilen des umliegenden Landes gegen einen Batzen gleicher Größe in Utah. Resultat: Page ist eine städtische Enklave innerhalb des Reservats, und da die Indianer die Sommerzeitumstellung nicht mitmachen, führt das bei den Anglos gewöhnlich zur Zeitverwirrung: Man sollte in Page also immer genau wissen, wohin man fährt und wo man sich gerade befindet.

Antelope Canyon

Familienfreuden am Lake Powell

17 Auf den Spuren von Major Powell

Wandern am Grand Canyon

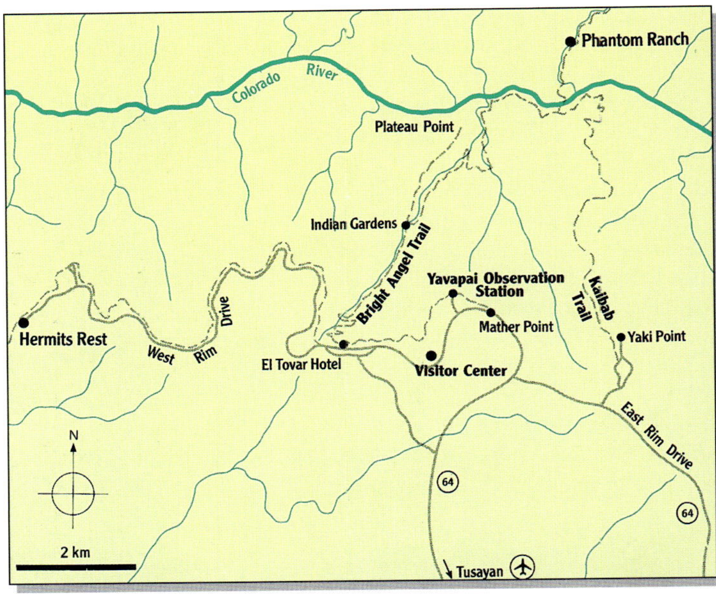

Nach einem kräftigen Frühstück (das muss heute bis auf einen kleinen Snack unterwegs länger vorhalten) geht's los! Zunächst ein kurzer Besuch an der **Yavapai Observation Station**, die ganz vorsichtig an der Kante des Steilhangs balanciert. Schautafeln benennen die verschiedenen Felsklötze im Canyon, und ein kleiner Laden bietet Literatur über die Schlucht an.

Das Tollste aber ist natürlich der Blick in den Canyon selbst: Die Dimensionen der tiefroten, mit kleinen grünen Punkten (das sind ausgewachsene Bäume!) betupften Tempel und Steilwände sind kaum zu fassen. Gegenüber erkennt man – zwölf Kilometer entfernt – die schnurgerade Linie des Nordrandes. Nicht zu glauben, dass er gut 300 Meter höher liegt als der Südrand.

Danach kann man sich im nahen **Visitor Center** über die von Rangern geführten Wanderungen und über die weiteren Angebote informieren. Wenn im Hochsommer die Parkplätze zum Bersten voll sind, findet man meist beim neuen Bahnhof noch ein Plätzchen und ist von da schnell am Canyonrand und am Anfangspunkt des Bright Angel Trail.

Mehrere Möglichkeiten, untereinander kombinierbar, stehen je nach Laune und Kondition für den heutigen Tag zur Auswahl: Wanderung oder Ritt in den Canyon, Fahrt und bzw. oder Wanderung am Canyonrand, Flug über den Canyon und, als Abschluss, ein Film über den Canyon.

Die durchtrainierten Alpenvereinswanderer werden es sich sicher nicht nehmen lassen, das »größte Loch der Welt« in allen Tiefen zu durchmessen. Dafür bieten sich **Bright Angel** und **Kaibab Trail** an. Der etwa zehn Kilometer lange Kaibab-Pfad ist steiler und kürzer, dafür kann man es aber beim insgesamt gut zwölf Kilometer langen Bright Angel auch schon auf halber Strecke, bei **Indian Gardens** und dem Aussichtspunkt über die enge innere Schlucht, gut sein lassen und umkehren. Vor allem im Sommer sollte man frühmorgens losmarschieren, da die Mittagstemperaturen an der Canyonsohle bei 40 Grad aufwärts liegen. (Unbedingt Wasser mitnehmen!)

1 400 Meter Höhenunterschied erwarten den Wanderer und eine einzigartige Reise durch die Erdzeitalter. Oben am Kaibab-Plateau beginnen die Pfade im grauweißen Kaibab-Kalkstein – jener bescheidenen 200 Millionen Jahre alten Formation, die uns vom Capitol-Reef-Gebiet her als ganz alt und unten bekannt ist. Danach geht es steil bergab durch die Jahrmillionen: roter Kalkstein, brauner Sandstein, dann der rötliche Hermit-Schiefer (alle aus dem Perm); die Supai-Formation, der fleckigrote Kalkstein der Redwall, dann grauer Kalk und Schiefer der Tonto-Gruppe, die schon 550 Millionen Jahre alt sind. Erst ganz unten, in der innersten Klamm des Colorado, erreicht man das älteste Gestein, die zwei Milliarden Jahre alten präkambrischen Gneis- und Schieferschichten.

Sechs Millionen Jahre hat der Fluss gebraucht, um sich gut eineinhalb Kilometer tief einzugraben, während das Plateau langsam angehoben wurde. Unten am Ufer des Stroms ist ein Ende der Wühlarbeit noch nicht abzusehen. Schlammig und braun wälzt der Colorado Sand und Steine stromabwärts. Vor dem Bau der Staudämme transportierte er täglich fast eine halbe Million Tonnen Sedimente zum Golf von Kalifornien, heute sind es nur noch 70 000 am Tag.

Major John Wesley Powell, der Veteran aus dem Bürgerkrieg, wagte sich als ers-

Beliebter Stopp für alle »river runners«: Elves Chasm am Grunde des Grand Canyon

ter den Colorado hinab. Er wollte den letzten weißen Fleck auf der US-amerikanischen Landkarte beseitigen und der Wissenschaft dienen. 1869 brach er mit vier Booten und neun Männern von Green River in Wyoming in das große Unbekannte auf. Unwirtliche Schluchten, zahllose Stromschnellen, vielleicht sogar tödliche Wasserfälle lagen vor ihnen. Als Powell nach 98 Tagen unbeschadet den Unterlauf des Flusses und die Zivilisation wieder erreichte, hatte ihn die Presse bereits für tot erklärt. Bei der Lektüre seiner Nachrufe war er bass erstaunt, dass die Öffentlichkeit eine so hohe Meinung von ihm hatte und derart um ihn trauerte.

Nach Powell kamen andere Vermesser und Entdecker. Robert B. Stanton zum Beispiel, der eine Eisenbahnlinie am Ufer des Flusses durch den gesamten Canyon bauen wollte. Auf seiner schlecht organisierten Expedition ertranken im Jahre 1889 drei seiner Mitarbeiter, und die Schienenpläne wurden schließlich verworfen.

Erst in den 1930er Jahren veränderte sich etwas am Ufer des Colorado. Während der Wirtschaftskrise ließ die Regierung arbeitslose Männer die Trails zum Canyonrand ausbauen und auch einen Pfad am Fluss entlang anlegen – Arbeiten, von denen der heutige Wanderer profitiert.

Trotz der recht sicheren und gut ausgebauten Trails ist der Abstieg in die Schlucht kein Honiglecken, und ein Muskelkater am nächsten Tag ist gewiss. Wer sich diese Erfahrung sparen möchte und schwindelfrei ist, kann die Reise auch auf dem schaukelnden Rücken eines Maultiers unternehmen.

Doch was machen jene, die nicht hinabwollen? Nun, keine Angst, es gibt genügend zu tun. Wie wäre es mit einer kurzen Busfahrt im kostenlosen Pendelbus auf dem **West Rim Drive**? An der Endstation **Hermits Rest** steigt man aus und wandert dann gemächlich am Canyonrand entlang zurück.

Ein Ausblick jagt den nächsten, und das Ganze ist weitaus weniger beschwerlich als die Saunakur der Trails in die Schlucht. Oder man spaziert von der Yavapai Observation Station auf dem Nature Trail zum Maricopa Point. Die einschlägige kleine Broschüre vermittelt allerlei Interessantes über Flora und Geologie im Grand Canyon.

Lohnend ist auf jeden Fall auch ein **Rundflug** über den 1 600 Meter tiefen Schlund. Nur so kann man die Dimensionen etwas überschauen: 400 Kilometer zieht sich der Colorado River durch den Nationalpark. Ob mit Helikopter oder kleiner Propellermaschine – besonders der Anfang des Fluges überwältigt den Besucher. Man startet 15 Kilometer südlich des Canyonrandes und brummt niedrig über die scheinbar endlosen Wälder des flachen Kaibab-Plateaus.

Langweilig? Urplötzlich fällt der Boden weg; ein erschrockenes und dann staunendes Einatmen geht durchs Flugzeug, während sich ein Panorama verwinkelter Seitencanyons, nackter roter Felswände und zahlloser Tafelberge unter dem Fenster ausbreitet.

Zum Abschluss des Tages, zur Ruhe für die müden Beine, ganz etwas anderes: Kino. Auf einer Riesenleinwand projiziert das **IMAX Theater** einen halbstündigen Film über den Canyon. Da blickt Don Lopez de Cardenas 1540 als erster Weißer enttäuscht über die Schlucht: kein Gold in Sicht. Da paddelt der einarmige Major Powell durch die Tiefen der granitenen Klamm, und am Ende fällt der Abschied vom Grand Canyon schwer, wenn man aus der Sicht des Drachenfliegers in den imposanten Sonnenuntergang schwebt.

Einer der vielen Grand Canyon Overlooks ▷

17 Infos: Grand Canyon National Park

Grand Canyon National Park
Für den Tag am Grand Canyon parkt man am besten auf einem der großen Parkplätze im Village, z.B. südlich der Bright Angel Lodge beim Bahnhof. Von dort fahren Shuttlebusse zur Canyon Information Plaza am Mother Point.

Zwischen Ende Mai und Ende September ist der West Rim (die Region westlich von Grand Canyon Village) für Privatfahrzeuge geschlossen, und man kann mit kostenlosen Pendelbussen auf dieser Route fahren, immer wieder aussteigen und ein Stück laufen. Wer in den Canyon wandern und dort auch mit dem Zelt übernachten möchte, kann sich bis zu vier Monate vorher anmelden und braucht ein *backcountry permit* (kurzfristig kann man sich nur auf die Warteliste setzen lassen und hoffen, dass jemand absagt):

Backcountry Reservations Office
P.O. Box 129
Grand Canyon, AZ 86023
✆ (520) 638-7875, Fax (520) 638-2125
Mo–Fr 13–17 Uhr
Man kann auch auf der Phantom Ranch, einem kleinen Herbergsbetrieb unten im Canyon, übernachten, muss allerdings seine Reservierung lange, lange vorher über das Reservierungssystem der Grand Canyon National Park Lodges (vgl. S. 156) machen.

Bright Angel Trail
Der Pfad beginnt vor der Bright Angel Lodge und führt über Indian Gardens (7,4 km, Wasser meist verfügbar) zum Colorado River (12,4 km). Bei Indian Gardens zweigt der Weg zum Plateau Point ab (Blick auf den Fluss), von dem man wieder zum Canyonrand zurückgehen kann – ein schöner Tagestrip von etwa 20 km.

Kaibab Trail
Dieser steilere Pfad führt vom Parkplatz nahe dem Yaki Point direkt zum Colorado (10 km). Von dort kann man entweder zurück oder auch über den Bright Angel Trail wieder aufsteigen (25 km; nur als zweitägige Tour). Kein Wasser entlang den gesamten Trails!

Maultierritte
✆ (520) 638-2401 oder vorab
(303) 297-2757
Trips in den Canyon sollte man in der Hochsaison mehrere Monate vorab bei den Grand Canyon National Park Lodges (vgl. S. 156) reservieren; trotz der Erleichterung durch die meist lammfrommen Maultiere sind die Ritte anstrengend.

Schlauchbootfahrten
Zahlreiche Gesellschaften bieten von April bis Oktober 2- bis 21-tägige Bootsfahrten (die kürzeren auch mit Motorbooten) auf dem Colorado an. Abfahrt ist meist in Lee's Ferry nahe Page. Solche Touren können bereits zu Hause bei Reiseveranstaltern und im Reisebüro gebucht werden oder bei der Agentur für alle Anbieter von Touren auf dem Fluss: Rivers & Oceans, 12620 North., Copeland Lane, Flagstaff, AZ 86004, ✆ 1-800-473-4576, (520)-526-8268, www.rivers-oceans.com.

Mittagessen kann man entweder in einer der Lodges, im Deli nahe dem Supermarkt oder – noch schöner – man deckt sich vorab ein und picknickt am Canyonrand oder bei der Wanderung am Ufer des Colorado.

Grand Canyon Airlines
Am Grand Canyon Airport südl. von Grand Canyon Village bei Tusayan
✆ (520) 638-2407
45- bis 55-minütige Rundflüge über den Canyon.

Papillon Grand Canyon Helicopters
In Tusayan an der S 64
✆ (520) 638-2419
Es werden halb- und einstündige Flüge

17 **Infos:** Grand Canyon National Park

über den Canyon angeboten. Preise ab $ 90.

Grand Canyon National Park

Größe: 4 931 km²
Gründungsjahr: 1919
Lage: auf dem Kaibab- und Coconino-Plateau in Nordwest-Arizona
Sehenswürdigkeiten: bis zu 1 700 m tiefe, 450 km lange Schlucht des Colorado River, Rim Drive mit Aussichtspunkten, darunter Desert View, Grandview Point, Yavapai Point und Hermits Rest
Einrichtungen: Visitor Center, Hotels und Campingplätze im Grand Canyon Village am Südrand; Wanderwege am Rand und in die Schlucht (Bright Angel Trail und Kaibab Trail), Rundflüge, Maultierritte in den Canyon, Schlauchbootfahrten
Info-Adresse: Superintendent
Grand Canyon National Park
P. O. Box 129
Grand Canyon, AZ 86023
✆ (520) 638-7888
www.nps.gov/grca
Eintritt pro Fahrzeug $ 20.

Einsicht in den Grand Canyon

17.1 Oase in der Tiefe des Grand Canyon
Havasu Canyon

Gut fünf Millionen Besucher krabbeln alljährlich am Rand des Grand Canyon herum. Da ist es nicht leicht, die grandiose Schlucht in Ruhe zu genießen. Doch es gibt noch eine kaum bekannte Oase in der Tiefe, die mit etwas Vorplanung ein ganz besonderes Erleben des Grand Canyon verspricht. Der Havasu Canyon, eine schmale Seitenschlucht westlich des Grand Canyon Village, ist das einzige Indianerreservat im National Park und die einzige menschliche Siedlung im Canyon. Seit dem 14. Jahrhundert leben dort die Havasupai-Indianer, »die Menschen vom türkisgrünen Wasser«.

Außer per Hubschrauber ist das kleine Dorf Supai bis heute nur zu Fuß oder per Pferd zu erreichen – auf einem schmalen Pfad, der vom Hualapai Hilltop am Südrand des Grand Canyon hinabführt. Auf dem Trail begegnet man häufig Maultierkarawanen, denn alle Verpflegung, ja sogar die Post für das Dorf wird noch mit Packtieren befördert. Nach etwa vier Stunden staubigem Marsch ist das Dorf erreicht: Obstbäume grünen hier, die Indianer haben kleine Felder angelegt, ein türkisgrünes Flüsschen plätschert unter hohen Steilklippen dahin – ein lauschiger Garten Eden im roten Felslabyrinth.

In dem 400-Seelen-Ort selbst ist nicht viel zu sehen: Es gibt einen kleinen Laden, eine blitzblanke Lodge und ein Missionskirchlein. Die eigentlichen Attraktionen liegen etwas talabwärts: der idyllische, von mächtigen Cottonwood-Bäumen überschattete **Havasu Creek** und seine spektakulären Wasserfälle. Rund zwei Kilometer vom Dorf stürzen die gut 30 Meter hohen **Havasu Falls** leuchtendblau in große Becken, die von üppigem Grün umrahmt werden. Eine natürliche Badelagune wie im Paradies. Einige Schritte weiter führt eine atemberaubend steile Felsentreppe, gesichert mit Ketten und Eisenstangen, die senkrechte Felswand hinab an den Fuß der 60 Meter hohen **Mooney Falls**.

Und wem diese Kletterpartie noch nicht reicht, der kann über Klippen und Geröll in einer anstrengenden Tagestour von Supai aus noch neun Kilometer weiter bis zum Ufer des Colorado River absteigen.

Anreise und Info:
Die Anfahrt vom Grand Canyon Village zum Startpunkt des Trails dauert etwa 4–5 Stunden: Hwy. 64 bis Williams, auf der I-40 nach Westen und auf der alten Route 66 nach Peach Springs. 10 km vor Peach Springs zweigt der Hwy. 18 ab und führt rund 100 km nach Norden zum Hualapai Hilltop (Parkplatz), wo der ca. 13 km lange Weg in den Canyon beginnt. Campingplatz und Lodge im Reservat müssen ebenso wie die Reittouren möglichst mehrere Monate vorab gebucht werden bei:

Havasupai Tourist Enterprises
Supai, AZ 86435
✆ (520) 448-2141
Lodge ✆ (520) 448-2111, $$
Eintritt im Reservat $ 12

Badelagune wie im Paradies: Havasu Falls

Wer sich die lange Anreise ersparen will, kann auch vom Grand Canyon Village aus per Hubschrauber einschweben. Ein- und zweitägige Touren mit Übernachtung in der Havasupai Lodge werden angeboten. Buchung und Informationen bei **Papillon Grand Canyon Helicopters**, P.O. Box 455, Grand Canyon, AZ 86023, ✆ (520) 638-2419, Fax (520) 638-9349.

Steine, die Farbe bekennen (vgl. S. 247 f.) Mit optischen Leckerbissen warten zwei berühmte Naturszenerien im nördlichen Arizona auf: die vielfarbige Steinwüste von **Painted Desert** und die versteinerten Baumstämme des **Petrified Forest**.

Glauben Sie aber nur nicht, dass Sie sich die Blue Mesa schenken könnten! Sie vermittelt einen besonders starken Eindruck in diesem Nationalpark.

Versteinertes Holz: Petrified Forest

18 New Age, Old Age

Vom Grand Canyon nach Phoenix

18. Route: Grand Canyon – Flagstaff – Sedona – Montezuma – Phoenix (363 km/227 mi)

km/mi	Zeit	Route
0	8.00 Uhr	Von **Grand Canyon Village:** US 180 nach Süden
126/ 79	9.30 Uhr	**Museum of Northern Arizona**, Flagstaff (ca. 1 Stunde). – Weiterfahrt nach Süden US 89 A Richtung Sedona durch den **Oak Creek Canyon** nach
166/104	11.30 Uhr	**Sedona**. Kleine Wanderung in der Felslandschaft (Schnebly Hill Road) oder Lunchpause im Tlaquepaque Center (ca. 1 Stunde). – Weiter nach **Cottonwood**, dort S 260 Richtung Camp Verde und I-17. Diese kurz nach Norden (Richtung Flagstaff), Exit 289 zum
222/139	13.30 Uhr	**Montezuma Castle National Monument** (Rundgang ca. 1 Stunde). – Zurück zur I-17 nach Süden, Exit 262 A nach
254/159	15.00 Uhr	**Arcosanti** (Schildern folgen). Café und Besichtigung ca. 2 Stun-

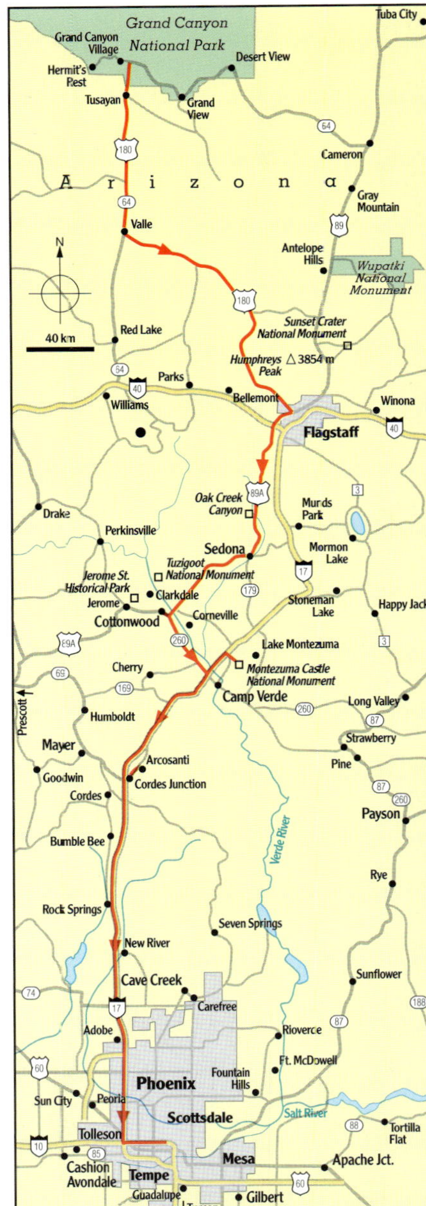

den). – Zurück zur I-17 nach Süden bis Exit 203 (Camelback Road) in

363/227 17.00 Uhr **Phoenix** und/oder **Scottsdale**.

Abstecher
Wenn man schon einmal in Cottonwood ist, bietet sich die Gelegenheit für einen Abstecher zum (ausgeschilderten) **Tuzigoot National Monument**. Der Pueblo soll von etwa 1000–1425 von den Sinagua-Indianern bewohnt und danach verlassen worden sein (vgl. S. 174).

Schneisen durch Kiefern, Nadelgewächs und Passagen wie in der Lüneburger Heide – so fährt man vom Grand Canyon nach Flagstaff. Den Horizont begrenzen, meist schneebekrönt, die konischen Vulkankegel der **San Francisco Mountains**, der heiligen Berge der Navajo und Hopi und der Heimat der Kachinas, jener geschmückten Gesellen aus mythischen Welten, die zu den zeremonialen Feiern in die Dörfer kommen, um für Regen, Fruchtbarkeit und Wohlstand zu tanzen oder, als Clowns, um den Spaßvogel zu spielen.

Der nahe Humphreys Peak ist mit 3 854 Metern der höchste Gipfel im Staat. Kurz vor Flagstaff noch ein Stopp, um das auf der Reise bisher Gesehene aufzufrischen: im **Museum of Northern Arizona**. Massiv gebaut aus braungrauem Stein sitzt der weitläufige Bau geduckt im Wald – so unscheinbar, als wäre auch drinnen nicht viel zu erfahren. Falsch. Die wechselhafte geologische Geschichte des Colorado-Plateaus wird ebenso anschaulich erläutert wie die Knochen der Dinosaurier; daneben gibt es Lehrreiches über die prähistorischen und zeitgenössischen Indianer zu sehen. Eine ganze Kiva wurde originalgetreu nachgebaut, und wem es die Webmuster der Navajos angetan haben, der kann hier Details finden.

Flagstaff ist die wichtigste Stadt im Nordosten von Arizona, Handelszentrum der Holzarbeiter und Indianer, der Schaf- und Viehzüchter: Hier scheiden sich die Geister und trennen sich die Wege. Während die schnellere Route über die I-17 dahingleitet, sorgt der lauschige rotfelsige **Oak Creek Canyon**, der praktisch vor der Haustür von Flagstaff liegt, für einen lieblichen Landschaftswechsel.

Im Sommer beherrscht die *beach party scene* den **Slide Rock State Park**, weil er auf und zwischen den Steinen im Wasser Kühlung anbietet. Besonders im Herbst, wenn die Blätter Farbe bekennen, entfaltet der Canyon seine natürliche Schönheit.

Lar Chapella, ohne Titel, Kochare, 20,5 cm hoch (Hopi)

Bei der Einfahrt nach **Sedona** wirbt ein »Treatment Center« für eine *Therapy on the Rocks*. Der Hang zum Höheren ist unverkennbar. Er prägt den Ort mindestens ebenso wie jene Einrichtungen, die jede *resort town* zieren, die eher den irdischen Wünschen nach einem guten Leben nachkommen möchte: mehr als drei Dutzend Galerien mit »Western Art«, Wellness-Oasen, Shopping vom Feinsten und jede Menge Cafés sowie Gourmet-Restaurants. Und im Red Rock Country darf der alpine Touch natürlich nicht fehlen. Die »Matterhorn Motor Lodge« hat das begriffen.

Die Familie der Namenspatronin und Pionierin Sedona Schnebly baute hier 1902 Haus und Garten: ein »Sedona« *in nuce*, aus dem längst ein Touristen-Mekka geworden ist, das Natur- und Kunstfreunde gleichermaßen erfreut, denn außer Fiestas (mit buntem *ballet folklórico*), Jazz- (September), Kammermusikfestivals (Juni) und Weihnachtsfeiern (mit leuchtenden *luminarias*) werden im *red rock outback* Wanderrouten, Heißluftballon-Trips, Jeeptouren und Lamatrecks angeboten. Neben einem guten Dutzend feiner Restaurants bemühen sich eine Reihe erstklassiger Resorts darum, die Reisekassen der zahlungskräftigen Klientel zu erleichtern. Auch viele Rentner wissen das

Ehe mit Ausblick: Hochzeit im Oak Creek Canyon bei Sedona

zu schätzen. Lediglich die Einheimischen meiden das teure Pflaster, ein Großteil des Dienstleistungspersonals (und der Ranger!) zieht es vor, außerhalb des Ortes zu wohnen.

Die Blüte der lokalen Kunstszene geht auf den Anfang der 1960er Jahre zurück, als das **Sedona Art Center** gegründet wurde – bis heute eine Kombo aus Galerie und Schule. Kurze Zeit später konstituierte sich die Gruppe der »Cowboy Artists of America«, die so einflussreich war, dass lange Zeit Kunst in Sedona gleichbedeutend mit Western Art war. Heute nicht mehr. Neben den Cowboy im späten Gegenlicht ist längst auch Expressionistisches und Abstraktes getreten, ergänzt durch zeitgenössische Plastik, Keramik und Schmuck, alles in allem eine konservative Palette mit Idealem und bunter Romantik; von Irritierendem, Exzentrischem oder gar Provokantem fehlt jede Spur.

Auch als Film-Set hat Sedona Tradition. Sie begann in der Schwarz-Weiß-Ära mit heroischen Western. Jesse Lasky's Stummfilm-Adaption von Zane Grey's »Call of the Canyon« war einer der ersten Streifen, die hier gedreht wurden. Später folgten *sagebrush sagas*, in denen Cowboys auf weißen Pferden gegen blutrünstige Indianer im Schatten großer Felsen kämpften. Inzwischen sind Western passé, aber Film, TV-Produktionen und Werbesendungen nutzen nach wie vor das fotogene Terrain.

Der Kunst- und Filmszene steht die des »OM…« nicht nach. Seit Ende der 1980er Jahre zählt Sedona, ähnlich wie der Central Park in New York oder Waikiki, zu den amerikanischen New-Age-Hochburgen. Einige Gurus hatten den Ort als einen *power point* unseres Planeten ausgemacht, an dem die Energie nur so aus der Erde strömt. Andere gingen semantisch vor und fanden heraus, dass schon

Wie Schwalbennester: Klippensiedlung Montezuma Castle

der Ortsname ein elektromagnetisches Omen sei, weil, wenn man ihn rückwärts läse, *anodes*, »Anoden« dabei herauskämen. Darauf gab's kein Halten mehr. Aus allen Teilen des Landes fühlten sie sich angezogen, die Gesundbeter, Kräuterpriester und jede Menge Heiler und Ufomanen, Yoga-Jünger und Sanyasins. Ein regelrechter Supermarkt esoterischer und spiritueller Dienstleistungen machte sich breit. Es gibt den Golden World New Age Bookshop und Bioläden, Kurse und Massagen, Beratungen ebenso wie aquarische Gruppen oder solche, die in gemeinsamen Schwitzbädern alten Zeremonien frönen, mit Wünschelruten herumlaufen oder sich an jene aus Steinen am Boden ausgelegten Medizinräder anschließen *(anodes!)*, in denen sich nach Auffassung der Hopi-Indianer historische Energien aus früheren Kulthandlungen und Vibrationen der Erde bündeln. Den Hopis gehörte einst das Land des Red Rock Canyon.

Wer sich (unbefangen) ein bisschen im Gelände umsehen möchte, sollte an der ersten und einzigen Ampel links über die Brücke zur **Schnebly Hill Road** fahren und dann wiederum links, bis sich die Straße in eine schöne (weil aussichtsreiche) *dirt road* verwandelt, die in felsiges Gebiet mit Wandermöglichkeiten führt.

Wer Bummeln und Shopping, Sitzen und Schauen vorzieht, bleibt am besten im **Tlaquepaque-Komplex**, einem Open-Air-Shopping-Center, das so aussieht, als würde hier gleich ein mexikanischer Film gedreht: Neo-Pueblo mit Shops, Galleria, Brunnen und Innenhöfen und sogar einer Ersatz-Mission. Abe Miller, ein Entrepreneur der Hotel- und Gastronomiebranche aus Nevada, setzte hier sein Faible für die spanische Kolonialarchitektur praktisch um. Zum Teil recht trickreich, denn die alten Ahornbäume *(sycamore)* wurden so umbaut, dass sie aussehen, als hätten ihre Stämme erst durch die Gebäude hindurchwachsen müssen, schließlich sollte das Dorf so wirken, als sei es noch älter als die Bäume …

Südlich von Sedona weicht der Canyon einem grünen weiten Tal, das auch prompt so heißt: **Valle Verde**. Zwischen den kargen Hochebenen des Nordens und den öden Wüsten des Südens muss es den indianischen Siedlern einst als das Paradies auf Erden vorgekommen sein. Jedenfalls erzählt das die Siedlungsgeschichte.

Wo einst die Sinagua-Indianer wohnlich an der Felswand klebten, da nisten heute die Bienen und bauen die Schwalben und Raben ihre Nester: im **Montezuma Castle**, einer erhaltenen Felsensiedlung *(cliff dwelling)* aus dem 13. Jahrhundert. Wie anderswo – ob in Mesa Verde oder im Canyon de Chelly – waren die Felsbauten in erster Linie Nutzanwendungen der klimatischen Verhältnisse und nicht für Verteidigungszwecke vorgesehen. Jeder ernsthafte Feind hätte leichtes Spiel mit den Bewohnern in der Felsenburg gehabt, wenn er unten am Beaver Creek bloß lange genug gewartet hätte, um den Zugang zum Wasser zu blockieren. Übrigens: Wie schon bei den Aztec Ruins im Norden von New Mexico verrät der Name auch hier, dass die Entdecker die Siedlung irrtümlich mit den Azteken Montezumas in Verbindung brachten.

Auf der Weiterfahrt nach Süden steigen die Temperaturen spürbar, und mit der Wärme setzt sich die Flora des südlichen Arizona vollends durch. Zaghaft kommen die ersten *prickley pears* in Sicht, werden dann aber, wie andere Kakteen, frecher und frecher und verdrängen die Gräser und Kräuter; der Bewuchs der Bergrücken nimmt ab. Kurz hinter dem **Sunset Point** tauchen sie dann endlich auf, die Vorboten auf die Sonora-Wüste, die Saguaros. In jedem Westernfilm stehen sie herum, als Prototyp der Kakteen überhaupt, als wäre der gesamte Wüsten-Westen voll davon. Tatsächlich aber wachsen sie nur auf einem relativ begrenzten Terrain, nämlich hier, im Südwestzipfel von Arizona. Mit jeder Meile wachsen sie dichter zusammen, zu ganzen Wäldern, durchsetzt mit gelb blühenden Palo-Verde-Büschen und Ocotillosträuchern, aus deren staksigen Armen feuerrote Blütenflammen züngeln. Ab und zu ein Reklameschild: DO HUGS NOT DRUGS, zum Beispiel.

Montezuma ist aus rätselhaften Gründen verlassen, **Arcosanti** aus verständlichen Gründen nie bezogen worden. Ansonsten aber macht in diesem Tagesprogramm Arcosanti Sinn, denn was die Thermik angeht, korrespondiert die Südlage der Klippensiedlung mit Soleris Apsis und seiner Öko-Vision.

Das Kompaktmodell Soleris gewinnt erst recht Profil im Vergleich mit **Phoenix**, jener ausufernden, energiesüchtigen, durstigen Metropole und Hauptstadt Arizonas, die mit zwei Millionen Einwohnern inzwischen Mega-Format angenommen hat und das »Valley of the Sun« ausfüllt, ein gnadenlos heißes Tal aus 23 Städten und Gemeinden, zu dem Rentnerburgen wie Sun City, die Universitätsstadt und das stark von Mormonen besiedelte Tempe ebenso gehören wie die extravaganten Ferienanlagen von Scottsdale und Carefree.

Wohin man blickt: weiße Traumvillen an palmengesäumten Boulevards, überquellende Bougainvilleen und dekorative Brunnen – so verschwenderisch zähmt man die wilde Wüste zu einer komfortablen Wohn- und Freizeitkultur. Ein Hauch von Oman weht über der von Natur aus knochentrockenen Stadt, in der allerdings die Luftfeuchtigkeit stetig wächst: durch das verzweigte System der Kanäle, Wasserspeicher und Sprühanlagen, die an den Malls durch eine *mass of mist* die Lufttemperatur senken.

Die üppige Inszenierung der exklusiven Fantasy-Resorts setzt da noch einiges drauf. Weder Mühen noch Millionen scheute man, um dem verwöhnten Kurgast auf raffinierte Weise den Himmel auf Erden zu bereiten: illuminierte Pools, heiß sprudelnde Jacuzzi-Becken und rauschende Wassergärten im römischen Stil – »Caracalla West«.

Die markanten Bergrücken am Rande des Tals, die bei klarem Licht so aussehen, als seien sie wie bei der elektrischen Eisenbahn aus Pappmaché gefertigt, werden im Licht der untergehenden Sonne zu betörenden Tableaus von Wildwest-Opern de luxe.

Sogar bei Gewittern reißen die natürlichen Spektakel nicht ab, wenn plötzlich Windböen in die Palmenschöpfe fahren, Regenbogen, polternden Donner und Blitze auftreten, die alles in Bewegung setzen, was vorher wüst und tot schien. Und zu allem Überfluss hebt genau dann der elektronisch verstärkte Stehgeiger der Band in der Hotel-Lobby zu seinem Solo an, zum emotionalen Abspann des Tages.

Metropolis in Arizona: Blick auf Phoenix

Museum of Northern Arizona
3101 North Valley Rd. (US 180)
Flagstaff, AZ 86001
✆ (928) 774-5213, www.musnaz.org
Sommer tägl., im Winter nur Mi–So 9–17 Uhr
Ausgezeichnete Präsentation der Naturgeschichte Arizonas und der Indianerkulturen. Sehr guter Buchladen und Indianerkunstverkauf. Eintritt $ 5.

Sedona-Oak Creek Canyon Chamber of Commerce
331 Forest Rd. & US 89A
Sedona, AZ 86339
✆ (520) 282-7722 und 1-800-288-7336
Fax (520) 204-1064, tägl. 9–17 Uhr

Tlaquepaque Arts & Crafts Village
336 Hwy. 179 (Nähe Hwy. 89A, Ortsmitte)
Sedona, AZ 86336
✆ (928) 282-4838
Mexiko-Transplantat – ein nachgebautes Dorf ohne Spuren von Schmutz, Armut oder Autos. Dafür Schatten, Shops und Schleckereien (z.B. **El Rincon**).

Tuzigoot National Monument
Tuzigoot Rd., Camp Verde, AZ 86322
✆ (520) 634-5564
Tägl. im Sommer 8–19, sonst bis 17 Uhr
Pueblo, angeblich von ungefähr 1000 bis 1425 von den Sinagua-Indianern bewohnt (Blütezeit: 110 Wohnungen für ca. 225 Bewohner) und dann verlassen. Sehenswerte Ausgrabungen im Visitor Center. Eintritt $ 2.

Montezuma Castle National Monument
I-17, Exit 289 (Montezuma Castle Hwy.)
✆ (520) 567-3322
Tägl. im Sommer 8–19, sonst 8–17 Uhr
5-stöckiger Klippenbau der Anasazi (Sinagua-Indianer) aus dem 12. und 13. Jh., die von Wupatki hierher kamen. Besuch des Visitor Center und Rundgang durch den Park am Fuß der Felswand. Die Räume waren nur über Leitern zugänglich. Eintritt $ 2.

Arcosanti
I-17, Exit 262, Mayer, AZ 86333
✆ (520) 632-7135
www.arcosanti.org/
Führungen 9–17 Uhr
Torso der Stadtvision von Paolo Soleri: ein architektonisches Experiment als Freilichtmuseum; Bäckerei, Café, Verkauf von Windglocken. Geführte Tour $ 5.

Arizona Office of Tourism
2702 North 3rd St., Suite 4015
Phoenix, AZ 85004
✆ (602) 230-7733 und 1-888-520-3434
Mo–Fr 8–17 Uhr

Scottsdale Chamber of Commerce
7343 Scottsdale Mall
Scottsdale, AZ 85251-4498
✆ (480) 945-8481 und 1-800-877-1117
Fax (480) 947-4523
Mo–Fr 8.30–17, Sa 10–17, So 11–17 Uhr

San Carlos Hotel
202 North Central Ave. & Monroe St.
Phoenix, AZ 85004
✆ (602) 253-4121 und 1-800-678-8946
Fax (602) 253-6668
Elegantes Hotel von 1928 in Downtown, nahe dem Arizona Center. Restaurant, Dach-Pool, Bars. Im Winter $$$–$$$$, Frühjahr/Herbst $$, Sommer $–$$

Arizona Biltmore
24th St. & Missouri Ave.
Phoenix, AZ 85016
✆ (602) 955-6600 und 1-800-950-0086
Fax (602) 954-2548
Dieser vom Frank-Lloyd-Wright-Schüler Albert Chase McArthur unter der Einflussnahme des Meisters gestaltete Bau zählt seit 1929 zu den feinsten Resorts in den USA und zu den architektonischen Schmuckstücken von Arizona. Das belegt auch die illustre Gästeliste. Hinreißende Lobby, schöne Gärten, sehenswerte Pool-Anlage, Tennis- und Golfplätze, Fitness-Studio und der angeblich größte Weinkeller des Südwestens. $$$$

18 **Infos:** Scottsdale, Phoenix

The Phoenician
6000 East Camelback Rd.
Scottsdale, AZ 85251
✆ (480) 941-8200 und 1-800-888-8234
Fax (480) 947-4311
www.thephoenician.com
Üppiges Mega-Resort, 1988 am Fuß des Camelback Mountain gebaut. Riesenpools, *health spa*. Golfplatz, Spitzen-Restaurants: **Mary Elaine's** (französisch geprägt und preisgekrönt, $$$) und **Windows on the Green,** dessen Küche alles verarbeitet, was ringsum kreucht und fleucht – Antilopen, Wachteln, Klapperschlangen ($$$).

Kostenlose Reservierung von Deutschland ✆ 0130-90 93, von Österreich ✆ 0660-53 15, aus der Schweiz (deutschsprachig) ✆ 0800-55 02 20 und (französisch) ✆ 0800-55 23 66. $$$$

Hyatt Regency Scottsdale At Gainey Ranch
7500 East Doubletree Ranch Rd.
Scottsdale, AZ 85258
✆ (480) 991-3388 und 1-800-233-1234
Fax (480) 483-5550
Dieses erste der Fantasy-Resorts der Region Scottsdale/Carefree (1986) bewährt sich nach wie vor als eine der besten Adressen. Restaurants, Golf- und Tennisplätze, Fitness- und Wellness-Programme (Sauna, Aerobic etc.), Jogging- und Radwege. Wasserlandschaft mit 8 Pools und einem 250-Tonnen-Sandstrand, der aus Kalifornien herbeigeschafft wurde – das einzig »Natürliche« weit und breit! Aus der spektakulären Lobby blickt man über den Palm Court auf Golfplatz, See und die McDowell Mountains. $$$$

Valley Inn Ho Resort
6850 East Main St.
Scottsdale, AZ 85251
✆ (480) 945-6321 und 1-800-272-6232
Fax (480) 947-5270
Gut gelegen in Downtown, mit Pool und Tennisplätzen.
$$–$$$

Trailer Corral
2 Meilen westl. von I-17
4040 West Van Buren, Phoenix, AZ 85009
✆ (602) 278-6628
RV-Stellplätze mit *hookups*, vergleichsweise nah an Downtown. Ca. $ 14.

Roxsand Restaurant & Bar
2594 East Camelback Rd. & 24th St. (Biltmore Fashion Park)
Phoenix, AZ 85016
✆ (602) 381-0444
Transcontinental cuisine: eine gastronomische Fusion aus asiatischer, europäischer, orientalischer, indianischer und südamerikanischer Küche – mit hervorragenden Ergebnissen. $$–$$$

AZ 88
7353 East Scottsdale Mall
Scottsdale, AZ 85251
✆ (480) 994-5576
Restaurant/Bar, schön gelegen im Park der Scottsdale Mall: kühles Design, heiße Gerichte. Tägl. Lunch und Dinner. Viele *locals* kommen nach dem Abendessen noch zum *last call* wegen der Spezialität: Champagner mit (in braunem Zucker gewälzten) Erdbeeren. $$

Z Tejas Grill
7014 East Camelback Rd. (Scottsdale Fashion Plaza)
Scottsdale, AZ 85251
✆ (480) 946-4171
Lecker und lebhaft. Süd-Südwest-Küche unter dem Motto: »Dining South By Southwest« – von Voodoo-Thunfisch und *Gumbo Ya Ya* bis zur gefüllten *Navajo Roll*. $–$$

Rockin' Horse Saloon
7316 East Stetson Dr.
Scottsdale, AZ 85251
✆ (480) 949-0992
Vor allem bei *locals* beliebter C&W-Tanzschuppen. Auch Dinner. $$

Weitere Informationen zu Phoenix und Scottsdale finden Sie S. 182.

19 Platz an der Sonne
Phoenix und Scottsdale

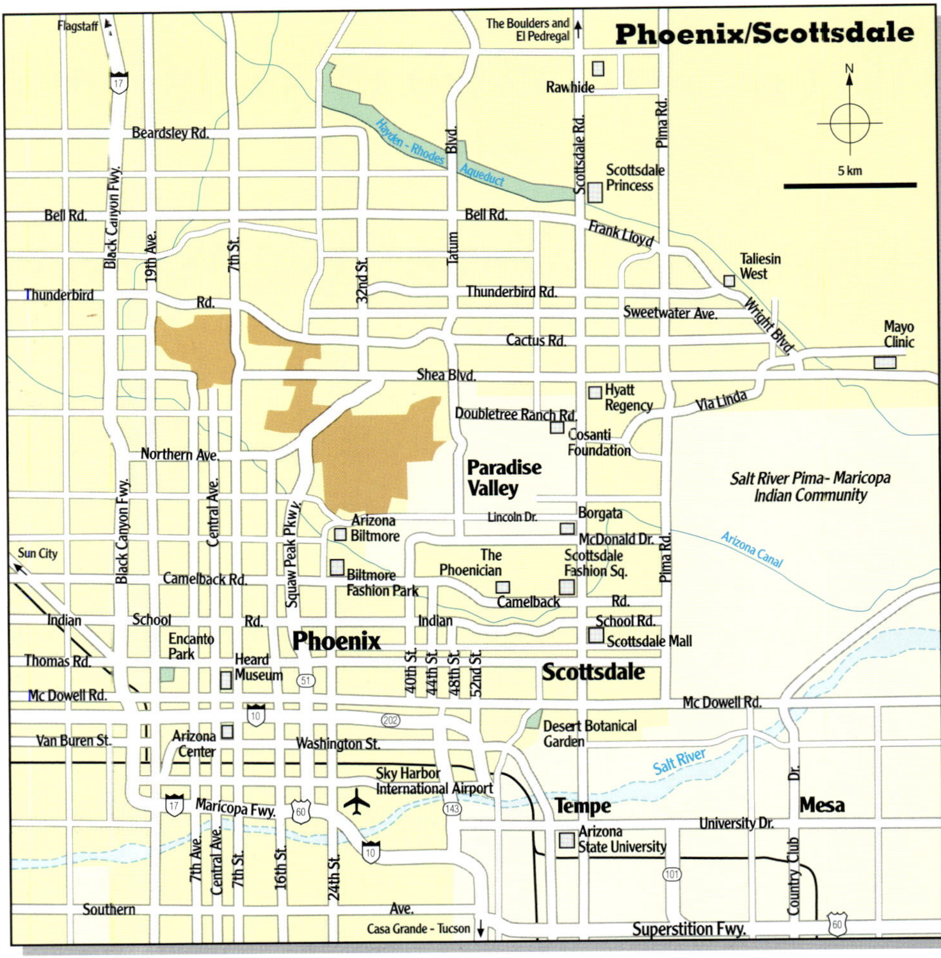

19. Programm: Phoenix und Scottsdale

Vormittag	**Heard Museum** in Phoenix oder Shopping-Tour in Scottsdale
Mittag	Lunch (Arizona Center in Phoenix oder Old Scottsdale Mall).
Nachmittag	**Taliesin West** (Scottsdale) oder Badefreuden am Pool (s. S. 181).

300 Tage im Jahr, so hat man werbewirksam errechnet, wölbt sich der blaue Himmel über Phoenix und Scottsdale, der Wüstenadresse, die unter den extravaganten Resort-Oasen zum derzeit wohl komfortabelsten des Südwestens gehören.

Beginnen wir in **Phoenix**, jener Metropole, die lange nicht ahnte, dass sie ihrem Namen einmal derartige Ehre machen würde. Der prophetische Name stammt von einem britischen Abenteurer, der meinte, dieser Platz sei aus den Ruinen der prähistorischen Hohokam-Indianer auferstanden. Lange dümpelte der Ort (1870 gegründet und 1881 inkorporiert) als staubige *frontier town* mit Postkutschen, Saloons und Cowboys, Minenarbeitern und Soldaten vor sich hin. Erst im 20. Jahrhundert, als die Wirtschaftskräfte der großen »C«s – *cattle, copper, cotton, climate, citrus* – von neuzeitlicheren abgelöst wurden, setzte ein ebenso rasantes wie ungeplantes Wachstum ein, das bis heute jenen ausufernden *urban sprawl* geschaffen hat, der vergleichsweise nur noch in Houston oder Los Angeles anzutreffen ist.

Die Entwicklung verlief im Dreisprung: durch den Bau der Southern Pacific Railroad, die deutliche Bevölkerungszuwächse bescherte; durch die Vollendung des Roosevelt-Damms am Salt River Anfang des Jahrhunderts, der Phoenix einen ähnlich dramatischen Schub verlieh wie der Hoover Dam Las Vegas (der Segen öffentlicher Gelder!); und schließlich durch die wirtschaftlichen Vorteile, die der Zweite Weltkrieg brachte, der Phoenix allein drei neue Luftwaffenstützpunkte bescherte.

Nicht zu unterschätzen war auch der Effekt der Anfang der 1950er Jahre eingeführten Air-Conditioning, weil sich

Downtown Phoenix

nachts niemand mehr in feuchte Tücher einwickeln musste, um die Hitze zu überleben. Klimakontrolle und ausgeklügelte Wasserversorgung schafften letztendlich die Voraussetzung für das Gedeihen der High-Tech-Welt, von der die meisten Phoenicians (gut) leben. Ob General Electric, Honeywell oder Hughes Aircraft: Immer waren es auch niedrige Löhne und schwache Gewerkschaften, die das Wachstumsklima des »Valley of the Sun« anheizten.

Wer heute Phoenix mit dem Flugzeug anfliegt, sieht das künstliche Muster seiner Anlage am besten – die plötzlich aus dem braunen Wüstenterrain auftauchenden Grünflächen der bewässerten Felder, die linearen Autopisten, die Glasbunker von Downtown und die endlosen Wohnparzellen, umgeben von grünblauen Türkissteinen, den Pools.

Zu ebener Erde kann man andere Akzente setzen. Zum Beispiel den Besuch im **Heard Museum**, dem renommierten Kunstinstitut in einer zwar nur nachgebauten, aber dennoch ansehnlichen Hacienda, in der eine der bedeutendsten kulturgeschichtlichen Sammlungen des Südwestens untergebracht ist: indianische Flechtkörbe, Keramik, Schmuck, Textilkunst und eine grandiose Parade historischer Kachinas, eine der umfangreichsten in den gesamten USA. Außerdem gibt es Nachbildungen traditioneller indianischer Bauformen zu sehen: ein *pit house* der Hohokam, ein *wickiup* der Apachen und einen *hogan*. Aber auch ganz praktische Dinge sind zu erfahren, etwa, was aus der Saguaro-Frucht alles gemacht werden kann: Sirup, Marmelade, Wein.

Das bringt das Thema Lunch auf den Tisch. Und wo gäbe es da eine größere Auswahl als im nahen **Arizona Center**, jener ansprechenden Shopping-Oase inmitten schattenspendender und wasserreich-kühler Gartenarchitektur, die besonders zur Mittagszeit zahllose stöckelbeschuhte Damen und beschlipste Herren aus der Geschäftswelt ringsum an die zahlreichen Töpfe seiner Bistros und Cafés lockt.

Programm- und Szenenwechsel für diejenigen, die statt eines Museumsmorgens den Vormittag lieber im benachbarten **Scottsdale** verbringen möchten. Dessen Wahrzeichen, die Silhouette des Camelback Mountain, markiert optisch die Grenze zu Phoenix, während am Boden alles fließend ineinander übergeht. Doch je länger man fährt, umso klarer wird, dass der Lebensstil in Scottsdale nicht von armen Eltern ist. Schließlich bilden seine rund 150 000 Einwohner eine der reichsten Gemeinden des Landes. Tourismus, Einzelhandel, Banken und Versicherungen garantieren den Löwenanteil des Wohlstands.

Ihre Anfänge waren, was in dieser kargen Gegend nicht überrascht, dürftig. Ein Baptistenpfarrer aus New York, ein gewisser Winfield Scott, gründete den Ort 1888 als eine weiße Zeltstadt – im selben Jahr, in dem der Arizona-Kanal fertig gestellt wurde, der von da an für die Bewässerung der Trockenregion sorgte. Das heute verfeinerte Kanalsystem geht letztlich auf die Hohokam-Indianer zurück, die hier bereits vor 2 000 Jahren Wasser aus dem Salt River einleiteten, um Bohnen zu züchten. Prompt begannen Scott und andere Pioniere damit, ihren Traum von einer blühenden Wüstenoase durch den Anbau von Zitrusfrüchten, Erdnüssen und Kartoffeln zu untermauern. Andere gesellten sich aus gesundheitlichen Gründen des guten Klimas wegen hinzu: Leidende (Arthritis, Asthma, Tuberkulose) und Genesende. Das um die Jahrhundertwende nachrückende Künstlervölkchen vertrug sich erstaunlich gut mit der inzwischen herangewachsenen Gemeinde aus Farmern, Ranchern und Industriellen. Das blieb im Wesentlichen so bis zum Zweiten Weltkrieg.

Danach explodierte die Einwohnerzahl durch die Ansiedlung großer Elektronikfirmen (allen voran Motorola). Scottsdale wurde Sitz der Mayo Klinik, und der Tourismus machte die Stadt zum begehrten Ziel für gut situierte Kurgäste und viele Künstler – was sich heute unter anderem an einem guten Dutzend erstklassiger Ferienhotels, mehr als 100 Golfplätzen und doppelt so vielen Kunstgalerien ablesen lässt. Natürlich auch an den schicken Malls, deren Architektur, Klientel und Preisniveau ohne die Dollars aus dem Mittleren Westen und die zahlreichen Firmenumsiedlungen aus Kalifornien nie zustande

Winterresidenz des Stararchitekten: Taliesin West von Frank Lloyd Wright

gekommen wären. Besonders in den letzten Jahren sind viele Kalifornier der Hektik, den Erdbeben und zunehmenden sozialen Konflikte im »Goldenen Staat« überdrüssig geworden. Gemeinsam neigen die neuen Konsumtempel zum Burgenbau. So wie sich manche Städte gegen die winterliche Kälte verbunkern und ins Souterrain ziehen (Montreal zum Beispiel!), verschanzen andere sich vor der brütenden Hitze.

Hilfreich für eine Shopping-Tour durch die Einkaufsparadiese ist »Ollie the Trolley«, ein kleiner Bus, der zwischen Hotels und Malls pendelt. Sie liegen im Wesentlichen alle auf der **Scottsdale Road**, der wichtigsten und daher nicht gerade einsamen Piste des Southwest de luxe. Deutlich erinnert sie an Los Angeles (das gesamte »Valley of the Sun« tut das übrigens), denn von einer »Stadt« im herkömmlichen Sinn kann hier keine Rede sein. Alles liegt verstreut, und meilenweite Anfahrten zu Restaurants, Hotels oder Geschäften sind keine Seltenheit. Froschhüpfen ist gefragt.

Die **Borgata** eignet sich nicht schlecht als gehobener Shopping-Einstieg: ein dunkler schattiger Fuchsbau aus einem Stilgemisch von spanischen und italienischen Bauelementen, *patio* und *piazza*, Brunnen und Arkaden. In der Nähe liegt der **Scottsdale Fashion Square**, ein recht heller und weitläufiger Komplex des glasbedachten Galleria-Typs – mit vielen Palmen und heftigem Wasserrauschen.

Frische Luft dagegen dominiert in der **Scottsdale Civic Center Mall**, die sich an Old Town, ein Straßenquadrat aus Shops und Lokalen, anschließt und übergeht in einen ebenso grünen wie schattigen Skulpturenpark voller lila blühender Jacaranda-(Trompeten-) Bäume und gemütlicher Picknicktische: eine wahre Oase zum Sitzen, Schauen und Spazieren.

Für Architekturfreunde ist der Besuch von **Taliesin West** (gesprochen: täli-ÄS-SIN), dem markanten Frank-Lloyd-Wright-Bau am Nordostrand von Scottsdale, ganz einfach selbstverständlich.

Die Führungen folgen dem Rhythmus der verschachtelten Räume, den Passagen, Terrassen und Innenhöfen, während es zwischendurch nicht nur bauliche Details und vielfältige Korrespondenzen zwischen Drinnen und Draußen zu bewundern, sondern meist auch Anekdoten des eigenwilligen Baumeisters und ersten Star-Architekten der Moderne zu hören gibt. Wright suchte sich 1937, in seinem siebzigsten Lebensjahr, dieses Stück Land aus und bebaute es zusammen mit seinen Helfern und Schülern – als Pendant zu seinem (gleichnamigen) Wohnsitz Taliesin in Spring Green, Wisconsin. Er wollte hier die Winter bis zu seinem Tod verbringen, unter anderem auch, um der kalten Jahreszeit in Wisconsin zu entgehen.

»Ich war hingerissen von der Schönheit der Wüste«, schrieb er später, »von der trockenen, klaren, sonnendurchglühten Luft, der klaren Geometrie der Berge; die gesamte Region inspirierte mich in ihrem krassen Gegensatz zu der üppigen pastoralen Landschaft meines heimatlichen Wisconsin. Und aus dieser Erfahrung, oder Offenbarung, wie man es nennen könnte, entstand das Design für dieses Gebäude. Es kam aus sich selbst heraus, ohne Vorbilder und Nachfahren.«

Zu den Highlights dieser Winterresidenz gehören sicherlich der *Garden* bzw. *Living Room* (der zu Zeiten von Wright häufig umgebaut und ein regelrechtes Design-Labor war) und das originelle Theater *(Dinner Theater* oder *Cabaret)* mit seinen schönen Wandlampen und der Felsnische für den Konzertflügel. In jeder Hinsicht aber ist Taliesin West ein Beleg für eine der zentralen Thesen von Wright, die der »Destruction of the Box«, der »Zerstörung des Kastens«, jener immer wiederkehrenden Bauform des Schuhkartons. Die Dynamik der ungewöhnlichen Formen, der Wände und Dächer, sprengt die Rechteckigkeit der Wohn- bzw. Arbeitsschachtel.

Belebt wird sie nicht zuletzt durch die Baumaterialien: die Felsbrocken, die vor Ort gesammelt wurden, der Sand aus den nahen *washes*, und schließlich die Verwendung von Textilien und Plastikmaterialien. Die sehenswerte Beziehung zwischen Baustoffen und umgebender Landschaft; von der Textur des Mauerwerks und der von Berg und Boden; die Schrägen der Mauern und Dächer im Verhältnis zu den Berghängen; das ausgeklügelte Verhältnis von Licht und Schatten; die Art der natürlichen Belüftung – all dies steht freilich in schroffem Gegensatz zum Durchschnitt der Eigenheime des ausufernden Scottsdale, die dem architektonischen Kleinod, zum Leidwesen seiner Liebhaber, auch noch immer näher rücken.

»Unser neues Camp gehört zu der Wüste von Arizona, als hätte es schon während ihrer Erschaffung dagestanden«, notierte Wright. Der Architekt als genialer Schöpfer, dessen Kraft jedoch am Rande seines Grundstücks endet.

Aber da sind ja noch die Schüler! Rudolph Schindler, Werner M. Moser und Richard Neutra gehörten zu ihnen.

Auch Paolo Soleri. Er kam 1947 als Student (und späterer Protegé) nach Taliesin West. Knapp zehn Jahre später machte er sich selbständig und gründete die Cosanti-Stiftung, die heute in Scottsdale angesiedelt ist. Fortan konnte er seinen raum- und energiesparenden Konzepten nachhängen, der so genannten *arcology* (aus *architecture* und *ecology*), die dann ansatzweise in Arcosanti ein paar Meilen nördlich Gestalt annahm.

Meilen, Malls, Museen – nichts davon zählt, wenn man sich einfach nur erholen will. Man muss in den diversen Paradiesgärten der Hotellerie nicht unbedingt ein Schlafzimmer gebucht haben, um sich verwöhnen zu lassen.

Man parkt einfach sein Auto und nutzt die entsprechenden Einrichtungen (einige gegen Gebühren, die nur unwesentlich über denen für die Hotelgäste liegen): Pool, Spa, Tennis- und Golfanlagen, die Gondel zum Restaurant, die Bar oder (für biologisch Interessierte) die Geländetour, auf der man die bodennahe Bevölkerung des Südwestens zu Gesicht bekommt, u.a. Saguaros und andere Kakteen, Jacarandas und Oleander, Bougainvilleen, Iris und Dattelpalmen, Hasen und Hörnchen, Salamander, *roadrunner*, Wachteln und schwarze Schwäne.

Meist hat die findige Concierge noch einiges mehr auf Lager, vor allem dann, wenn es um erholsame Kontakte mit den Kakteen geht, um Ausritte, Touren mit dem Jeep oder Planwagen, den Besuch von Rodeos oder anderen Festen und Feiern.

Südwesten de luxe: eins der vielen Resorts in Phoenix und Scottsdale

19 **Infos:** Phoenix, Scottsdale

Heard Museum
2301 North Central Ave.
Phoenix, AZ 85004
✆ (602) 252-8840
Tägl. 9.30–17 Uhr; ganzjährig auch Führungen
Bedeutendes Museum (gegründet 1929) zur Kultur- und Kunstgeschichte des Südwestens. Hochkarätige Kachina-Kollektion. Eintritt $ 7.

Arizona Center
Van Buren St., zwischen 3rd & 5th Sts.
Phoenix, AZ 85004
✆ (602) 271-4000
Attraktiver Konsumkomplex mit Brunnen und Gärten: Spezialgeschäfte, Restaurants, Nachtclubs (z. B. **Sam's Cafe**: Lunch mit Südwest-Geschmack, $–$$).

The Borgata of Scottsdale
6166 North Scottsdale Rd. (zwischen Lincoln & McDonald Dr.)
Scottsdale, AZ 85253
✆ (480) 998-1822
Shopping im San-Gimignano-Look: kurze Wege zwischen Mode, Schmuck und *dining al fresco*, z. B. **Café Terra Cotta**, ✆ (480) 948-8100, kleine feine Südwest-Gerichte (drinnen und draußen). Beliebte Lunchadresse. $$

Siesta: im Shopping Center »The Borgata« in Scottsdale

Scottsdale Fashion Square
7014 East Camelback Rd., Scottsdale
✆ (480) 990-7800
Mo–Sa 10–21, So 11–18 Uhr
Geräumiges Shopping Center mit Geschäften, Kinos, renommierten Warenhäusern (Dillard's, Nordstrom, Robinson's) und diversen Restaurants.

Old Town Scottsdale
Scottsdale Rd., Main St. & Indian School Rd.
Restaurierte Westernatmosphäre (seit 1880) mit: Shops, Galerien, Bars, Restaurants.

Scottsdale Mall
3939 Civic Center Plaza
Geruhsame Parkanlage, garniert mit hübschen Wasserspielen und plastischen Kunststücken.

Scottsdale Center for the Arts
7380 East Second St. (Scottsdale Mall)
Scottsdale, AZ 85251
✆ (480) 994-2787
Aktives Kunstzentrum: Wechselausstellungen, Theater, Konzerte, Festivals.

Rawhide
23023 North Scottsdale Rd.
Scottsdale, AZ 85255
✆ (480) 502-1880
www.rawhide.com
Okt.–Mai Mo–Do 17–22, Fr–So 11–22, sonst tägl. 17–22 Uhr
Nach dem Grand Canyon auf Platz zwei der Touristenattraktionen in Arizona: Western Town, Steak House und rekonstruiertes Indianerdorf.

El Pedregal
34505 Scottsdale Rd. & Carefree Hwy.
Scottsdale
✆ (480) 488-1072
Mo–Sa 10–17.30, So 12–17 Uhr
Massive Shopping-Wagenburg in ma-

rokkanischem Design mit einer zentralen Bühne für Festivals, Theater- und Musikaufführungen. Boutiquen, Galerien, Restaurants und Cafés (gute 1/2 Std. Fahrt von Scottsdale).

The Frank Lloyd Wright Foundation
12621 Frank Lloyd Wright Blvd. & Cactus Rd.
Scottsdale, AZ 85261-4430
✆ (480) 860-2700, tägl. 9–16 Uhr
Einstündige ($ 14) und dreistündige *Behind the Scenes*-Führungen ($ 35). Winterquartier, Studio und Architektenschule des berühmten Baumeisters Frank Lloyd Wright (1876–1959) am Fuß der McDowell Mountains. 1937–40 gebaut und von Wright bis zu seinem Tod bewohnt. Beispielhaft für sein Prinzip der »organischen Architektur«: durch die Lage inspiriertes Design, Integration von Baukörper und Umgebung, Environment für Arbeit und Wohnen.

Heute Sitz der Frank Lloyd Wright Foundation, des Archivs und der gleichnamigen Architektenschule, an der zur Zeit 35 Schüler und 35 Lehrer tätig sind. Buchhandlung mit umfangreicher F.L.W.-Literatur.

Cosanti Originals, Inc.
6433 Doubletree Ranch Rd.
Scottsdale, AZ 85253
✆ (480) 948-6145
www.getnet.com./~cosanti
Tägl. 9–17 Uhr
Hauptquartier der Soleri-Stiftung: Workshops und Gießerei der berühmten Windglocken (auch Verkauf).

Pueblo Grande Museum
4619 East Washington St.
Phoenix, AZ 85034-1909
✆ (602) 495-0901
Mo–Sa 9–16.45, So 13–16.45 Uhr
Dokumentation der im 15. Jh. versunkenen Kultur der Hohokam-Indianer und Relikte ihrer Siedlungs- und Bewässerungskunst. Eintritt $ 2.

Sanfte Klänge im Wüstenwind: Glocken in Arcosanti

Desert Botanical Garden
1201 North Galvin Pkwy. (Papago Park)
Phoenix, AZ 85008
✆ (480) 941-1225, www.dbg.org
Mai–Sept. 7–20, sonst 8–20 Uhr
Vögel, Lizards und Erdmännchen beleben die vielköpfige Kakteenversammlung. Hauptblütezeit: März–Mai. Auch für Kinder sehr spaßig: Viele halten sich unter dem streng riechenden *skunk tree* die Nasen zu und flippen aus. Im schattigen **Patio Café** kann man sich stärken und erfrischen. (Schöne Anfahrt: 64th St. ab McDowell) Eintritt $ 7.50.

19.1 Western Nostalgia

Von Phoenix nach Las Vegas

19.1 Route: Scottsdale/Phoenix – Jerome – Seligman – Kingman – Las Vegas (620 km/388 mi)

km/mi	Zeit	Route
0	9.00 Uhr	In **Scottsdale/Phoenix** I-17 North bis Camp Verde, bei Exit 287 auf SR 260 nach Nordwesten Richtung **Cottonwood**, dort US 89A nach
179/112	11.00 Uhr	**Jerome** (2 Std. Pause und Lunch). – Weiter US 89A in südwestlicher Richtung, dann US 89 nach Nordosten über Chino Valley nach Ash Fork. Hier I-40 nach Westen, zunächst bis
334/209	15.00 Uhr	**Seligman** (Stopp). I-40 weiter bis
452/283	16.30 Uhr	**Kingman**. Hier US 93 über Hoover Dam nach
620/388	19.00 Uhr	**Las Vegas** (im Winter wegen Zeitgewinn 18 Uhr).

Alternative
Wer die Strecke nicht an einem Tag fahren möchte, trifft auf genügend Übernachtungsmöglichkeiten u. a. in **Jerome, Seligman** oder **Kingman** (vgl. S. 188 f.).

Bei Camp Verde verlassen wir die Interstate mit Kurs auf Cottonwood. Und gleich öffnet sich ein grünes weites Tal, das auch prompt so heißt: **Valle Verde**. Anders als die kargen Hochebenen des Nordens und die heißen Wüsten des Südens muss dieses Valle Verde den indianischen Siedlern einst wie das Paradies auf Erden vorgekommen sein. Schon das alte **Cottonwood** entpuppt sich vor allem an Main Street als anmutige Westernstadt. Dann geht es aufwärts.

Ein paar aufgeregte Wachteln huschen über die Straße, die sich nach **Jerome** hinaufschiebt, zu einem Bergnest, das einst vom Kupfer seiner Minen und heute von den Dollars seiner Touristen lebt. In der Hauptsaison erstickt Jerome am Wochenende förmlich an der ungleichen Mischung aus Hell's Angels und Familien. Dann zieren Warteschlangen die Snackbuden und Restaurants, die *Artsy-craftsy*-Läden quellen über, und die Girls im charmanten Lattenverschlag des Cafés im spitzen Eckhaus an Main Street verkaufen Quiche und Cappuccino.

Keine Spur mehr von den harten Männern im täglichen Kampf mit dem harten Berg, von der Geschichte der »Männer, Minen und Moneten«, von den einschlägigen *saloons* und *bordellos*, die genau 70 Jahre lang die Geschichte der Minenstadt in der Region des Mingus Mountain geprägt haben – von 1883, dem Gründungsjahr der federführenden United Verde Copper Company, bis 1953, dem Jahr, in dem der Abbau eingestellt und Jerome zur *ghost town* wurde.

Ein finanzkräftiger New Yorker, Eugene Jerome, hatte zunächst in die Erschließungsfirma investiert, aber der große Wurf gelang erst, als United Verde den Besitzer wechselte, ein Eisenbahnanschluss und eine leistungsstarke Schmelze im nahen Clarkdale gebaut wurden. Dennoch: die Stadt musste nach Jerome benannt werden, obwohl er sie nie zu Gesicht bekam.

Um die 15 000 Leute hatten während der Boom-Jahre hier gelebt und gearbeitet, als die Mine zu den ergiebigsten der Welt zählte – bis 1929 der Kupferpreis in den Keller und die ganze Nation

Treppenidyll in Jerome

in tiefe wirtschaftliche Depression verfiel. Der Abwärtstrend des großen *crash* kam sogar ganz konkret: Als unterirdische Sprengungen die Erde nachgiebig machten, rutschte Jerome förmlich den Hang des Cleopatra Hill hinunter. Zuvor war man gerade stolz darauf, so dicht und eng am Hügel beieinander zu wohnen, dass jeder nicht nur einen freien Blick hatte, sondern sich nur aus dem Fenster zu legen brauchte, um sich am Kamin des Nachbarn ein Streichholz anzuzünden. Der Zweite Weltkrieg läutete zwar noch einmal eine kurze Erholungsphase ein, aber bald danach zogen die Arbeiter in die Minen von Ajo und Bisbee, die den gleichen Eignern gehörten.

Rund tausend Jahre zuvor hatten die Sinagua-Indianer bereits im vielfarbigen Gestein der Black Hills herumgestochert und blaue Azurite, Obsidiane und Malachite für Schmuck, Handel und Pigmente zur Einfärbung ihrer Körper und Keramiken zutage gefördert.

Der Highway windet sich weiter durch die Berge, vorbei am Mingus Mountain, um kurz vor Prescott scharf nach Norden zu biegen – ganz in der Nähe der **Granite Dells**, fotogenen Felsbrocken im **Watson Lake** und ein ideales Wandergebiet.

Eine unverhoffte Begegnung mit der **Route 66** passiert in **Ash Fork**. Die Interstate 40, der man von hier aus nach Westen folgt, hat bekanntlich in den 1970er Jahren die legendäre Route 66 ersetzt, umfahren, aufs Altenteil geschoben oder schlichtweg zerstört. Obwohl immerhin noch 90 Prozent der alten Straße, als Ortsdurchfahrt verkleidet, überlebt haben, erinnert wenig an Amerikas erste Straßenverbindung von Ost nach West – von der Ecke Michigan Avenue und Jackson Boulevard in Chicago nach Los Angeles und von dort nach Santa Monica ans Meer. Längst wächst vielerorts Gras über den brüchigen Beton der einst gefeierten Transkontinentalen.

Doch **Seligman** macht's möglich. Ja, schon vorher, westlich von Ash Fork, weisen die 66-Zeichen den Weg zum längsten und besterhaltenen Teil der Strecke. Was hier unter die Räder gerät, wissen viele als etwas ganz Besonderes zu schätzen, denn schließlich rollen die Reifen hier über die »Mother Road«, wie John Steinbeck sie nannte, die Mutter der amerikanischen Landstraßen.

Chino Street in Seligman (gesprochen: SLIK-men) entspricht so richtig dem Geschmack der Fans: »66 Motel«, »Historic 66 General Store«, der legendäre »Snow Cap Drive-In«, Antiquitätenläden – ein komplettes, geschickt geliftetes Schaufenster der Nostalgie. Dass die 1886 gegründete Eisenbahnsiedlung ihr automobiles Erbe so lupenrein bewahrt hat, geht vor allem auf das Konto des hier ansässigen, allerdings eher schweigsamen Friseurs Angel Delgadillo. So wie er sahen viele 66-Veteranen den Highway nicht bloß als Straße, sondern als Lebensader einer großen Gemeinde, die unter keinen Umständen sterben durfte.

Dass **Kingman** 1880 gleichzeitig mit der Eisenbahn auf die Landkarte kam, kann jeder heute noch sehen und hören, weil die Gleise der Atchison-Topeka-Strecke parallel zur Route 66 mitten durch den Ort laufen, begleitet vom Geheul der Loks und gefolgt vom schier endlosen Rattern der Waggons.

In nördlicher Richtung strebt die US 93 ruhigeren Gefilden zu, die, je näher man dem Erholungsgebiet von Lake Mead kommt, landschaftlich an Reiz zulegen, denn sie rückt dem **Colorado River** immer mehr zu Leibe, mit schönen Ausblicken auf seine wilde Canyonlandschaft.

Willow Beach liegt da mittendrin, als Oase in einer schwarzbraunen Felswelt, die einfach alles hat, was das abkühlungsbedürftige Herz begehrt: Strand, eine Marina mit Tret-, Haus-, Motor- und Schlauchbooten, die zu leihen sind (über 80 Kilometer kann man die Schluchten des Colorado hinunterfahren), Angelplätze unter Palmen und Oleanderbüschen; außerdem ein Restaurant, Motel und Campingmöglichkeiten.

Nüchtern entfaltet sich weiter nördlich die mit Hochspannungsmasten und -drähten vernetzte Felslandschaft des Colorado, der hier vom massiven **Hoover Dam** gestaut und reguliert wird.

Reges Wuseln belebt gewöhnlich den Damm, Leute, denen das Staunen ins Gesicht geschrieben steht und die erregt ihre Kameras hochreißen: Was für ein technisches Wunder, welche gigantischen Ausmaße! Nur selten schüttelt einer bedenklich den Kopf über das Zement-Monster und das Kraftwerk, das dem Neon-Himmel von Las Vegas die Lichter aufsetzt.

Immerhin überreicht der Hoover Dam, zum letzten Mal auf dieser Reise, das Zeitgeschenk einer ganzen Stunde – jedoch nur im Winter. Ab jetzt gilt die *Pacific Time*.

Unmittelbar danach breiten sich wohltuend die weiten Wasser von **Lake Mead** aus, so als hätte Nevada, der vergleichsweise trockenste US-Staat, davon in Hülle und Fülle. Doch erst mal setzt sich ein Lieferwagen vorneweg und präsentiert sein Hinterteil zur Autolektüre: MAKE MONEY THE OLD-FASHIONED WAY. GRAB IT! – die Werbung eines Casinos. Klarer Fall, die Welthauptstadt der Spieler kann nicht mehr weit sein.

Passt zum Mythos Route 66: die Corvette

19.1 **Infos:** Jerome, Prescott, Seligman, Kingman

Minenarbeiter in Jerome

Jerome Chamber of Commerce
310 Hull St.
Jerome, AZ 86331
✆ (520) 634-2900
Tägl. 9–18 Uhr

English Kitchen
119 Jerome Ave.
Jerome, AZ 86331
✆ (520) 634-2132
Frühstück und Lunch. Mo geschl. $

Flatiron Cafe
416 Main St.
Jerome, AZ 86331
✆ (520) 634-2733
Espresso, Cappuccino, Eis, Gebäck, Frühstücks- und Lunchspezialitäten. $

House of Joy
416 North Hull Ave.
Jerome, AZ 86331
✆ (520) 634-5339
Gutes Restaurant in einem ehemaligen Bordell. Reservierung empfehlenswert, da nur wenige Tische und nur Sa/So geöffnet. $$

Inn at Jerome
309 Main St.
Jerome, AZ 86331
✆ (520) 634-5094
Viktorianisch eingerichtete Zimmer, eins mit eigenem Bad. Restaurant. Frühstück im Preis eingeschlossen. $

Prescott Chamber of Commerce
117 West Goodwin St.
Prescott, AZ 86302
✆ (520) 445-2000 und 1-800-266-7534

Seligman Chamber of Commerce
P.O. Box 65
Seligman, AZ 86337
✆ (520) 422-3939

Copper Cart Restaurant
103 West Chino Ave.
Seligman, AZ 86337
✆ (520) 422-3241
Passend zur alten Straße. Verlässliche Lunch-Adresse. $

Comfort Lodge
114 East Chino St.
Seligman, AZ 86337
✆ (520) 422-3255, Fax (520) 422-3600
Einfach, freundlich, mit kleinem Frühstück. $

Kingman Area Chamber of Commerce
120 West Andy Devine Ave.
Kingman, AZ 86402
✆ (520) 753-6106, Fax (520) 753-1049
www.arizonaguide.com/visitkingman
Zugleich Sitz der **Historic Route 66 Association of Arizona**, ✆ (520) 753-5000

Mojave Museum of History and Arts
400 West Beale St.
Kingman, AZ 86401
✆ (520) 753-3195
Mo–Fr 10–17, Sa/So 13–17 Uhr
Regionale Geschichte (Prähistorie, Mojave-Indianerkultur, Bergbau, Eisenbahn) und eine Sammlung, die dem Cowboy-Darsteller und TV-Witzbold Andy Devine gewidmet ist (am bekanntesten die TV-Serie »Wild Bill Hickok«). Eintritt $ 3.

19.1 **Infos:** Kingman

Route-66-Nostalgie in Seligman

Mr. D'z Route 66 Diner
105 East Andy Devine Ave.
Kingman, AZ 86401-5820
✆ (520) 718-0066
Hot Dogs, Burgers, Boutique. $

Portofino Ristorante
318 Oak St. (Downtown)
Kingman, AZ 86401-5840
✆ (520) 753-7504
Gemütliches, italienisches Plätzchen. $–$$

Best Western A Wayfarer's Inn
2815 East Andy Devine Ave.
Kingman, AZ 86401
✆ (520) 753-6271 und 1-800-548-5695
Fax (520) 753-9608
Gut geführtes Motel; Zimmer mit Mikrowellenherd und Kühlschrank, Pool, *hot tub* und weit genug vom Geheul der Santa-Fe-Eisenbahn entfernt. $

Informationen zu Las Vegas finden Sie S. 30 f. und 40 f.

Ausgebucht: Motelreklame in Seligman

20 Baden-Baden, Kalifornien

Palm Springs

20. Route: Phoenix/Scottsdale – Blythe – Palm Springs (429 km/268 mi)

km/mi	Zeit	Route
0	10.00 Uhr	In **Phoenix** zur I-10 und diese nach Westen, westlich von Indio, Exit Ramon Rd., East Ramon Rd. Und rechts an South Indian Canyon Dr. bis Downtown
429/268	15.00 Uhr	**Palm Springs** (Kreuzung Indian Canyon Dr. & Tahquitz Canyon Way).

Alternative
Statt direkt nach Palm Springs zu fahren könnte man von Phoenix aus einen Abstecher nach Tucson machen und dort ein oder zwei Tage bleiben (vgl. S. 198–209).

Wüstentag, Picknicktag: Gourmet-Restaurants liegen nämlich leider nicht am Weg. Beim Einkauf von Obst und Gemüse muss man allerdings wissen: Sie dürfen die kalifornische Grenze nicht passieren.

Für eine Weile säumt platte Landwirtschaft den Highway. Ein Schild warnt vor entlaufenen Häftlingen: STATE PRISON. DO NOT STOP FOR HITCHHIKERS. Erst nach einiger Zeit steigt der Highway an und besorgt den Saguaros neue Nachbarn: Ocotillo, Cholla und Palo Verde.

Quartzsite, ein ehemaliges Goldgräberkaff, mausert sich in den Wintermonaten zur Heimstatt für Hunderttausende von *snowbirds*, mobile Rentner, die hier ihre Wohnwagen parken, um den kälteren Nordregionen und dem Schneeräumen zu entkommen. »America's Largest Parking Lot, AZ 85346«, titelte die Zeitschrift »National Geographic«. In Zahlen: 2 300 Einwohner, im Winter bis zu einer Million! Dazu vier Truck Stops, keine Bank, Schlange beim Postamt im Januar: zwei Straßenblocks. Wer im

Januar noch nie in Quartzsite, Arizona, war, hat vom RV-Leben keine Ahnung, heißt es unter den Pilgern. Fliegende Händler, Floh- und Tauschmärkte *(swap meets)* sorgen tagsüber ebenso für Entertainment, wie morgens die Spaziergänge durch Kakteen und Creosote-Büsche und nachts das Betrachten der Sterne.

An der Grenze sorgt der Colorado River wieder für Grüntöne, und kurz hinter Ehrenberg bekrönt eine Missionsglocke den sonst nüchternen Kontrollposten der CALIFORNIA AGRICULTURAL INSPECTION STATION. Hier muss in der Regel jeder halten und sich Fragen über eventuell mitgeführte Viktualien gefallen lassen. Und so wie womöglich von seinen Äpfeln muss man sich auch von den Saguaros verabschieden, denn ab Blythe überlassen sie das breite Tal schlagartig anderen Wüstengewächsen, die hier naturgeschützt in der »California Desert Conservation Area« gedeihen.

Die näher rückenden Berge sorgen für Abwechslung, während in der Ferne bereits die bis in den Sommer hinein schneebedeckte Kuppe des Mount Jacinto auftaucht, die vorteilhaft mit den goldgelben Blüten der Palo-Verde-Bäume kontrastiert. Also, Kalifornien gibt sich sofort alle Mühe, seine Schokoladenseiten zu zeigen.

Im Coachella Valley westlich der Dattel-Metropole Indio ist dafür in erster Linie und seit langem **Palm Springs** zuständig, das Baden-Baden Kaliforniens, eine Après-Wüste, mehr *dessert* als *desert*, mehr Cocktails als Skorpione. Einst war es Spielplatz der Hollywood-Stars, aber der glamouröse Lack ist ab. Die Geschäfte am Palm Canyon Drive, früher Flaniermeile und Parcours für Radler wie Eroll Flynn und Greta Garbo, vermarkten inzwischen T-Shirts, 1950er-Jahre-Geschmack oder stehen leer; die Restaurantszene ist so lala, und die meisten Galerien präsentieren Abschreibungskunst. Das »alte« Geld stirbt aus, und die betuchten *snowbirds*, die hier die milden Winter zu verbringen pflegten, ziehen heute die weiter östlich gelegenen Oasen des Coachella Valley vor: Rancho Mirage, Palm Desert oder Indian Wells. Dort, und nicht mehr in Palm Springs, spielt sich der exklusive Country-Club-Stil ab. Dort stehen die neuen Fantasy-Hotels, die Stouffers, Hyatts, Ritz-Carltons und Marriotts. Nicht zuletzt auch deshalb, weil der Baugrund erheblich billiger ist. P. S. – das Postskriptum zum Coachella Valley?

Wer am späten Nachmittag oder Abend über den **Palm Canyon Drive** schlendert, wird wochentags voraussichtlich nichts Ungewöhnliches entdecken, eher (fast) europäisch-provinzielle Züge. Nur die warme wohlige Luft, das späte violette Licht und ein gewisses Gefühl der Zeitlosigkeit lassen etwas von der seltsamen Anziehungskraft dieses Ortes ahnen, die ihre Geschichte hat.

Zum Ende des Jahrhunderts kamen die ersten Erholungsbedürftigen mit der Eisenbahn, und bereits 1909 galt der Desert Inn als das führende Hotel-Sanatorium am Platz. Die Nähe des aufsteigenden Hollywood und vor allem die 1930er Jahre beschleunigten die Entwicklung. Palm Springs glich damals einer Wes-

California Classic: Golfplatzidyll in Palm Springs

ternstadt mit allein 17 Pferdeställen für Ausritte und Cowboyfrühstück an langen Tischen im Wüstengeröll bei Morgengrauen. Hier spielte man das *old western ranch life* nach. Bald kam ein neuer Sportsgeist hinzu und mit ihm Tennis- und Golfplätze, die den Wasserverbrauch im Tal drastisch steigerten. Seither reichen die Brunnen immer tiefer. Als dann in den späten 1950er Jahren die ersten modernen Klimaanlagen installiert wurden, verlängerte der Winterkurort Palm Springs seine Saison.

Doch mit der Präsenz der Stars ging es bergab. Einige Veteranen der Entertainment-Szene wie Bob Hope, Kirk Douglas und andere haben noch ihre Villen hier, aber sie selbst halten sich im Hintergrund. Dennoch überlebt in Palm Springs die Tradition des *locus amoenus*, das antike Idealbild von murmelndem Wasser, Grün und zwitschernden Vögeln. Es überlebt in den Nischen einer komfortablen Wildnis, in den behaglichen Innenhöfen der kleinen Motels, hinter Oleanderbüschen auf Liegestühlen am Pool unter Palmen und Pampelmusen. Aus den heißen Quellen, in denen sich schon die Indianer labten, sind perfekte Kurhotels des Fitnesszeitalters geworden, für den Abgesang vom Stress, schlechten Essgewohnheiten und Alltags-Lethargien.

Ungetrübte und erholsame Freuden spendet auch die unmittelbare Nachbarschaft, insbesondere die Canyons im Reservat der Agua-Caliente-Indianer. Fast 25 Kilometer lang windet sich der längste unter ihnen, **Palm Canyon**, durch die kargen Steinwüsten, begleitet von über 3 000 Exemplaren prächtiger Palmen in stattlichem Alter (über zweihundert Jahre), die so manches Feuer überstanden haben. Einst lebten in diesen Schluchten (Murray, Tahquitz und Andreas) shoshonensprachige Indianer in einem an Wasser und Wild reichen Gefilde. Ihren Nachfahren vom Stamm der Cahuilla-Indianer gehören heute die schachbrettartigen Grundstücke in und um Palm Springs. Es geht ihnen nicht schlecht, seit sie aus dem Grundbesitz und den heißen Quellen dollarschweren Nutzen ziehen – Spielcasinos neuerdings eingeschlossen.

Palm Canyon Drive, die Hauptstraße von Palm Springs

20 Infos: Palm Springs

Palm Springs Chamber of Commerce
190 West Amado Rd. (Nähe Hyatt Hotel)
Palm Springs, CA 92262
✆ (760) 325-1577
www.palm-springs.org

Casa Cody
175 South Cahuilla Rd.
Palm Springs, CA 92262
✆ (760) 320-9346 und 1-800-231-CODY
Fax (760) 325-8610
www.palmsprings.com/hotels/casacody
www.casacody@aol.com
Hübsche Oase, ruhig und zentral gelegen, 1920 von der Cousine Buffalo Bills im Stil einer kalifornischen Hazienda gegründet. Pool, *whirlpool* und viele Zitronenbäume. Einige Zimmer und Studios mit Kamin, Sonnenterrasse und Küche. Mit kleinem Frühstück. In der wunderschön restaurierten Adobe-Villa (1910) ist schon Charlie Chaplin aufgetreten. $$ im Sommer, $$–$$$ im Frühjahr und Herbst, $$$ im Winter.

Monte Vista Hotel & Spa
414 North Palm Canyon Dr.
Palm Springs, CA 92262
✆ (760) 325-5641 und 1-800-789-3188
Fax (760) 325-0571
Nach der Renovierung ohne den alten Charme, aber zweckmäßig und zentral gelegen. Pool. $$–$$$

Orchid Tree Inn
261 South Belardo Rd.
Palm Springs, CA 92262
✆ (760) 325-2791 und 1-800-733-3435
Fax (760) 352-3855
www.orchidtree.com
orchidtree@yahoo.com
Ein älteres Shangri-La (»a 1930s desert garden retreat«) mit Jacuzzis, Pools und Frühstück. $$–$$$

Spa Resort Hotel and Casino
100 North Indian Canyon Dr.
Palm Springs, CA 92262
✆ (760) 325-1461 und 1-800-854-1279

Einladend: Casa Cody

Fax (760) 325-3344
Kurhotel der Agua-Caliente-Indianer; mit großem Pool, heißen Mineralquellen- und Eukalyptusbädern; Massage, Sauna, Fitnessräume, Solarium, Aromatherapie, Schönheitspflege, Restaurant. Die Wellness-Einrichtungen können auch von Nichthotelgästen zu erschwinglichen Preisen genutzt werden (✆ 1-888-293-0180). $$$$

Villa Royale
1620 Indian Trail
Palm Springs, CA 92264
✆ (760) 327-2314 und 1-800-245-2314
Fax (760) 322-3794
www.villaroyale.com
info@villaroyale.com
Ein von üppig bewachsener Missions-Architektur geschützter Innenhof. Schöner Pool, Jacuzzi, gemütliches Restaurant

Palm Canyon bei Palm Springs

(**Europa**, Mo geschl.). Kleines Frühstück, kostenlose Fahrräder. Leider sind Kinder unerwünscht. $$$–$$$$

Golden Sands Mobile Park
1900 East San Rafael Rd.
Palm Springs, CA 92262
✆ (760) 327-4737
Familienfreundlicher Campingplatz mit Pool.

Palm Springs Aerial Tramway
S 111 (Nordende der Stadt)
Palm Springs, CA 92262
✆ (760) 325-1391 und 1-888-515-8726
www.pstramway.com
Tägl. ab 10 Uhr halbstündig, an Wochenenden ab 8 Uhr
Wem die Hitze zu Kopf steigt, der findet Abkühlung auf der 2 840 m hoch gelegenen Bergstation des Mount Jacinto, zu der die sich drehenden Panoramakabinen der Seilbahn hinauffahren: die einzige rotierende Seilbahn in den USA, gebaut von einer Schweizer Firma (Bodenstation auf 881 m). Die Kabine dreht sich während der 14-minütigen Fahrt zweimal um 360° und gewährt somit Rundblicke ins Coachella Valley. Werbespruch: *360° of WOW*. Oben gibt's Wanderwege, Maultierritte, Campingmöglichkeiten und das **Alpine Restaurant**. Fahrpreis $ 20.

Indian Canyons
5 km von S 111 (ausgeschildert)
Palm Springs
✆ (760) 325-3400 und 1-800-790-3398
Herbst/Winter 8–17, Frühling/Sommer bis 18 Uhr
Nach Passieren des Kassenhäuschens kann man im Reservat der Agua-Caliente-Indianer in drei Canyons wandern und picknicken: im ruhigen **Murray** und **Andreas Canyon** und im spektakulären, oft aber überlaufenen **Palm Canyon**.

Der **Trading Post** (Infos, Erfrischungen, Souvenirs), wo auch geführte Bergwanderungen starten, liegt am Ende der Fahrstraße oberhalb von Palm Canyon. Kolibris *(humming birds)* schwirren herum und saugen an den hängenden Flaschen mit Zuckerwasser. Der Canyon windet sich fast 25 km lang durch karges Gestein, flankiert von über 3 000 prächtigen Palmen in stattlichem Alter (über 200

Jahre), schließlich bekommen sie hier auch, was sie brauchen: heiße Köpfe und nasse Füße. Sie haben manches Feuer überlebt.

Vorschlag für einen moderaten Wanderweg: **Victor Trail** (Auskunft und Karte im Trading Post). Im **Murray Canyon** fallen die kleinen, munter piepsenden Vögel auf, die sich im Gesträuch und in den Palmen tummeln. *Least bells vireo* heißen sie und gehören zu einer gefährdeten Vogelart, obwohl sie gar nicht so wirken. Eintritt $ 6.

Tahquitz Canyon
500 West Mesquite, Palm Springs
✆ (760) 416-7044
www.tahquitzcanyon.com
Touren tägl. 8–15 Uhr jede volle Stunde
Über 30 Jahre war der Canyon für die Öffentlichkeit gesperrt. Ein ominöser Medizinmann soll hier böse Geister entfesselt haben, und die Rückstände der Hippie-Kultur der 1960er und 1970er Jahre hatte das Terrain zugemüllt.

Nun haben die Indianer mit dem schlechten Omen und dem großen Dreck aufgeräumt und den Canyon mit seinen schönen Ausblicken auf Palm Springs wieder freigegeben. Die geführte, zweistündige Wanderung mit einem spektakulären Wasserfall beginnen am Tahquitz Visitor Center (tägl. 7.30–17 Uhr geöffnet). $ 12.50 für Erwachsene, $ 6 für Kinder.

St. James At The Vineyard
265 South Palm Canyon Dr.
Palm Springs, CA 92262
✆ (760) 320-8041
www.palmsprings.com/dine/stjames
Eklektische Gerichte mit sehr viel Geschmack. Gemütlicher Speiseraum mit Südwest-Dekor. Bar. Mo geschl.
$$$

Las Casuelas Terraza
222 South Palm Canyon Dr.
Palm Springs, CA 92262
✆ (760) 325-2794
Muntere Bar und immer gut für eine erfrischende Margarita. Restaurant mit reichlichen Portionen. Manchmal Live-Musik.
$$

Palm Court Cafe (Hyatt Hotel)
285 North Palm Canyon Dr.
Palm Springs, CA 92262
✆ (760) 322-9000
Solide Küche, angenehme Atmosphäre. Preisnachlass beim *early bird dinner* (17–19 Uhr). Bar. $$

Otani – A Garden Restaurant
266 Avenida Caballeros
Palm Springs, CA 92262
✆ (760) 327-6700
Köstliches *Sushi, Sashimi* und *Teppan* in luftigem Raum. $$

Rock Garden Cafe
777 South Palm Canyon Dr.
Palm Springs, CA 92262
✆ (760) 327-8840
Plätschernder Brunnen im gemütlichen Steingarten: gut zum Frühstück und Lunch; abends quaken die Frösche.
$–$$

El Mirasol
140 East Palm Canyon Dr.
(Gleich beim Abbieger zu den/von den Indian Canyons an SR 111)
Palm Springs, CA 92264
✆ (760) 323-0721
Cocina Mexicana: Das sympathische, einfache Restaurant serviert traditionelle mexikanische Gerichte. Lunch und Dinner. $

Muriel's Supper Club
210 South Palm Canyon Dr.
Palm Springs
✆ (760) 325-8839
Do–So 18–2 Uhr
www.muriels.com
Hot spot für ein *Upscale*-Publikum: Essen, Trinken, Tanzen zu Live-Musik. $$–$$$

21 Last Call

Von Palm Springs zurück nach Los Angeles

Das zugige Coachella Valley bringt viel Wind auf die Mühlen von Palm Springs

Zum Flughafen am nächsten Morgen: 35 m.p.h., 45 m.p.h., 70 m.p.h. – so steigert sich das Tempo von Palm Springs aus, also für die letzte Etappe der Südwesten-Reise.

Bevor die Sogwirkung der Megalopolis unwiderstehlich zuschlägt, passiert noch eine humoristische Fußnote amerikanischer Autokultur Revue: zwei grünliche Monster am Highway bei **Cabazon**. Zehn Jahre hat der Meister Claude Bell an der größeren und älteren der beiden Figuren aus Eisenzement gewirkt und rund 500 000 Dollar dafür hingeblättert. Wer möchte, kann in den Schwanz des Urviechs einsteigen und ihm durch den Bauch krabbeln, wo kein staatlich subventioniertes, anthropologisches Museum wartet, sondern ein mit frühgeschichtlichen Dokumenten der Region bestückter Souvenirladen.

Hinter Pomona erkennt man linker Hand auf dem Hügel **Forest Lawn**, eine jener Nobelherbergen für die Toten, von denen Los Angeles eine Menge zu bieten hat.

Der endlose Siedlungsbrei, der zu beiden Seiten des Freeway quillt, macht es schwer nachvollziehbar, dass diese Region früher einmal als blühender Zitrusgarten Neid und Sehnsucht des gesamten Ostens der USA weckte. Die Zahl der Fahrspuren nimmt zu, und *go with the flow* heißt die Devise, an die sich offenbar immer mehr Vehikel halten, je näher die Skyline von Downtown rückt, die sich trotz Dunst und häufigem Smog Meile für Meile deutlicher vor den Santa Monica Mountains abzuheben beginnt.

Hat man das Auto zurück- und die Koffer aufgegeben, bleibt vielleicht noch Zeit für einen Abschiedsdrink in der »Stadt der Engel« – im spinnenhaften Flughafengebäude *(theme building)* in der Mitte der Terminals, wo Walt-Disney-Imagineure das Restaurant »Encounter« gestaltet haben – wie eine Milchbar der 1950er Jahre mit NASA-Touch. Oben bietet sich ein schöner (letzter) Rundblick auf die Starts und Ladungen dieses zierlichen Flughafens.

21 **Infos:** Cabazon, Los Angeles

Cabazon Monster
Hwy. 10 (Exit Cabazon)
Bei einem Truck Stop in Cabazon stehen zwei Dinosaurier am Highway, von denen einer als kurioses Museum fungiert, in das man hineinkrabbeln kann. Augenfutter dieser Art wird dem Autofahrer an vielen Stellen in den USA zur Unterhaltung serviert.

Encounter Restaurant
Los Angeles International Airport
Los Angeles, CA 90002
✆ (310) 215-5151
Space Age Dining for the Jet Set: im so genannten *theme building* am LAX, das wie eine Riesenspinne aussieht oder so, als sei es gerade als Ufo gelandet. Dynamischer Innenraum, von Walt Disney Imagineering gestaltet. Kapriziert auf Kleinigkeiten zur Stärkung, Drinks, Desserts und Weine.

Monster am Highway: Cabazon Truck Stop

Freeway als Joggingpfad? Wandmalerei in Los Angeles

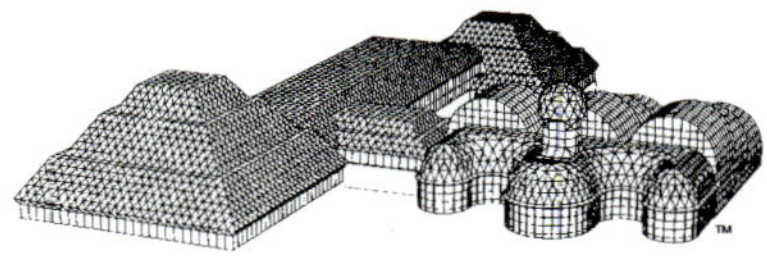

1 Nach Süden

Tucson

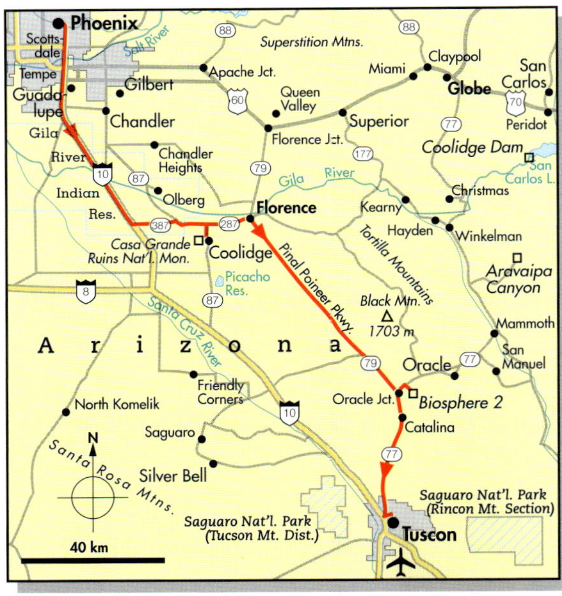

1. Route: Phoenix – Casa Grande – Tucson (243 km/152 mi)

km/mi	**Zeit**	**Route**
0	9.00 Uhr	In **Phoenix** I-10 nach Süden bis Exit 185, dann US 387, S 87 und in Coolidge Schild folgen zur
94/ 59	10.00 Uhr	**Casa Grande** (1 Std.). S 87 zurück und über S 287 in Richtung Florence, dort auf S 79 (Pinal Pioneer Pkwy.) bis **Oracle Junction**, dort S 77 links Richtung Oracle und Globe. Schild rechts zum
189/118	12.30 Uhr	**Biosphere 2 Center** (2 Std.). – Zurück zur Oracle Junction und auf S 77 Richtung Süden nach
243/152	15.30 Uhr	**Tucson** (Hotel-Check-in).

Nachmittag **Saguaro National Park East** (Broadway nach Osten, rechts den Old Spanish Trail) oder Bummel durch die **historische Altstadt** (z.B. Main St., diese zwischen Washington und Alameda links zum Parkplatz des **Tucson Museum of Art**.

Alternative
Wenn man zeitiger in Tucson ankommt, könnte man auch das kulturgeschichtliche **Arizona Historical Society Museum** besuchen: 949 East 2nd St., Tucson, AZ 85719, ✆ (520) 628-5774, Mo–Sa 10–16, So 12–16 Uhr, kein Eintritt. Anschließend bummelt man über **Congress Street**, die Hauptgeschäftsstraße von Downtown, durch den angrenzenden Arts District oder über die 4th Street, die mit zahlreichen Kaffeehäusern, Boutiquen und Galerien aufwartet.

Typisch: eine Ausfahrt von der Interstate, eine halbe Drehung – und schon erscheint die Welt wie ausgewechselt! Südlich von Phoenix ist das nicht anders. Innerhalb von Minuten besetzen Saguaros und blühende Palo-Verde-Bäume die bis dahin öde Ebene, und plötzlich rahmen Bergrücken und -zipfel einen staksigen Wüstengarten ein.

Leider nur kurz, denn der kleine Highway endet schnell und überlässt die Szene heftiger Landwirtschaft, deren braune Ackerfurchen zwar nützlich, aber optisch wenig aussagekräftig sind – bis zu dem Punkt, an dem sich von weitem ein seltsamer Baldachin abzeichnet: das schützende Sonnendach der mysteriösen Ruinen der **Casa Grande**.

Schon vor 1 500 Jahren lebten Hohokam-Indianer im Tal des Gila River in kleinen, verstreuten Dörfern als Farmer. Um den trockenen Boden zum Grünen zu bringen, legten sie ein kompliziertes, mehr als 1 000 Kilometer langes Kanalsystem zur Bewässerung an und pflanzten Baumwolle, Mais und Kürbisse. Sie betrieben eine ausgefeilte Töpferei und handelten außerdem mit Mexiko. Ansonsten aber weiß man nicht viel über ihre Kultur, vor allem nicht, warum sie um 1350 dieses mächtige vierstöckige Bauwerk errichteten. Sollte es als Fort dienen? Für Rituale genutzt werden? Die neuere Forschung weist darauf hin, dass die oberen Fenster exakte astronomische Beobachtungen ermöglichen. Also eine Sternwarte? Der Bummel zum Hauptbau und durch die umliegenden Ruinen schlägt ein geruhsames Geschichtskapitel auf, aufgelockert von bunten Schmetterlingen und summenden Kolibris. Sie vor allem trösten darüber hinweg, dass das Stahlgerüst die Steinruine ziemlich zerschlägt.

Weiter nach **Florence**: Der Weinbau auf den Feldern ringsum passt dazu. Toskanische Spätlese? Bald danach mausert sich der Highway 79 zum **Pinal Pioneer**

Biosphere 2 Center

Parkway, was seine Szenerie denn auch aufwertet. Das Spannendste am Weg ist natürlich das **Tom Mix Monument** in der Nähe des fatalen »Tom Mix Wash«. Übermorgen (in Douglas) wird sich zeigen, was es mit diesem *wash* auf sich hat.

Dem Haus der ungeklärten Vergangenheit folgt das der ungeklärten Zukunft auf dem Fuß: **Biosphere 2 Center**, eine Art Raumschiff Enterprise, das allerdings niemals abgehoben hat. Aber es tat zumindest für eine Weile so, als könne es entrückt von der Erde existieren. Zwei Jahre lang, zwischen 1991 und 1993, wollte man eine Handvoll Wissenschaftler im Glashaus versiegeln, um abgeschlossen von der Außenwelt (»Biosphere 1«) wie in einer modernen Arche Noah Lebens- und Überlebensbedingungen zu testen und vielleicht sogar Vorarbeiten für eine Besiedlung des Mars zu schaffen. Alle Nahrung, Wasser und Luft sollten recycled werden. Doch schon nach vier Monaten gab es mehr oder weniger offen eingestandene Lecks und Defekte: Computerteile wurden eingeschmuggelt, eine Bionautin verließ das Glashaus und begab sich zur Behandlung einer Wunde ins Krankenhaus. Der Test wurde daraufhin abgebrochen.

Edward Bass, ein texanischer Ölmilliardär, hatte anfangs die Millionen für das Experiment hingelegt – als Egotrip, wie böse Zungen behaupten. Prompt regte sich Kritik an der Seriosität des Experiments: Publicity-Rummel für eine Schnapsidee aus der New-Age-Ecke, hieß es. Seit 1996 aber braucht die Biosphere keine weitere Wissenschaftsschelte mehr zu ertragen, denn sie ist unter die Fittiche der New Yorker Columbia Universität genommen worden, die die Einrichtungen hier als Forschungs- und Lehrstelle nutzt.

Oracle Road nähert sich **Tucson** (gesprochen TU-son) von Norden her und damit auch seinen rund 400 000 Einwohnern, die in diesem Hochwüstental heimisch geworden sind, das von vier Bergmassiven beschützt wird: den Santa Catalina, Rincon, Santa Rita und Tucson Mountains. Pater Eusebio Francisco Kino spielte hier um das Jahr 1700 den städtischen Geburtshelfer. Der spanische Jesuit, dessen Standbild denn auch den Eingang der örtlichen Historischen Gesellschaft ziert, gründete die erste Mission unter den Papago-Indianern. Später, während der Apachenkriege, diente das inzwischen angeschlossene US-Fort als Kavalleriestützpunkt. Ab 1880 brachte die Eisenbahn erste Ansätze von Zivilisation, doch so richtig bergauf ging es erst nach dem Zweiten Weltkrieg.

Das moderne Tucson, liberaler Gegenspieler des eher konservativen Phoenix, lebt im Wesentlichen von der Air Force und der Universität. Das trockene und besonders im Winter angenehme Klima hat die Stadt außerdem zu einer beliebten Rentneradresse gemacht, und den neu zugezogenen High-Tech-Firmen gefällt die klare und staubfreie Wüstenluft. Die meisten Tucsonians wissen das (universitätsbedingte) kulturelle Niveau ihrer Stadt ebenso zu schätzen wie das noch vorherrschende *grassroot feeling*: Die Stadtväter seien für alle und vieles ansprechbar und dadurch stände Tucson, was die Mitbestimmung in der kommunalen Verwaltung und Politik angehe, vergleichsweise gut da.

Die touristischen Highlights winden sich wie ein Kranz um die ausufernde und durchweg flache Stadt – wegen der happigen Entfernungen sind sie an einem fortgeschrittenen Nachmittag unerreichbar. Dennoch bieten sich zwei Alternativen zum Hotelpool an: ein Bummel durch die Altstadt oder ein Ausflug zum östlichen Teil des Saguaro National Park.

Der historische Kern von **Downtown Tucson** (im Karree zwischen Franklin, Court, Congress und Main Street) erschließt sich leicht zu Fuß. Bester Parkplatz und Ausgangspunkt ist das **Tucson Museum of Art**, in dessen Nachbarschaft nicht nur zahlreiche alte Adobebauten Galerien, Kunstakademien und Restaurants beherbergen, sondern auch einige Häuser stehen, die vom deutschstämmigen Architekten Henry C. Trost (1860–1933) um die Jahrhundertwende für reiche Junggesellen entworfen wurden, so dass der Distrikt den Beinamen *snob hollow* bekam. Auch wenn einige der Villen zur umgebenden spanischen Baulandschaft wie die Faust aufs Auge passen, können sie sich durchaus sehen lassen.

Der Broadway entwickelt sich in östlicher Richtung stadtauswärts zum Old Spanish Trail, der schließlich zum **Saguaro National Park East** führt, wo sich Fotofans und Naturliebhaber so richtig an den Kakteen begeistern können, denn um die Spätnachmittagszeit ist hier das Licht am schönsten.

Bis zu 200 Jahre alt, bis zu 15 Meter hoch und über acht Tonnen schwer können diese »Könige der Wüste« werden. Im Frühjahr, zwischen April und Anfang Juni, blühen die Kolosse: Nach Sonnenuntergang öffnet sich eine der oft über hundert kleinen weißen Blütenknospen und wartet darauf, am nächsten Morgen bestäubt zu werden, um noch am selben Tag zu verwelken.

Tucson, Arizona

Infos: Coolidge, Oracle, Tucson

Casa Grande Ruins National Monument
1100 Ruins Dr. (an SR 87)
Coolidge, AZ 85228
✆ (520) 723-3172
Tägl. 8–17 Uhr
Rund 600 Jahre alte Hohokam-Ruine im Tal des Gila River. Visitor Center, Lehrpfade. Eintritt $ 2.

Biosphere 2 Center
Hwy. 77 (*mile marker* 96.5)
Oracle, AZ 85623
✆ (520) 896-6200 oder 1-800-828-2462
www.bio2.edu
Tägl. 8.30–17 Uhr
In der zur New Yorker Columbia University gehörenden Forschungs- und Lehreinrichtung kann man sich auf eigene Faust informieren oder in Gruppen führen lassen. Es gibt etwas zu essen, zu trinken, zu kaufen (Rainforest Gift Shop). In der Ocean Viewing Gallery kann man das Innenleben des »Ozeans« unter die Lupe nehmen. Eintritt $ 13.

Metropolitan Tucson Convention & Visitors Bureau
130 South Scott Ave. (Downtown)
Tucson, AZ 85701
✆ (520) 624-1817 und 1-800-638-8350
Fax (520) 884-7804
Mo–Fr 8–17, Sa/So 9–16 Uhr

Arizona Inn
2200 East Elm St.
Tucson, AZ 85719
✆ (520) 325-1541 und 1-800-933-1093
Fax (520) 881-5830
Wunderschöner Country Inn (1930) mit historischer Möblierung, malerischen Gärten, manikürtem Rasen (für Krocket-Freunde) in Uni-Nähe. **Restaurant**, Bibliothek, Pool, Tennisplätze, exzellenter Kraftraum. $$$$ (Im Sommer $$–$$$)

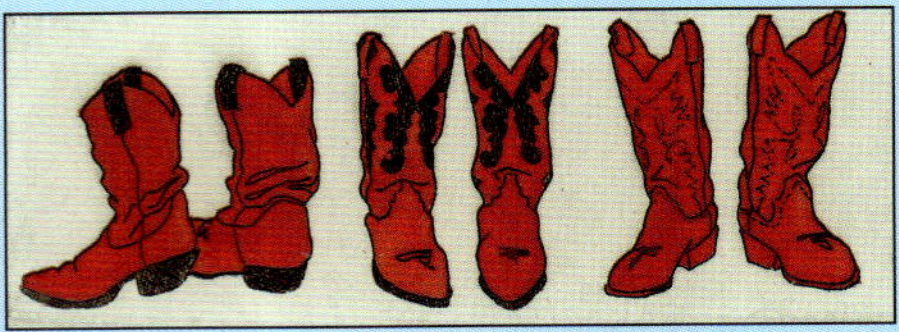

White Stallion Ranch
9251 West Twin Peaks Rd.
Tucson, AZ 85743
✆ (520) 297-0252 und 1-800-977-2624
Fax (520) 744-2786
Ferienranch mit Longhorn-Rindern im Kakteenwald, 25 km vom Stadtzentrum, gute Reitmöglichkeit. Ideal für Zusatztage im Stil von *High Chapparal*. Preise einschließlich Verpflegung und Ranchaktivitäten. Allerdings keine Kreditkarten. Okt.–Mai geöffnet. $$$$

Westward Look Resort
245 East Ina Rd.
Tucson, AZ 85704
✆ (520) 297-1151 und 1-800-722-2500
Fax (520) 297-9023
llvres434@aol.com
Schön gelegene, komfortable Oase mit Restaurant, Pools, Tennisplätzen, Fitnesseinrichtungen, Joggingpfaden. $$$

Best Western Ghost Ranch Lodge
801 West Miracle Mile
Tucson, AZ 85705
✆ (520) 791-7565 und 1-800-4456-7565
Fax (520) 791-3898
Angenehmes Motel. $$

Gilbert Ray Campgrounds
Rt. 13 (13 km westl. der Stadt)
P. O. Box 977
Tucson, AZ 85713
✆ (520) 888-4200
Großer Platz, einfach ausgestattet, im Tucson Mountain Park an der Kinney Rd. inmitten stolzer Kakteen.

Cafe Poca Cosa
88 East Broadway und 20 South Scott
Tucson, AZ 85701
✆ (520) 622-6400
Zwei vorzügliche mexikanische Restaurants auf einen Streich. Die enge, karge

1 **Infos:** Tucson

Hütte an Scott Avenue: *Gourmet Mexican food* zum Frühstück und Lunch. $
Schräg gegenüber (Broadway): Lunch und Dinner mit ungewöhnlichen und täglich wechselnden Kreationen. Auch zum Draußensitzen. Abends unbedingt reservieren! So geschl. $$

Kingfisher Bar & Restaurant
2564 East Grant Rd.
Tucson, AZ 85716
✆ (520) 323-7739
Seafood-Spezialist: Austern, Hummer und Krebse aus Maryland. Ansonsten eklektisch: ein bisschen Cajun, ein wenig Pacific Rim. Große Auswahl an offenen Weinen. $$

Janos
3770 East Sunrise Dr. (im Westin La Paloma Resort)
Tucson, AZ 85718, ✆ (520) 615-6100
Vielfach ausgezeichnet für seine *Southwest* Nouvelle Cuisine (Mais, Kaktus, *chile* etc.); reiche Weinauswahl. Eleganter Raum und freundlicher Service; romantische Aussicht auf die Lichter von Tucson. Reservierung empfohlen. So geschl. Mitte Mai–Mitte Nov. auch Mo geschl. $$$

Oven's Restaurant
St. Philip's Plaza, 4280 North Campell Ave.
Tucson, AZ 85718
✆ (520) 577-9001
Im Trend der schicken Jugendszene. Schöner Innenhof, Pizza in allen Südwest-Variationen. $$

O'Malley's on Fourth
247 North 4th Ave., Tucson
✆ (520) 623-8600
Beliebte *sports bar*, Live-Musik, Restaurant, Pool-Tische. $

The New West
4385 West Ina Rd., Tucson
Riesiger Country & Western Saloon am Nordrand der Stadt mit (meist) guten Bands.

Weitere Informationen zu Tucson finden Sie S. 207.

Gepflegte Oase: die blühenden Gärten des Arizona Inn, Tucson

2 Wildwestkulissen

Rund um Tucson

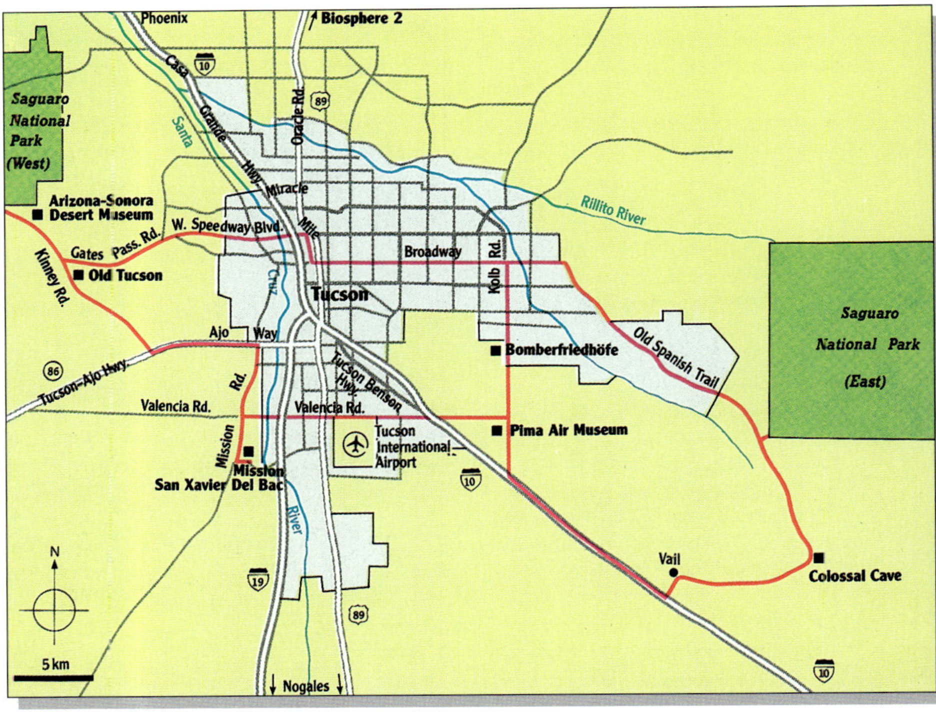

Zeit	Programm
Vormittag	Über Miracle Mile, Speedway *(scenic route)* nach Westen zum **Saguaro National Park West** (Camper über Ajo Way anfahren), **Arizona-Sonora Desert Museum.**
Mittag	**Old Tucson** (Lunch). Kinney Road, Ajo Highway links, Mission Road rechts zur
Nachmittag	**Mission San Xavier del Bac** (oder am nächsten Tag auf dem Weg nach Bisbee, vgl. S. 211). Mission Road, Valencia Road rechts und immer geradeaus bis zu den **Bomberfriedhöfen** in der Gegend um Valencia, Kolb, Irvington und Escalante Road. – Über die Kolb Road auf die I-10 bis Abfahrt Vail und dort nach Osten zur
	Colossal Cave. Über den Old Spanish Trail zum
Sonnenuntergang	**Saguaro National Park East**.

Hinweis: Nach diesem Tag gibt es zwei Möglichkeiten, wenn man der Route durch den Süden nicht folgen will:
– Zurück nach Phoenix und weiter nach **Las Vegas** (vgl. Route 19.1 S. 184–189)
– Zurück nach Phoenix und über **Palm Springs** nach **Los Angeles** (vgl. Route 20/21 S. 190–197).

Die Zeiten, als viele Tucson noch für einen Ort hielten, wo man allenfalls auf der Durchreise mal übernachtete, sind vorbei. Längst wächst die Zahl derer, die nach so einer Nacht gar nicht mehr weg wollten. Und über 650 000 liegt inzwischen die Zahl derer, die im Hochwüstental zwischen den Tucson Mountains im Westen und den Rincon Mountains im Osten heimisch geworden sind.

Tucsons touristische Highlights winden sich wie ein Kranz um die wuchernde Stadt. Um sie kennen zu lernen, muss man ein paar Kilometer mehr schlucken, als manchem in der Hitze lieb sein mag. Dennoch bleibt genügend Zeit zum Laufen und In-der-Sonne-Schmoren.

Die *scenic route* folgt dem Speedway in westlicher Richtung durch Kaktusalleen und Vorortvillen zum Saguaro National Park. Vom Gates-Pass über die Tucson Mountains aus bieten sich die ersten *vista points*: rückwärts das weite, oft schon smoggefüllte Tal von Tucson, vorwärts auf den unberührten Dornenwald schneidiger Saguaros.

Die Lehrpfade beim Besucherzentrum des **Saguaro National Park** machen mit der Wüstenökologie vertraut, und der passionierte Fotograf wird auf seine Kosten kommen. Noch ausführlicher wird die Wüste im **Arizona-Sonora Desert Museum** zum Thema. Unter anderem bietet dieses ausgezeichnet organisierte Institut die Möglichkeit, ein *wickiup*, die traditionelle Behausung der Papago-Indianer, einmal aus der Nähe zu betrachten.

Wer sich rechtzeitig von den Echsen und Moppeln, Schlangen und Kaktusarten losreißen kann, erwischt den *high noon shootout* im nahen **Old Tucson.** Ende der 1930er Jahre ließ eine Filmgesellschaft dieses Potemkinsche Dorf für den Hollywoodfilm »Arizona« nachbauen – als Replikat des echten Tucson, wie es einmal in der Mitte des 19. Jahrhunderts ausgesehen hat.

Gründer von Tucson: Pater Eusebio Francisco Kino

Drive-in-Kakteenwald: Saguaro National Park

Neben Cowboyspielchen von *stuntmen* kann man mit der Eisenbahn durch richtiges Westerngelände rollen, einen kühlen Schluck nehmen oder eine Kleinigkeit essen. Die eine oder andere stehen gebliebene Filmkulisse bringt den Besucher sicher zum Schmunzeln – so richtig spannend ist das Ganze eigentlich nur für Kinder.

Szenenwechsel: Kurzbesuch beim monströsen **Flugzeugfriedhof** der US-Luftwaffe in der Nähe des Pima Air Museum. Rund 4 000 ausgeschlachtete oder eingemottete Kriegsgeräte (Hubschrauber, AWACS-Maschinen, B-52-Bomber und Düsenjäger) stehen hier herum und hoffen, dass die trockene Luft während der Rast den Rost möglichst lange fernhält. Bei so viel mumifiziertem Schrott kann einem Angst und Bange werden.

Danach geht es in schneller Fahrt über den Freeway nach Südosten: für ein (ausnahmsweise) einmal dunkles Intermezzo, denn die Tropfsteinhöhle **Colossal Cave** hält eine besonders für heiße Tage wohltuend kühle Pause bereit. Auf der Tour erzählen die Führer natürlich die alten Geschichten von Stalaktiten und Stalagmiten, doch dann kommen sie schnell zu ihrem Lieblingsthema: dem mit den Eisenbahnbanditen, die sich einst hier unten versteckt hielten. Nachdem der Sheriff sie bis zum Höhleneingang verfolgt hatte, entkamen sie durch einen Geheimausgang – ohne die Beute. Irgendwo in der Höhle muss das Gold also noch liegen.

Zur Entspannung von den Mühen der über- und unterirdischen Erkundung kommt zu dieser Tageszeit das kleine Saguaro Corners Restaurant gerade recht – schräg gegenüber vom **Saguaro National Park East**.

Anschließend können Fotofans und Naturliebhaber sich von hier aus noch einmal unter die Kakteen mischen. Wenn diese ulkigen Gesellen im milden (und im Sommer schier endlosen) Abendlicht zu glühen beginnen, schließt sich der Kreis um Tucson friedlich.

2 **Infos:** Tucson, Vail, Saguaro National Park

Arizona-Sonora Desert Museum
2021 N. Kinney Rd. (über Speedway nach Westen)
Tucson, AZ 85743
✆ (520) 883-2702, Fax (520) 883-2500
www.desertmuseum.org
Im Sommer 7.30–18, sonst 8.30–17 Uhr
Einzigartiges Wüstenmuseum in natürlicher Umgebung. Eintritt $ 9.

Saguaro National Park West
2700 North Kinney Rd. (Tucson Mountain District)
✆ (520) 733-5158
www.saguaro.national-park.com
Tägl. von Sonnenauf- bis -untergang, Visitor Center 8.30–17 Uhr
Kakteenwald, Rundkurs (Bajada Loop Drive), Lehrpfade. Kein Eintritt.

Saguaro National Park East
3693 South Old Spanish Trail (Rincon Mountain District)
Tucson, AZ 85730-5601
✆ (520) 733-5153
Tägl. von Sonnenauf- bis -untergang, Visitor Center 8.30–17 Uhr
Der Saguaro-gespickte Autokorso lädt zu einer einstündigen Rundfahrt. Wanderer sollten sich dem **Tanque Verde Trail** oder den **Cactus Forest Trail** anvertrauen. Eintritt $ 4.

Old Tucson Studios
201 South Kinney Rd.
Tucson, AZ 85735
✆ (520) 883-0100, Fax (520) 578-1269
Tägl. 10–18 Uhr
Das »Hollywood in der Wüste« dient seit 1939 als Drehort für mehr als 300 Filme und TV-Produktionen. Eintritt $ 15.

El Presidio Historic District
Downtown Tucson
Der restaurierte spanisch-mexikanische Stadtkern rund um das **Tucson Art Museum** (140 North Main Ave.) mit Museen, Galerien, Restaurants mit hübschen Patios und Bars in historischen Häusern.

Flugzeugfriedhof
Valencia, Kolb & Irvington Rds., Tucson
In der Nähe des Pima Air Museum: Geister-Armada der US-Air Force.

Colossal Cave
16711 East Colossal Cave Rd.
Vail, AZ 85641
✆ (520) 647-7275
Mitte März–Mitte Sept. Mo–Sa 8–18, So/Feiertage 8–19, sonst tägl. 9–17 Uhr
Die weitläufige Tropfsteinhöhle sorgt für ein angenehme Abkühlung, Führungen. Eintritt $ 7.50.

Saguaro Corners Restaurant
3750 South Old Spanish Trail (Escalante Rd.)
Tucson, AZ 85730-5638
✆ (520) 886-5424
Gut für einen erfrischenden Schluck und Kleinigkeiten zur Stärkung. Mo geschl. $–$$

Typisch für die Südwestecke von Arizona: Saguaro-Kaktee

❸ Wuppertal im Wilden Westen

Bisbee

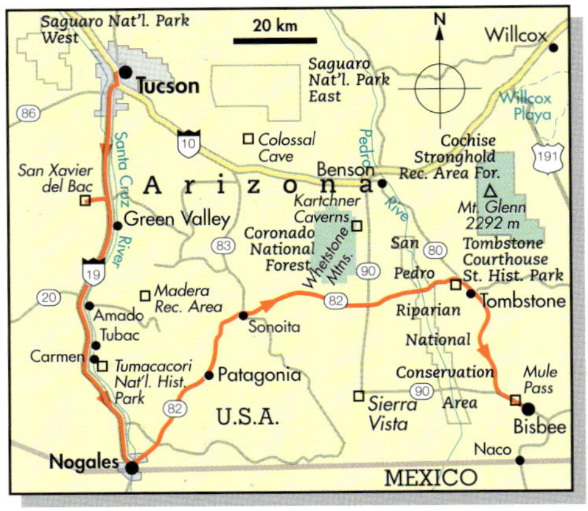

3. Route: Tucson – San Xavier – Tumacacori – Tombstone – Bisbee (259 km/162 mi)

km/mi	Zeit	Route
0	9.00 Uhr	In **Tucson** I-10 South, I-19 South, Ausfahrt 75, zur
16/ 10	9.15 Uhr	**Mission San Xavier del Bac** (ca. 3/4 Stunde). Zurück zur I-19 nach Süden bis zur Ausfahrt (Exit 29) zur
80/ 50	10.45 Uhr	**Tumacacori Mission** (ca. 3/4 Stunde). Weiter über die I-19 nach Nogales und dort (Exit 18) S 82 über Patagonia und Sonoita zur S 80 nach
219/137	13.00 Uhr	**Tombstone** (Lunch, Rundgang ca. 3 Stunden). Weiter über S 80 nach
259/162	16.30 Uhr	**Bisbee**.

Alternative

Für Höhlenfreunde gibt es seit neuestem unweit der Route eine spektakuläre Untergrund-Dekoration in Form einer Kalksteinhöhle, den **Kartchner Caverns State Park**. Die Ausstattung der Ausstellungsräume **(Discovery Center)** ist vorbildlich. Einstündige Führungen durch Park Ranger, Voranmeldung empfohlen ($ 14). Wanderwege, Picknickeinrichtungen, Camping. Eintritt $ 10 pro Auto. ✆ (520) 586-4100 und (520) 586-CAVE (Reservierung von Touren), www.pr.state.az.us, tägl. 7.30–18 Uhr. Anfahrt: von S 82 auf S 90, diese ca. 10 Meilen nach Norden und links den Schildern folgen.

Südlich von Tucson sollte man die Interstate kurz verlassen, um sich eine der schönsten spanischen Missionskirchen des Südwestens anzusehen: **San Xavier del Bac**. Ihr weißer Baukörper hebt sich schon von weitem vorteilhaft vom Hintergrund der schwarzen Berghänge ab, so dass der Beiname »weiße Taube der Wüste« sofort einleuchtet. Ein international besetztes Expertenteam

»Weiße Taube der Wüste«: San Xavier Mission

hat das barocke und entsprechend reich verzierte Gotteshaus und seine eindrucksvollen Freskenmalereien aufwendig restauriert. Sogar Restauratoren der Sixtinischen Kapelle in Rom sollen dabei geholfen haben, unterstützt von den Kenntnissen und Erfahrungen indianischer Handwerker. Die Kirche steht im Reservatsgebiet der Tohono-O'Odham-Indianer (früher Papago genannt).

Sonntags ist natürlich die beste Besuchszeit. Dann sorgen Messen, Taufen und Hochzeiten für den sakralen Rhythmus am laufenden Band. Hispanische Großfamilien füllen regelmäßig den langen schmalen Kirchenraum. Die kleinen Kinder werden zu den Weihwasserbecken gehoben, während schon feierlich-melancholische Mariachi-Musik zu hören ist – die nicht zuletzt Assoziationen zu »Canzione de mi padre« von Linda Ronstadt wachruft. Draußen auf der Plaza lebt die weltliche Seite des spanisch-mexikanischen und indianischen Erbes in den Menschentrauben, Pick-ups und Verkaufsbuden weiter. An den duftenden Ständen verkaufen die Indianer ihr frisch gebackenes Brot und andere Stärkungen.

Zurück auf den schnellen Highway 19, der dem Lauf des Santa Cruz River und dem von ihm bewässerten »Green Valley« auf der Spur bleibt und dabei weitere Relikte der regionalen Geschichte passiert, die im Zuge der Westbesiedlung der USA von zahlreichen Konflikten zwischen Indianern, Spaniern und Anglos geprägt war. Auch die Neuzeit kommt nicht zu kurz: in einem Silo des **Titan Missile Museum**, wo eine entschärfte Atomrakete als Memorabilie des Kalten Kriegs aufbewahrt wird.

Weiterhin liegt **Tubac** am Weg, heute ein ganz und gar ruhiges Städtchen, in dem sich ein buntes Künstlervölkchen eingenistet hat, das aber einst (1752) ein

Highlight des Südwestens: die Mission San Xavier del Bac

spanisches Presidio war mit der Aufgabe, die aufständischen Indianer unter Kontrolle zu bringen.

Als kirchlicher Pionier der Spanier hatte Pater Kino zuvor versucht, die Indianer im südlichen Arizona – Apachen, Papago und Pima – zu missionieren und in der Viehzucht zu unterweisen. Es entstand eine Reihe von Missionskirchen, unter ihnen die eben gesehene und die nun folgende Ruine von **San José de Tumacacori** (sprich: tume'KO-Keri) im gleichnamigen National Historical Park.

Rechts neben dem Kircheneingang steht noch das wuchtige Baptisterium, über dem sich der Ansatz des nie zu Ende gebauten Glockenturms erhebt. Ungewöhnlich und beeindruckend ist die (dachlose) Totenkapelle auf dem Friedhof hinter der Kirche.

Die Flussauen des Santa Cruz River werden zunehmend grüner, das Tal enger, der Highway immer schöner, und nur das auf amerikanischer Seite gelegene, nichtssagende Grenzstädtchen **Nogales** (»die Walnüsse«) unterbricht die reizvolle Bilderfolge, die dann auch prompt am Ortsausgang weiterläuft: Wuchtige alte Bäume, trockene *washes* und Pferderanches folgen, und ein paar braunrote Canyonwände, die an Utah erinnern. Auf der Gegenspur donnern einige Barbarossas auf ihren Harleys vorbei.

In **Patagonia** (vom spanischen »Großfuß« als Bezeichnung für die Indianer) ist der Parkplatz von »McGraw's Wagon Wheel Cantina« bereits knüppelvoll: die »Patagonia's Original Cowboy Bar« scheint beliebt zu sein. Bei **Sonoita** tauchen in der lieblichen Landschaft einige Weingüter auf, aber nach wie vor beherrschen Vieh- und Pferderanches die Szene.

Missionskirche in Tumacacori

Das ändert sich hinter Sonoita. Den pastoralen Weiden und rollenden Hügeln, dem wilden Hafer und den bewaldeten Bergkämmen folgen mit zunehmender Steigung karges Terrain, Sagebrush und Yuccas: die geeignete Bühne für **Tombstone**, den Schauplatz von jenem *shoot out*, in dem Sheriff Wyatt Earp die bösen McLowrey-Brüder und Billy Clanton erschoss. Genau gesagt, geschah das am 26. Oktober 1881 im O. K. Corral. Die 30 Sekunden der Schießerei brachten Ställe, Sattlerei und Schmiede ins Standardlexikon des Wilden Westens. Heute stehen die Akteure dort als lebensgroße

Shoot-out in Tombstone

Puppen herum, wie tiefgefroren während ihrer letzten Sekunden vor der Abreise ins Jenseits.

Gleich am Ortseingang verzeichnet der **Boothill Graveyard** die genaue Todesart vieler Namenloser und legendärer Westmänner. Ob erstochen, legal oder versehentlich erhängt, von Indianern in den Hinterhalt gelockt oder sonst wie umgekommen – alle liegen einträchtig unter der Erde, unter zirpenden Zikaden, plappernden Touristen und aufgeregten *roadrunners*.

Hoch ging es einst her in der reichen Silberminenstadt, die sich in den 1880er Jahren durch lockeres Geld und leichtes Leben einen Namen machte. In *bordellos*, Spelunken und Opiumhöhlen vertrieben sich die damals rund 10 000 Silbermänner die Zeit – bis die Minen nichts mehr hergaben und die Schürfer abzogen. Seither geht kein Kugelhagel mehr nieder, und auch kein Frauenbein wippt mehr verheißungsvoll auf und ab. Nur die Kulissen des wüsten Dolce Vita stehen noch. Die hölzernen Gehsteige erlauben zumindest auf einer Straßenseite einen schattigen Rundgang durch den meist hitzeflirrenden Ort, in dem der **O. K. Corral** und das ihm angegliederte **Historama** die Lokalgeschichte mit Mediashow und Puppentheater wieder lebendig werden lassen (Eingang: Allen Street).

Ein weiteres Highlight: das **Bird Cage Theatre** von 1881, das zahlreiche Requisiten aus jener Zeit versammelt, als es sich als Bühne, Bar und Spielsalon seines schlechten Rufs erfreute. Schade, dass man dieses seltene Exemplar bisher nicht als Revuetheater restauriert hat! Auch den **Crystal Palace Saloon** sollte man auf keinen Fall versäumen. Mit etwas Fantasie gelingt es, trotz seiner restaurierten Ausstattung, sich vorzustellen, wie in den verruchten Zeiten hier Desperados und *bandidos* auf die Pauke gehauen haben, bis Sheriff Wyatt Earp dazwischenging.

Weit weniger touristisch als Tombstone bewältigt **Bisbee** seine Vergangenheit. Das liegt sicher daran, dass hier nicht gewaltsame Lebensverluste, sondern fleißige Kupfergewinne den Ton angaben. Das gut 6 300-Seelen-Städtchen in der steilen Schlucht des Mule Pass kommt ohne Ampeln, Designer-Getue und blasierte Boutiquen aus und verwöhnt den Besucher stattdessen mit einem leichten Mix aus originellen Läden, Cafés und esoterischem Flair. Auch ein paar Mitbringsel vom Marihuana-Schmuggel mischen sich darunter – Mexiko liegt um die Ecke.

Mit der Arbeitsmoral stünde es im Allgemeinen nicht so gut, klagen einige ältere Geschäftsleute; viele kämen oft gar nicht, fühlten sich nicht wohl oder hätten andere Ausreden, und die Amerikaner wären noch schlimmer als die Mexikaner. Leichter als anderswo lassen sich die lässigen *locals* von den properen Touristen unterscheiden: Viele Bärte, Hunde, Knatterautos und Kids im

Hanglage: die alte Minenstadt Bisbee

Schlabberlook treibt es auf die Straße. Die steilen Hänge ziert eine ausgeprägte Treppenkunst. Holzkonstruktionen und Steinstufen machen klar, dass man sich hier aufs vertikale Wohnen verlegen muss, denn zu ebener Erde hat Bisbee wenig Platz.

Hoch her geht es in der Stadt an den Festtagen, etwa im April zur »La Vuelta de Bisbee«, einem haarsträubenden Profi-Radrennen durch die schmalen Canyons und Gassen, oder zur »October's Fiesta de Vinos« – weit mehr ein ausgelassenes Straßenfest als ein Weinfestival.

Bisbees internationaler Ruf basiert auf der Entdeckung der »Copper Mine Lode« 1877, einer der reichsten Kupferadern des Westens. Mit der Ankunft der Eisenbahn (1892) expandierte die Stadt und kroch an den steilen Berghängen hinauf – wie ein Wuppertal des Wilden Westens. Anfang des Jahrhunderts bildeten mehr als 50 Saloons in der Brewery Gulch, einer Seitenstraße im Ortszentrum, die beste Tränke der Nation.

In Phoenix und Tucson reagierte man sauer auf die reichen Kupferstecher im Süden, weil sie ihnen die Schau stahlen. Bisbee kam als »der hektischste Ort im Territorium und voller Gestank« in Verruf. In der Tat, Bisbee boomte, und zwar als *mining town*, die praktisch nur einer Firma gehörte, der »Copper Queen Mining Co.«.

Seine städtischen Errungenschaften konnten sich sehen lassen, vor allem im Vergleich zum Nachbarn Tombstone und dessen hölzernen Scheinfassaden und Bretterstegen. Bisbee hatte solide Backsteinhäuser, asphaltierte Straßen, fließendes Wasser und eins der schönsten Hotels weit und breit zu bieten: das **Copper Queen Hotel**, das sich noch heute zeitlos wie eine Pagode über dem Zentrum der gedrungen wirkenden Altstadt erhebt, auf jeden Fall aber wie ein Denkmal.

Wie der Name unschwer erraten lässt, war es die genannte Minengesellschaft, die diese kostspielige und imponierende Herberge durch ein New Yorker Architektenpaar (Van Vleck & Goldsmith) errichten ließ: eine eklektische Mischung aus italianisierenden, neuromanischen und Art-déco-Stilelementen. Was hatte ein solches bauliches Juwel im rauen und schmutzigen Umfeld eines Minencamps zu suchen? Nun, man vermutet einen simplen Grund: um Investoren gegenüber den Anschein zu erwecken, dass an Bisbee etwas dran sei.

1975 stoppte die Phelps Dodge Corporation die Kupferförderung. Die Minenarbeiter suchten das Weite, und die Immobilienpreise sanken in den Keller. Das wirkte auf Lebenskünstler und Bohemiens während der Hippiezeit äußerst attraktiv, zog aber allerlei Zank und Gerangel zwischen *newcomers* und *oldtimers* nach sich. Mit der Zeit, wie vielerorts in den USA, erreichten die Hippies das vierzigste Lebensjahr, machten sich selbständig und wählten Reagan.

Seither geht es in Bisbee eher selbstgenügsam zu: in den knuffigen Buchhandlungen, in den kleinen Stadtmuseen, die Andenken an die Tage voller Kupfer, Zink, Mangan, Gold und Silber versammeln, und in den Antiquitäten- und Schmuckläden, die Modisch-Mineralisches anbieten. Mehr als zweihundert Künstler sind heute vor Ort tätig. Und alle prägen eine Lebensart, bei der man sich schnell heimisch fühlen kann – besonders an späten Nachmittagen, wenn die tiefstehende Sonne die Stadt längst verlassen hat, um die ausgeraubten Berge ringsum in glühende Goldfarben zu tauchen.

3 **Infos:** San Xavier, Tumacacori, Patagonia, Tombstone

Mission San Xavier del Bac
San Xavier Rd. (16 km südl. von Tucson)
✆ (520) 294-2624
Tägl. 9.30–17.30 Uhr
1783–97 von Franziskanern unter Jesuitenpater Eusebio Kino im indianischen Dorf Bac (»wo das Wasser fließt«) in spanischem Kolonialbarock erbaut. Die Mission liegt im San-Xavier-Indianerreservat (Papago-Indianer) und dient immer noch als Gemeindekirche.

Die weiß verputzten Adobeziegel der beiden Türme zeigen sich in frühem oder spätem Licht von der besten Seite und kontrastieren mit den Erdtönen des reichverzierten Eingangsportals. Im Innern sind vor allem die Fresken und der Altar bemerkenswert. Die Gottesdienste werden von der hispanischen Gemeinde ebenso besucht wie von den Tohono-O'Odham-Indianern.

Die Heiligenfiguren, tanzenden Engel, strahlenden Ornamente und bestirnten Decken lagen lange unter Staub, Vogeldreck, Wasserschäden, Wachsablagerungen und Wespennestern, bis alles 1992–97 mit Hilfe internationaler Konservatoren und indianischer Gehilfen restauriert wurde. Eintritt frei.

Tumacacori National Historical Park
P. O. Box 67 (5 km südl. von Tubac)
Tumacacori, AZ 85640
✆ (520) 398-2341, tägl. 8–17 Uhr
Ruine der massiven Missions-Adobekirche **San José de Tumacacori** von 1691, von Franziskanern erbaut, aber nie vollendet. Kirche, Museum (Spaniens Einfluss auf die Region), Garten und Friedhof. Für Souvenirs und (neben der Erbauung) leibliche Stärkung sorgen die Etablissements auf der gegenüberliegenden Straßenseite: »Gifts«, »Mission Gallery and Art Studio«, »Sandwiches« und die »Old Tumacacori Bar«. Eintritt $ 2 oder $ 4 pro Auto.

Wagon Wheel Saloon
400 West Naugle Ave.

Mission San Xavier del Bac

Patagonia, AZ 85624
✆ (520) 394-2433
Populäre Cowboy-Bar und *Cantina* für Stärkungen (BBQ, Rippchen, Steaks und dergleichen). $

Tombstone Chamber of Commerce
414 East Fremont St.
Tombstone, AZ 85638
✆ (520) 457-9317, www.tombstone.org

Boothill Graveyard
S 80, Tombstone
✆ (520) 457-9344
Tägl. 8 Uhr bis Sonnenuntergang
Hunderte von Gräbern: biedere Bürger, die in ihren Betten, und Desperados, die sonst wo unter besonderen Umständen starben.

O. K. Corral
308 Allen St. (zwischen 3rd & 4th Sts.)

Tombstone, AZ 85638
✆ (520) 457-3456, tägl. 8.30–17 Uhr
Schauplatz für den Showdown von 1881, der monatlich am 1. und 3. So nachgespielt wird. Eintritt $ 2.50.

Tombstone Courthouse State Historic Park
219 East Toughnut St.
Tombstone, AZ 85638
✆ (520) 457-3311
Tägl. 8–17 Uhr
Sehenswertes Gerichtsgebäude mit landesgeschichtlichen Ausstellungsstücken. Eintritt $ 2.50.

Bird Cage Theatre
517 East Allen & 6th St.
Tombstone, AZ 85638
✆ (520) 457-3421 und 1-800-457-3423
Tägl. 8–18 Uhr
Seit 1881 nahezu unverändertes Theater, Saloon und Tanzlokal – einst beste Adresse zwischen New Orleans und San Francisco. Eintritt $ 4.50.

Tombstone Motel
502 East Fremont St.
Tombstone, AZ 85638
✆ (520) 457-3478
Fax (520) 457-9017
Mitten in der Stadt: 13 gemütliche Zimmer. $–$$

Copper Queen Hotel in Bisbee

Tombstone KOA
Westl. der Stadt am Hwy. 80
Tombstone, AZ 85638
✆ (520) 457-3829
Privater Campground, teils schattig, mit Pool, Spielplatz und Waschautomaten.

Crystal Palace Saloon
5th & Allen Sts.
Tombstone, AZ 85638
✆ (520) 457-3611
Legendäre Bar, sehenswert.

Nellie Cashman's
117 5th St.
Tombstone, AZ 85638
✆ (520) 457-2212
Ältestes Restaurant der Stadt, solide Gerichte zu jeder Tageszeit: Frühstück, Lunch und Dinner. $–$$

Bisbee Chamber of Commerce
7 Main St.
Bisbee, AZ 85603
✆ (520) 432-5421, Fax (520) 432-3308
www.arizonaguide.com/bisbee

Copper Queen Hotel
11 Howell Ave.
Bisbee, AZ 85603
✆ (520) 432-2216 und 1-800-247-5829
Fax (520) 432-4298
Legendäres Hotel von 1902 mit schönem Speisesaal, Bar und kleinem Straßencafé. $$$

Bisbee Inn (The Hotel La More)
45 OK St.
Bisbee, AZ 85603
✆ (520) 432-5131 und 1-888-432-5131
Ordentlicher B & B mit 20 Zimmern, zentral gelegen. $$

Inn at Castle Rock
112 Tombstone Canyon Rd. (Verlängerung von Main St.)
Bisbee, AZ 85603
✆ (520) 432-4449 und 1-800-566-4449
castlerock@theriver.com

Main Street, Bisbee

Früher Bergarbeiterheim, heute kleiner B & B mit 15 Zimmern. $$

The OK Street Jailhouse
9 OK St.
Bisbee, AZ 85603
✆ (520) 432-7435 und 1-800-821-0678
Fax (520) 432-7434
Luxuriöse Rast im Knast: Gefängnis von 1904, komplett gemodelt und aufgerüstet (mit Jacuzzi). $$–$$$

Shady Dell RV Park & Campground
1 Douglas Rd.
Bisbee, AZ 85603
✆ (520) 432-3567 und (520) 432-4858
Origineller Campingplatz (8 Stellplätze; $ 15) und Open-Air-Museum für Oldies, in denen man auch übernachten kann. ($) Sie sind mit viel Liebe (und Kenntnis) möbliert: Eisschränke, Radios, TV und Möbel der 1950er Jahre, sogar noch Illustrierte, 45er Platten und Videokassetten mit zeitgenössischen Fernsehsendungen. Kleinere Container (praktisch nur mit romantischem Schlafzimmer und Miniküche) sind als Liebesnest bei Flitterwöchnern beliebt. $

Queen Mine RV Park
Hwy. 80 (473 North Dart Rd.)
Bisbee, AZ 85603
✆ (520) 432-5006
Campground in der Nähe von Old Town Bisbee. $ 15.

Cafe Roka
35 Main St.
Bisbee, AZ 85603
✆ (520) 432-5153
Italienische Küche. *Dinner only.* Mi–Sa 17–21 Uhr. $$

Bisbee Mining and Historical Museum
5 Copper Queen Plaza
Bisbee, AZ 85603
✆ (520) 432-7071
Tägl. 10–16 Uhr
Im alten Hauptquartier der Copper-Queen-Minenverwaltung: Ausstellung, Bibliothek und Fotoarchiv zur regionalen Geschichte.

Queen Mine Tours
478 North Dart Rd.
Bisbee, AZ 85603
✆ (520) 432-2071
Touren tägl. 9, 10.30, 12, 14 und 15.30 Uhr Loren-Tour in die unterirdische, kühle Kupfermine (gute Std.; $ 10). Ebenfalls: Abfahrt der Vans zur Besichtigung der offenen **Lavender Pit** und Stadtrundfahrten.

4 Hart an der Grenze

Süd-Arizona und West Texas

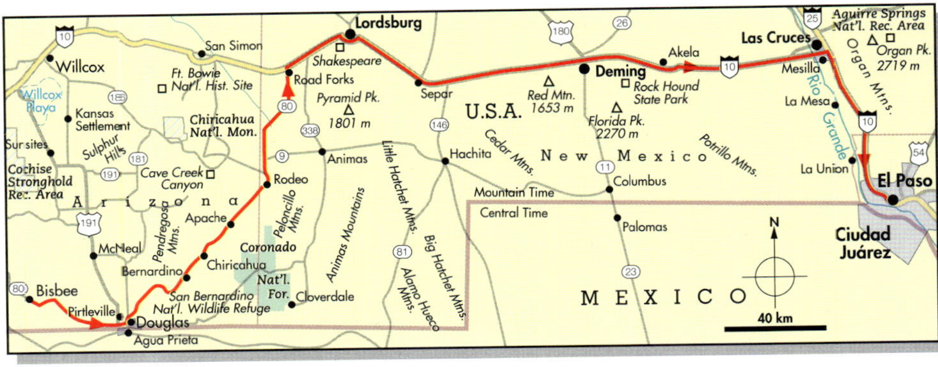

4. Route: Bisbee – Douglas – Las Cruces – El Paso (453 km/283 mi)

km/mi	Zeit	Route
0	Vormittag	Rundgang durch **Bisbee**, ca. 11 Uhr Abfahrt über S 80 nach
37/ 23	11.30 Uhr	**Douglas**. Lunch im historischen **Gadsden Hotel** (ca. 1 Std.). Weiter auf der S 80 über Apache und Rodeo zur I-10 (Richtung Lordsburg, d. h. nach Osten)
194/121	14.00 Uhr	**Lordsburg**
368/230	16.00 Uhr	**Las Cruces**
453/283	18.00 Uhr	**El Paso**. (Durch Zeitdifferenz 1 Std. Verlust bei Ankunft in El Paso.) Evtl. noch Besuch der mexikanischen Nachbarstadt **Ciudad Juárez**.

In Richtung Douglas geht es erst mal an der riesigen **Lavender Pit** vorbei, dem größten Krater Arizonas, aufgewühlt von Kupfergier und dann verlassen. In einem Jahrhundert (1877–1987) baute man hier acht Milliarden Tonnen Kupfer ab. Ansonsten herrscht – und das fast den ganzen Tag über – struppiges Ranchland vor: Rinder, Schimmel und Eisenbahnschienen. Auch das Schild NO STOPPING. CHAIN GANGS WORKING steigert den Unterhaltungswert der Szene nicht. Im Gegenteil: Eine Gruppe Gefangener in orangefarbenem Outfit sammelt unter bewaffneter Aufsicht am Rand des Highways Büchsen, Flaschen und anderen Müll ein, der aus irgendwelchen Autofenstern geflogen ist.

Im äußersten Süden von Arizona pflegt **Douglas** (nicht anders als Tombstone und Bisbee) seinen Anteil am Wildwesterbe – am sichtbarsten durch seine Hauptstraße, an der diverse Wandmalereien die Beziehungen zwischen Mexiko und den USA in bunten Farben schildern. Der 20 000-Einwohner-Ort mag solche versöhnlichen Zeichen brauchen, denn die Invasion illegaler mexikanischer Einwanderer hat gerade hier in letzter Zeit erhebliche Turbulenzen verursacht. Douglas und seine mexikanische Schwesterstadt Agua Prieta, praktisch Wand an Wand gelegen, bilden eine der vielen Schwachstellen im Grenzkontrollsystem. Die Arbeitslosigkeit südlich und der Mangel an billigen Arbeitskräften nördlich der *frontera* verhindern nach wie vor eine politische Lösung des Grenzproblems, mit dem nicht nur die Beamten der *border patrol* überfordert sind, sondern in das auch zunehmend militante Bürgerwehren eingreifen.

Wie ein Fels in der Brandung hält das **Gadsden Hotel** die Stellung vor Ort. Pancho Villa, so will es die Legende, soll bei einer Schießerei die Treppen der berühmten Herberge hinaufgeprescht sein und dabei den kostbaren Marmor von den Stufen abgesplittert haben.

Legende oder nicht, dieses Haus in staubiger Grenzlage ist einen Stopp wert, denn seine Lobby hat Klasse. Der Baumeister Henry Trost, der in den ersten drei Jahrzehnten dieses Jahrhunderts zu den bedeutenden Baumeistern in Arizona, New Mexico und Texas gehörte, machte beim Gadsden Hotel von 1907 freizügige Anleihen beim Mission-, Pueblo-Deco- und so genannten Präriestil und daraus eine elegante Mischung. Der Aufzug stammt noch aus dem Gründungsjahr.

Die goldblattbeschlagene, von stämmigen Marmorsäulen getragene Decke, die farbigen Tiffany-Fenster und die zwischen Bernstein- und Goldfarben changierende Beleuchtung der Eingangshalle, die den heutigen Besucher begrüßt, sind das sehenswerte Ergebnis des behutsamen Wiederaufbaus von 1929, nachdem das Original zuvor den Flammen zum Opfer gefallen war.

Das Gästebuch strotzt von großen Namen, nicht zuletzt deshalb, weil die Traumlobby oft als Kulisse für Hollywood-Dreharbeiten gewählt wurde. Tom Mix, das Cowboy-Idol, übernachtete hier 1940, wobei er, wie man sich erzählt, zu viel trank. Am nächsten Tag setzte er seinen gelben Wüstenschlitten auf dem Weg nach Phoenix in einen *wash* und starb. Der fatale Graben trägt noch heute seinen Namen, und neben ihm steht ein kleines Denkmal (vgl. S. 186). Eleanor Roosevelt schlief in der Governor's Suite, und im Film »Leben und Zeiten des Richters Roy Bean« sieht man Paul Newman die Treppen herunterstolzieren.

Doch der prominenteste Gast im Gadsden trägt keinen Namen – und keinen Kopf, es ist ein Kellergeist, der Feuersbrunst und diverse Besitzerwechsel unbeschadet überstanden haben soll. Zeugen, die ihm begegnet sein wollen, schildern ihn tatsächlich als ein kopfloses, ansonsten aber nettes und vor allem adrett gekleidetes Wesen. Keine Frage, wen es in den Hotelkeller verschlagen sollte, der wird angesichts des Labyrinths aus Rohren, Stauräumen und Korridoren bestätigen, das ideale Habitat eines Gespenstes gesehen zu haben.

Der Name des Hotels erinnert an den Eisenbahnpräsidenten James Gadsden (1788–1858) aus South Carolina und dessen für die amerikanische Westbesiedlung wichtigen Landkauf, den »Gadsden Purchase« von 1853. Acht Jahre nach der Integration von Texas in das Territorium der USA kaufte er von Mexiko für 15 Millionen Dollar einen elf Millionen Hektar großen Landkorridor entlang der Grenze von New Mexico und Arizona zwischen Colorado und Rio

Grande River für die USA – ein Batzen Land, der für den Ausbau der Southern Pacific Railroad gedacht war. Es gibt viele in dieser Gegend, die die hier traditionell guten Beziehungen zwischen Indianern, Mexikanern und Anglos darauf zurückführen, dass dieses Land ausnahmsweise gekauft und nicht gewaltsam besiedelt wurde.

In Douglas macht die Route praktisch eine Spitzkehre in Richtung Rodeo. Ab und zu tragen die Straßenschilder ein Fernrohr-Symbol als Hinweis darauf, dass dieser äußerste Südostzipfel von Arizona ein Paradies für Vogelliebhaber ist. (Dazu zählt vor allem Willcox Playa, ein *dry lake* südlich der Stadt Willcox, auf dem Hunderte von Zugvögeln – Kraniche vor allem – Pause machen.)

Einsames Ranchland dominiert weiterhin. Die Yuccas weichen zwischenzeitlich mal goldenen Gräsern, und die Pampas-Szene gewinnt noch durch die echten Cowboys, die zu Pferd ihre Herden vorantreiben. In dem kleinen Nest **Apache** (vier Häuser) erinnert eine Steinsäule daran, dass sich Geronimo hier ergeben hat.

WELCOME TO NEW MEXICO heißt es schließlich, aber von dessen oft reklamierter »Verzauberung«, dem *enchantment*, ist zunächst wenig zu spüren. Das liegt, wie schon einmal auf dieser Reise, am Einstiegswinkel. (Später wird sich das ändern.) Immerhin aber hechtet gleich hinter **Rodeo** ein *roadrunner* über den Asphalt, der Wappenvogel von New Mexico.

Auch die Interstate 10 zieht zähflüssig parallel zur Eisenbahn dahin, von Yucca zu Yucca, Telefonmast zu Telefonmast und von einer Reklametafel zur nächsten. Ein *billboard* wirbt mit einem Riesenkorken: UNCORK THE ENCHANTMENT. TRY NEW MEXICO WINES. Dazwischen versuchen die unsäglichen Niederlassungen von »Arby's«, »Stuckey's« und »Burger King« mit seinem 99-Cents-Whopper, allerlei *Indian* Kitsch, jede Menge »Holiday Inns« und die gegrillten Hühner des »Colonel« die Motoristen zu einem Stopp zu verleiten, was allerdings die Harley-Horden, die knatternd ihre Freiheit auf der Landstraße zu Gehör bringen, am allerwenigsten beeindruckt.

Östlich von Lordsburg und Deming wecken die näher rückenden **Organ Pipe Mountains** Hoffnung auf Abwechslung, denn gerade die horizontbegrenzenden Berge haben sich bisher arg zurückgehalten. Wie schon erwähnt: Die Schätze des Landes liegen woanders – beim *bird watching* und im *rock h(a)unting* der Mineralien- und Steinsammler. Überall gibt es Hinweise darauf, wo man Steine suchen oder kaufen kann.

In **Las Cruces** fließt (nach dem Colorado) der zweite Fluss, dessen Name mit dem amerikanischen Südwesten untrennbar verbundenen ist: der **Rio Grande**. Leider nur wirkt er an dieser Stelle alles andere als »grande«. In einem ordentlich gemachten Kanalbett zieht er dahin, und nur an einigen der weniger kontrollierten Abschnitte erfreuen sich an seinen Ufern hispanische Großfamilien, die an Feiertagen meist mit Pick-ups, Stühlen und Leckereien zum Picknick anrücken. Immerhin aber hat es der Fluss geschafft, sein Tal in einen fruchtbaren Obst- und Gemüsegarten zu verwandeln.

Auf dem Weg Richtung Texas ziehen zahlreiche Rinderstationen vorbei, und schließlich schlüpft der Highway durch den Pass hinunter in die Stadt, die daher ihren Namen hat: **El Paso**. Der erste

Blick streift die mexikanische Seite mit besiedelten Geröllbergen, armseligen Buden und Schrotthütten: Ciudad Juárez, die Schwesterstadt. Da redet man doch am besten übers Wetter. Sun City, El Pasos Untertitel, ist eine Anspielung auf die überdurchschnittlich vielen Sonnentage pro Jahr, das hört sich gleich gut an. »El Paso« selbst aber auch: Pass, Grenze und Schnittstelle dreier Kulturen: der indianischen, der hispanischen und der der Yankees. »Paso del Norte« nannten die *conquistadores* diesen Fleck am Ende des 16. Jahrhunderts. Etwas über 1 000 Meter Höhe erreicht er zwischen den Juárez und Franklin Mountains, was soviel heißt wie zwischen dem Anfang der Sierra Madre und dem Ende der Rocky Mountains, die sich bis hierhin über 5 000 Kilometer aus Alaska erstrecken.

Downtown, besonders **Santa Fe Street**, mischt Neuzeit und 1930er Jahre. Die älteren, oft angegammelten Discount-Läden sind fest in der Hand der hispanischen Bevölkerung, die auch hier wohnt, weil es in der Stadt nirgendwo billiger ist. Tagsüber herrscht reges Geschäftsleben, nachts wird es spukiger. Doch trotz Schwarz- und Drogenhandels und patrouillierender Sheriffs gilt El Paso als sichere Stadt.

60 bis 70 Prozent der Einwohner tragen spanische Familiennamen; zusätzlich kommen täglich Hunderte Tagelöhner über die beiden Brücken. Die Stadt ist komplett zweisprachig. Hinüber nach Mexiko kommt man entweder zu Fuß, besser aber mit dem Taxi oder einem bequemen Shuttle-Bus, der von der Civic Center Plaza abfährt.

Links und rechts am Brückengeländer sind die Wahrzeichen des »Tortilla«-Vorhangs befestigt, die Maschendrahtzäune, die im Stadtbereich scharf bewacht sind und ein paar Meilen flussauf- und abwärts reichen; weiter nördlich und südlich wird die Grenze wieder offener. Ähnlich wie in den meisten anderen Grenzstädten trägt das Flussbett im Stadtbereich ein Betonkorsett. Weil der Rio Grande zu oft seinen Lauf wechselte, wurde die Grenze irgendwann auf diese Art festgeschrieben, und so verwandelte sich der lebendige Fluss in einen tristen Abwasserkanal.

Mit einem Schlag konfrontiert die Millionenstadt **Ciudad Juárez** den Grenzgänger mit mexikanischer Lebensart: Musik, aus Lautsprechern brüllende Reklame, abgasgefüllte Luft und Straßen, berstend von Fußgängern und Verkehrschaos, verursacht hauptsächlich durch Kolonnen vorsintflutlicher Busse, die ständig hupen.

Die **Avenida Juárez** ist der Dreh- und Angelpunkt dieses alltäglichen Gemischs. Während die an den Praxen der *dentista* ausgestellten Prachtgebisse eher die zahnkranken (und kostenbewussten) Yankees reizen, werden in den Markthallen des **El Mercado** vorzugsweise die Einheimischen bedient. Aber auch die Straßenbasare in den Seitenstraßen quellen über von billigen Esswaren, geröstete Schweineschwarten eingeschlossen.

Sonntags sollte man unbedingt die sehenswerte alte **Mission of Our Lady of Guadalupe** und die Plaza davor besuchen, wenn sich die herausgeputzten mexikanischen Familien von Musikern und Gauklern unterhalten lassen.

Abends, bei der Rückfahrt ins Hotel, flimmern unterhalb des erhöhten Freeway die Lichterteppiche von El Paso und Juárez. Nachts machen die meisten amerikanischen Städte einen richtig guten Eindruck, denn man sieht nichts mehr außer Lichtern und Reflexen. Und dann fehlt nur noch ein guter Song im Autoradio.

Kleiner Mond und große Liebe über El Paso ▷

4 **Infos:** Bisbee, Douglas, El Paso

Bisbee Coffee Company
2 Copper Queen Plaza (gegenüber der Post), Bisbee
Gemütlich: ab 7 Uhr morgens Kaffee und süße Kleinigkeiten. $

The Gadsden Hotel
1046 G Ave.
Douglas, AZ 85607
✆ (520) 364-4481
www.theriver.com
rgadsden@theriver.com
Heritage Hotel mit sehenswerter Lobby, wo die Alten Domino spielen, Friseurladen, Restaurant und Bar. $$–$$$

El Paso Convention & Visitors Bureau
1 Civic Center Plaza
El Paso, TX 79901-1187
✆ (915) 534-0696 und 1-800-351-6024
Fax (915) 534-0686
www.elpasocvb.com
Mo–Fr 8–17 Uhr
Info-Kiosk. Gebührenfrei von Deutschland: ✆ 001-130-81-8401.

Camino Real Hotel
101 South El Paso St.
El Paso, TX 79901
✆ (915) 534-3000 und 1-800-769-4300
Fax (915) 534-3024
www.caminoreal.com
elp@caminoreal.com
Historisches Hotel (1912) im Zentrum, das u.a. schon Pancho Villa, LBJ, Charles Lindbergh und Herbert Hoover beherbergte. Schöne Bar, Restaurants, Pool, Sauna, Fitnessraum. (Fr–So $$). $$$$

Days Inn
9125 Gateway Blvd. West
El Paso, TX 79925
✆ (915) 593-8400 und 1-800-329-7466
Fax (915) 599-1268
Ordentliches Motel. $$

Comfort Inn
900 North Yarbrough Dr.
El Paso, TX 79915
✆ (915) 594-9111 und 1-800-221-2222
Fax (915) 590-4364
Solider Standard. $$

Roadrunner Travel/Trailer Park
1212 Lafayette Dr. (Exit Yarbrough Dr.)
El Paso, TX 79907
✆ (915) 598-4469
Campground – zwischen Frühjahr und Spätherbst reservieren.

Mission RV Park
1420 RV Dr.

The Gadsden Hotel, Douglas

El Paso, TX 79927
✆ (915) 859-1133 und 1-800-447-3795
Ausfahrt von der I-10: Avenue of the Americas. (Zwischen Frühjahr und Spätherbst reservieren.)

Starr Western Wear
112 East Overland Ave.
El Paso, TX 79901
✆ (915) 533-0113
Heißer Shopping-Tipp für Westernkleidung in Downtown: Stiefel, Hüte, Gürtel und Textilien.

Cafe Central
109 North Oregon St. (One Texas Court, Downtown)
El Paso, TX 79901
✆ (915) 545-2233
Lounge und Restaurant zum *fine dining* mit originellen Gerichten – eine kulinarische Oase in Downtown. So geschl.
$$–$$$

Forti's Mexican Elder Restaurant
321 Chelsea St.
El Paso, TX 79905
✆ (915) 772-0066
Gutes mexikanisches Restaurant. Mo geschl. $–$$

La Hacienda Restaurant
1720 Paisano
El Paso, TX 79901
✆ (915) 533-1919
Mexikanische Variationen – einfache und feinere Gerichte, gegrillt mit Mesquiteholz. Hübscher Patio (einer der wenigen in El Paso) in einem alten Gebäude genau an der Stelle, wo Don Juan De Oñate 1598 den Rio Grande überquerte. $$

Pistolero Bar & Grill
5354 Doniphan Dr.
El Paso, TX 79932
✆ (915) 833-9594
Fun night spot mit Honky-tonk-Atmosphäre. Sa/So Bullenreiten und/oder anderes C&W-Entertainment.

El Paso/Juárez Trolley Co.
One Civic Center Plaza (Start)
El Paso, TX 79901
✆ (915) 544-0062 und 1-800-259-6284
Im Sommer 10–17, im Winter 9–16 Uhr tägl. und stündl. Pendelverkehr, hin und zurück $ 10
Der Bus legt auf seinem Rundkurs Stopps ein, an denen man beliebig oft ein- und aussteigen kann. Eilige sollten ein Taxi an der Santa Fe Bridge nehmen. (Reisepass nicht vergessen!)

Avenida Juárez und El Mercato
Ciudad Juárez, Mexiko
Bei genügend Zeit geht man am besten von El Paso aus zu Fuß über die Santa Fe Bridge und über die Avenida Juárez mit den vielen Zahnarztpraxen bis zur Kreuzung mit der Avenida 16 de Septiembre, dann links bis zum bunten Marktplatz des El Mercato.

Mission de Nuestra Señora de Guadalupe
Avenida 16 de Septiembre, Plaza
Ciudad Juárez, Mexiko
1659 erbaute Kirche mit meterdicken Lehrwänden; sie war die erste unter den Missionskirchen der Gegend.

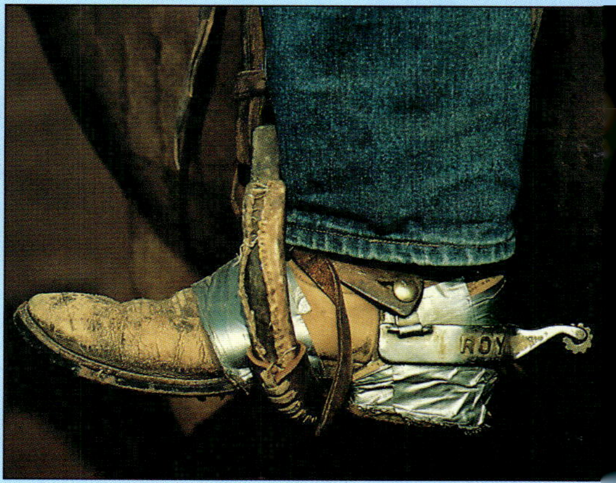

5 Zisternen und Fledermäuse

Von El Paso nach Carlsbad Caverns

CARLSBAD CAVERNS

5. Route: El Paso – Hueco Tanks – White's City (Carlsbad Caverns) (250 km/156 mi)

km/mi	**Zeit**	**Route**
0	9.00 Uhr	In **El Paso**: East San Antonio Ave., North Mesa St., I-10 East, Hawkins Blvd. North, US 62/180 East, FM 2775 und Schildern folgen zu den
69/ 43	10.30 Uhr	**Hueco Tanks**. Klettern und schauen (ca. 3 Std.).
203/127	15.30 Uhr	**Guadalupe Mountains National Park**.
250/156	16.00 Uhr	White's City und **Carlsbad Caverns**.

Alternativ
zum Abstecher zu den Hueco Tanks oder den Guadalupe Mountains kann man **El Paso** später verlassen und sich zunächst ein paar alte spanische Missionskirchen südlich der Stadt ansehen …

Die erste Versuchung, von der heutigen Kursrichtung nach Osten abzuweichen, ist der **Hueco Tanks State Historic Park**. Die Mulden *(huecos)* in den mächtigen Basaltbrocken wirken wie steinerne Zisternen, in denen sich Regenwasser sammelt und die, weil es in der Region äußerst selten regnet, seit Jahrtausenden Menschen und Tiere anlocken. Sogar die Kutschen der *Butterfield Overland Mail Route* legten an dieser Oase einen Erfrischungsstopp ein – auf ihrem Weg von St. Louis nach San Francisco. Naturfreunde können rund um die Pools picknicken, wandern oder auf dem Campingplatz Quartier beziehen.

Ideal ist das Gelände auch für Kletterfreunde, denn die Löcher der *huecos* bieten Händen und Füßen guten Halt. Prähistorische Felszeichnungen – man hat 3 000 mythische Figuren, Menschen- und Tierbilder gezählt – deuten auf eine frühe indianische Mogollon-Kultur hin; jüngere Spuren verweisen auf Mescalero-Apachen. Die Spanier dagegen schienen die Wasserlöcher nicht zu kennen, was wiederum die Indianer nutzten, um von diesem Unterschlupf aus über die verhassten Eindringlinge herzufallen.

Weiter östlich dominiert schließlich das alpine Massiv der Guadalupe Mountains, ein versteinertes Riff und Hunderte Millionen Jahre alt. Es gehört zum **Guadalupe Mountains National Park**, der vom Guadalupe Peak, dem mit 2 667 Metern höchsten Berg von Texas, überragt wird. Allerdings stiehlt ihm der um 200 Meter niedrigere **El Capitan** (2 462 Meter) mit seiner blank geschliffenen Flanke die Schau, weil er aus der Perspektive des Highway größer wirkt.

Dieser windet sich den Pass hinauf nach New Mexico. In der Ferne glänzen weiße Häuser. Logisch, das Ganze heißt ja auch so: **White's City**. Von wegen! Der Apostroph hätte schon skeptisch stimmen sollen, denn er bringt es an den Tag. Seit der Cowboy Jim White 1901 die Höhlen zuerst entdeckte, ist White's City Eigentum der Familie White. Praktisch gehört ihr die ganze Stadt: Campingplatz, Motels, Restaurants, die Spielhalle und das Museum mit den schönen deutschen Puppenstuben und Kaufmannsläden. Nur die berühmten Höhlen gehören ihr nicht. Sie waren allerdings der Anlass für die Gründung von White's City, denn von hier aus sind es nur noch ein paar Meilen bis zum **Carlsbad Caverns National Park**.

Wer die Schönheitskönigin unter den wilden Wunderwelten der US-Parks ist, darüber wird gern gestritten. Nicht aber über die besondere Qualität der Tropfsteinhöhlen von Carlsbad, denn sie sind der einzige Nationalpark mit eingebauter Klimaanlage und damit von allen Launen des Reisewetters und der Jahreszeiten unabhängig. Konstante 13 Grad Kühle umgeben den Besucher auf seinem Abstieg in die 230 Meter tiefe, durch Sickerwasser entstandene Märchenunterwelt.

Die ersten Siedler um 1880 nannten sie *Bat Cave*, Fledermaushöhle, wegen der Millionen Fledermäuse unterhalb des Höhleneingangs. Zwischen April und Oktober starten sie vor Anbruch der Dämmerung zum luftigen Insekten-Dinner, einem Spektakel, das allabendlich Hunderte von Schaulustigen anlockt. Angeblich bringen die Tiere es auf drei Tonnen Nahrung pro Nachtmahl. Was davon übrig bleibt, die Guano-Ablagerungen, sind seit der Jahrhundertwende ein ebenso hochwertiges wie begehrtes Düngemittel, das unter anderem den süßen Früchten in den Zitrusgärten Kaliforniens zugute kommt.

Die Höhle selbst wurde erst in den 1920er Jahren erforscht und Schritt für Schritt zugänglich gemacht, bis sie 1930 zum National Park erklärt wurde. Heute überwindet ein flotter Aufzug die 75 Stockwerke Höhenunterschied in einer Minute: eine Art kontrollierter freier Fall für alle, die wenig Zeit haben.

Spannender jedoch ist der Abstieg zu Fuß durch die spukige Dunkelheit der Raumstrukturen und deren Formenfülle, die von Kleinkleckersdorf über Spaghetti-Eis und Streuselkuchen zu überwältigenden Steinkathedralen reicht. Die hohe Luftfeuchtigkeit (etwa 95 Prozent) drückt auf die Lungen. Außerdem verführen die bizarren Höhlendecken leicht zur Genickstarre, was den Gleichgewichtssinn nicht gerade fördert. Viele wandern denn auch sichtlich benommen herum, schwanken und torkeln seltsam wie im Trancezustand. Es tröpfelt, ein Ranger flackert mit der Taschenlampe, ein bisschen Friedhofsgeruch lässt gruseln und Geisterbahn-Effekte bleiben nicht aus.

Doch Ende gut, alles gut. Die technisch gestylte Boden- bzw. Verköstigungsstation wirkt so vertraut wie das Szenario eines antiquierten James-Bond-Films. Souvenirstände, Fotoshop und Cafeteria sorgen auch unter Tage für die gewohnte Sicherheit.

Drinnen ist es schön kühl: die filigranen Formen der Carlsbad Caverns

Hueco Tanks State Historical Park
Ca. 60 km östl. von El Paso
Ranch Rd. 2775 (nördl. Hwy. 62/180)
✆ (915) 857-1135
Im Sommer tägl. 7–19, sonst 8–18 Uhr
Eintritt $ 4

Cafe Cornudas
Hwy. 62/180, Cornudas
✆ (915) 964-2409
Nettes Café mit begehrten *Cornudas Burgers* und leckeren frittierten Zwiebelringen. $

Guadalupe Mountains National Park
US 180/62, HC 60, Box 400
Salt Flat, TX 79847-9400
✆ (915) 828-3251
Visitor Centers: tägl. 8–16.30 Uhr
Wer wenig Zeit mitbringt, sollte sich auf den kurzen Nature Trail machen, der zwischen Visitor Center und den Überresten der Postkutschenstation verläuft. Wer länger bleiben möchte, sollte sich in den **McKittrick Canyon** (tägl. 8–16.30 Uhr; *Mountain Time*) aufmachen (ca. 11 km hin und zurück), eine gewundene Schlucht mit kleinem quellgespeistem Bach und Eichen, Eschen, Ahornen, Walnuss- und Wildkirschbäumen, die unterwegs für Schatten sorgen – sobald die Wüstenlandschaft zurückgelassen ist. Zu den bemerkenswertesten Bäumen im Canyon gehört die seltene texanische Madrona, ein malerischer Baum mit glatter, rötlicher Rinde und immergrünen Blättern. Im Herbst reifen leuchtend rote, beerenartige Früchte, die für die meisten Vögel ein gefundenes Fressen sind. Neben Wildhasen, Maultier- und Wapitihirschen leben hier Kojoten, Stachelschweine, Graufüchse, Pumas und viele Fledermäuse. Schönste Jahreszeit: Ende Oktober/Anfang November, wenn sich die Blätter rot, gelb und orange färben. Campingmöglichkeiten: Pine Springs und Dog Canyon. Sorgen Sie für ausreichenden Wasservorrat und achten Sie auf plötzliche Wetterumschwünge; Kletterer sollten besonders an den Steilwänden vorsichtig sein, das Gestein gilt als brüchig und unsicher! Vorsicht auch mit Kakteen, Klapperschlangen und Skorpionen. Eintritt frei.

Carlsbad Caverns Visitor Center
Superintendent
3225 National Parks Hwy.
Carlsbad, NM 88220
✆ (505) 785-2232 und 1-800-967-2283
www.reservations.nps.gov/
Tägl. im Sommer 8–19, sonst 8–17.30 Uhr; Höhleneingang schließt für Fußgänger im Sommer 15.30 Uhr (im Winter 14 Uhr); letzter Lift abwärts 17 Uhr (15.30). Die **Red Tour:** mit dem Lift sofort in den **Big Room** und zurück (1 Std.), eher etwas für Senioren; **Blue Tour:** zu Fuß abwärts (und mit dem Lift zurück), dauert ca. 2–3 Std.; zu den Highlights zählen **Scenic Room, Veiled Statue, Green Lake Room** und **Kings Palace**. (Visitor Center und ein Teil der Höhlentour eignen sich auch für Rollstuhlfahrer; Vorsicht ist geboten für Besucher mit Herz- bzw. Atembeschwerden.) Eintritt $ 5.

White's City
Zu diesem Versorgungszentrum für Höhlenbesucher gehören außer den beiden zentral verwalteten Motels ein Restaurant mit Bar, Coffee Shop, Opernhaus, Museum, Shops, Jugendherberge und Campingplatz.

Best Western Inn
17 Carlsbad Caverns Hwy.
White's City, NM 88268-0128
✆ (505) 785-2292 und 1-800-CAVERNS
Fax (505) 785-0228
Schlicht, sauber, großer Pool und Tennisplatz. $$

White's City Resort RV Park
17 Carlsbad Caverns Hwy.
White's City, NM 88268
✆ (505) 785-2291 und 1-800-228-3767
Privater Stellplatz für Zelte und Camper. Spielplatz, heiße Duschen, Waschsalon, Kiosk. Reservierung empfehlenswert.

6 Wüster Gips
White Sands National Monument

Den Routenverlauf finden Sie in der Karte S. 226.

6. Route: White's City – Carlsbad – Cloudcroft – Alamogordo – White Sands National Monument – Las Cruces (405 km/253 mi)

km/mi	Zeit	Route
0	9.00 Uhr	In **White's City** US 62/180 nach Osten und
26/ 16		**Carlsbad**, auf US 285 nach Norden bis
86/ 54		**Artesia**, dort US 82 nach Westen über Hope nach
235/147	12.00 Uhr	**Cloudcroft**. US 54 nach Süden bis
265/166	12.30 Uhr	**Alamogordo** (1 Std. Pause). Weiter auf US 70/82 zum
296/185	14.00 Uh	**White Sands National Monument** (2 Std.). Zurück zur US 70/82 Richtung Las Cruces; auf I-25 nach Süden bis zur Ausfahrt University nach
405/253	17.30 Uhr	**Las Cruces**. (Abends in **Mesilla**.)

Nichts, aber auch gar nichts erinnert in **Carlsbad** an Karlsbad. Die meisten der rund 25 000 Einwohner werden das vermutlich bestätigen. Die Namensgebung liegt lange zurück. Am Ende des vorigen Jahrhunderts meinte man, der Mineralgehalt einer nahen Quelle ähnele dem der Heilquellen des böhmischen Karlsbad.

So wenig Carlsbad aber für Vergleiche mit der Alten Welt taugen mag, so sehr eignen sich seine Supermärkte zur Bevorratung für ein Picknick in den Dünen von White Sands.

Ein Stück gestauter Pecos River (Lake McMillan), Rinder hinter Gittern und Gattern, Ranchland und künstlich bewässerte Äcker begleiten die Fahrt bis **Artesia**, eine nicht unansehnliche Kleinstadt, die von Ackerbau und Viehzucht lebte, bis 1923 Ölfunde ihr Wachstum beschleunigten. Die Mineralquelle in der Umgebung verlieh dem Städtchen seinen poetischen Namen; gelebt aber hat sie mehr von Ölprodukten – die Raffinerie am Weg zeugt davon.

Westlich von Artesia gewinnt das *ranching* wieder die Oberhand und damit die Einsamkeit. Auch ein Nest wie **Hope** kann daran wenig ändern. Je näher die Berge rücken, umso lieblicher wirken die sanften grünen Hügel am **Rio Penasco**. Die Straße folgt seinem Lauf durch ein Tal mit fast paradiesischen Zügen, so schön und zugleich fruchtbar ist es. Überall werden Äpfel und Birnen, Pflaumen und Pfirsiche angeboten, auch Mais, Tomaten und Kürbisse. Es folgen kleine Siedlungen wie Elk und Mayhill, wir sind längst im **Lincoln National Forest** und ziemlich auf der Höhe, genauer gesagt auf 2 637 Metern, fast in den Wolken. Der Name **Cloudcroft** deutet es an.

Dass die Gemeinde in einem Ferien- und Skigebiet liegt, das übrigens in seinem nördlichen Teil das Reservat der Mescalero-Apachen einschließt und auch von ihnen verwaltet wird, erkennt man leicht, denn aus den Ranches werden plötzlich Resorts und Ferienhäuser. Auf den Almwiesen grasen keine Kühe mehr, sondern Makler nach Zweitwohnungen und Skihütten.

Die Abfahrt aus dem Hochwald der Sacramento Mountains durch den steilwandigen Canyon ins **Tularosa Valley** sorgt zweifellos für die stärksten landschaftlichen Eindrücke am heutigen Tag: traumhafte Aussichten auf die gestaffelten Felslandschaften und im Hintergrund bereits White Sands wie ein Schneefeld – Breitwandkino vom Feinsten.

Vielleicht wird in **Alamogordo** gerade eine Fiesta gefeiert. Dann sollte man getrost seinen Picknickvorrat vergessen und sich unter das ohnehin bunte Volk mischen. Indianer, Mexikaner und Yankees, Kinder und Omas, lassoschwingende *vaqueros* und Grundschullehrerinnen sind auf solchen Straßenfesten vereint und erkennbar bester Dinge; an Musik und Tanz, Essen und Trinken fehlt es nie.

Szenenwechsel. Von der menschenfreundlichen Fiesta zum lebensfeindlichen Gips, nach **White Sands**. Irgendwo hat man das fotogene Granulat schon einmal gesehen. Im Kino natürlich. Dort taucht es meist als bedrohliche Kulisse von Westernfilmen auf. Hier brechen Pferde, mit weißem Schaum bedeckt, zusammen und bekommen den Gnadenschuss, während sich der Held mit rissigen Lippen und rotgeflecktem Gesicht zum nächsten Wasserloch schleppt.

In Wirklichkeit ist White Sands halb so schlimm. Wie sonst könnten die Dünen ein beliebter Wochenendtrip sein, auf dem sich die Wagenkolonnen, prall gefüllt und schwer beladen, zur riesigen Gipswüste schleichen! Dort wird geparkt und ausgepackt: Klappsessel, Grill und T-Bone-Steak. Die Kids sausen auf Brettern die Dünen runter: *sand surfing*. Die Wüste lebt.

Dass sie das wirklich tut, sieht man erst, wenn die Besucherströme ihr Freizeit-Soll erfüllt haben und abgezogen sind: also wochentags oder zu ruhigeren Besuchszeiten im Frühjahr oder Herbst. Dann lockt der gewellte Puderzucker zu einzigartigen Wanderungen vor dem purpurnen Hintergrund der San Andres Mountains im Westen und der Sacramento Mountains im Osten. Wer Zeit hat und möchte, kann sich im Visitor Center für

Rutschfeste Dünen: White Sands National Monument

eine Nachtwanderung bei Vollmond anmelden. Außerdem werden naturkundliche Führungen, Sternkundeprogramme und Einführungen in die Geologie angeboten. Aber man kann auch einfach nur so durch den Gips laufen – bar Fuß und querbeet – oder sich still hinsetzen und dem fernen Gewitter zusehen.

Auf der Zufahrt nach Las Cruces sorgen viele poppig bemalte Wassertürme für optische Tupfer – strenge Konquistadoren, reitende Cowboys und torkelnde Astronauten. Die Raumfahrtgesellen erstaunen an dieser Stelle nicht, denn White Sands ist nicht bloß ein märchenhaftes Naturwunder, sondern auch eine martialische Mischung aus Raumfahrtbahnhof, Raketentestgelände und (in seinen nördlichen Ausläufern) Schauplatz der ersten Atombombenexplosion. Am 16. Juli 1945 ging sie in Trinity Site hoch, in jener Ebene mit dem bezeichnenden Namen *Jornada del Muerto*.

Im Osten wird Las Cruces geradezu alpin von den stattlichen und uns schon von der Rückseite bekannten **Organ Mountains** überragt, aus denen der Wind scharf gezackte Gipfel modelliert und eine Skyline der Orgelpfeifen geschaffen hat.

Las Cruces ist mit seinen rund 62 000 Einwohnern das größte Handelszentrum im südlichen New Mexico. Die »Kreuze« stammen angeblich von den Gräbern eines spanischen Trecks, der in der ersten Hälfte des vorigen Jahrhunderts eine Attacke der Apachen nicht überlebte. Der ursprüngliche Name, *La Placita de las Cruces*, wurde später abgekürzt.

Die übrigen Stationen der Stadtgeschichte sind friedlicher: der anfängliche Indianerpueblo, die nachfolgende spanische Siedlung, die Versorgungsstation für die in Fort Seldon stationierten Soldaten, das Bergarbeitercamp und der Stopp der Butterfield Overland Stagecoach Route, die in 24 Tagen von St. Louis nach San Francisco führte. Nur kurz mögen die Querelen zwischen Billy the Kid und Pat Garrett dem Ruf der Stadt geschadet haben. Garrett, der 1881 den *outlaw* Billy erschoss, liegt auf dem Masonic Cemetery begraben. Zu Beginn des 21. Jahrhunderts jedenfalls ist die landwirtschaftliche Welt im fruchtbaren und klimatisch milden Mesilla-Tal in Ordnung – durch jede Menge Trauben, Nüsse, Chile und Baumwolle.

Den Abend in Las Cruces sollte man im alten **Mesilla** (»kleiner Tisch«) verbringen, auf der **Plaza** rund um den bunten *gazebo,* den kleinen Pavillon. Dem idyllischen Platz und der angrenzenden **San Albino Mission** sieht man das viele Kommen und Gehen nicht an, das sich hier früher abgespielt hat.

In alten Tagen lag Mesilla an einer wichtigen Handelsstraße, dem Chihuahua Trail, auf dem der Warenverkehr entlang dem Rio Grande vorbeirollte. Um die Mitte des vorigen Jahrhunderts wurde hier der Gadsden Purchase unterzeichnet. Dann (1858–61) rollten die Kutschen der Butterfield-Linie mit der Post vorbei. Das heutige La Posta Restaurant war die ehemalige Postkutschenstation auf dem ebenso berühmten wie langen (4 473 Kilometer) Trail. Im Bürgerkrieg schließlich zogen die Texaner ein; 1861–62 besetzten die Konföderierten die Stadt.

Mesilla begreift sich heute keineswegs als Vorort von Las Cruces, sondern präsentiert sich seit einigen Jahrzehnten als eine eigene und selbständige Gemeinde. Die Plaza, die nicht gerade der Szene-Treff der *locals* ist, wurde sorgsam restauriert. Trotz ihrer ziemlich touristischen Gastronomie und einem teils unsäglichen Angebot der Kunstgewerbeläden entfaltet sie durchaus ihren provinziellen Charme.

6 **Infos:** White Sands, Las Cruces

White Sands National Monument
Superintendent, P. O. Box 458
Alamogordo, NM 88310
✆ (505) 479-6124 oder (505) 437-1058
Tägl. 7–21 Uhr
Auskünfte, Camping-Erlaubnis für die Gipswüste. Eintritt $ 3.

Las Cruces Chamber of Commerce
760 West Pichaco Ave.
Las Cruces, NM 88005
✆ (505) 524-1968, Fax (505) 527-5546
www.lascruces.org
chamber@huntleigh.net

Holiday Inn
201 East University Ave.
Las Cruces, NM 88001
✆ (505) 526-4411 und 1-800-HOLIDAY
Fax (505) 524-0530
www.holidayinnlc.com
Hotel mit Mehrzweck-Lobby (Empfang, Shops, Coffee Shop und Pool); gemütliche Bar (oft mit C & W Entertainment) und Restaurant. $$

Plaza Suites
301 East University Ave.
Las Cruces, NM 88005
✆ (505) 525-2083
Mit Pool im Innenhof eines schön verwilderten Gartens. $$–$$$.

Super 8 Motel
245 La Posada Lane
Las Cruces, NM 88005
✆ (505) 523-8695
Fax (505) 523-8695
Preiswert und solide. $

Motel 6
235 La Posada Lane
Las Cruces, NM 88005
✆ (505) 525-1010
Fax (505) 525-0139
Schlicht und solide, mit Pool und Münzwäscherei. $

Restaurants an der Mesilla Plaza
Las Cruces
Für die mexikanischen Restaurants an der Plaza, z.B. **El Patio**, **La Posta** oder **Double Eagle**, gilt: Folklore geht vor Gaumenfreude. Aber: Salate, kleine Vorspeisen und Weine liegen deutlich über dem Niveau der Küche. $$–$$$

Spuren im Gips: die White-Sands-Wüste in New Mexico

7 Flussaufwärts am Rio Grande

Von Las Cruces nach Albuquerque

7. Route: Las Cruces – Elephant Butte Lake – Socorro – Albuquerque (376 km/235 mi)

km/mi	Zeit	Route
0	9.00 Uhr	In **Las Cruces** auf der NM 188 nach Norden, 185 über Radium Springs, Hatch, NM 187 über Salem und Garfield auf die I-25 bis
118/74	10.30 Uhr	Exit 76 (Williamsburg) nach bzw. durch Truth and Consequences (Broadway, Date St., NM 51) und dem Schild ELEPHANT BUTTE LAKE STATE PARK folgen, links auf die NM 179, am Elephant Butte Lake rechts über die NM 195 eine Schleife zu den Staumauern, dem Elephant Butte Dam: NM 177 nach Westen, NM 51 nach Westen, NM 179 rechts bis sich der Kreis wieder schließt.
142/89	11.30 Uhr	**Elephant Butte**. (Im **Elephant Butte Lake State Park** kann man pausieren und baden.) – Zurück auf die I-25 nach Norden
236/148	12.00 Uhr	Exit 139 nach **San Antonio** (Lunch im Owl Cafe; ca. 1 Std.). – Zurück zur I-25 nach Norden

251/157 | | Exit 147 nach Westen nach **Socorro** (kurzer Besuch der Missionskirche und der Plaza). – Zurück zur I-25

376/235 | 15.00 Uhr | **Albuquerque** (einen **Stadtplan** finden Sie auf S. 240).

Alternativroute

Ein landschaftlich und kulturgeschichtlich lohnender Umweg zu den bedeutenden Ruinen des **Salinas Pueblo Missions National Monument**, der bei Bernardo (nördlich von Socorro, Exit 175) von der I-25 abzweigt und das stattliche Massiv der **Manzano Mountains** südöstlich von Albuquerque umkurvt: US 60 East, NM 513 links zu den **Abó Ruins**; in Mountainair NM 55 links ab zu den **Quarai Ruins**; weiter über NM 55, Manzano, Tajique, NM 337 und Chilili zur I-40. (Etwa 60 km und 2–3 Std. zusätzlich, je eine halbe bis eine Stunde Aufenthalt bei den Denkmälern eingeschlossen.)

Durch die grünen Auen des Rio Grande und die goldenen Gräser menschenleeren Ranchlands steigt die Straße zur ersten der insgesamt drei erstaunlich gut erhaltenen Kirchenruinen des Salinas-Komplexes auf, zu den **Abó Ruins**, einem ehemals blühenden Indianerdorf, das zuerst 1581 von den Spaniern heimgesucht und dann 1622 missioniert wurde. Gold und andere Schätze waren zwar auch hier nicht zu finden, aber immerhin Salz. Heute stehen noch die Ruinen der Kirche Mission of San Gregorio de Abó von 1628: ein richtiges Stück Mittelalter in der Wüste, umgeben von Resten der Grundmauern des ehemaligen Tompiro-Indianerdorfes, das 1672–78 verlassen wurde. Die Gründe werden ähnlich gewesen sein wie bei den übrigen Salinas-Siedlungen: Überfälle der Apachen und Comanchen, Trockenperioden und Hungersnöte, Epidemien und nicht zuletzt die Fron für die Spanier. Die stets besorgten Ranger raten, die Privatsphäre der Klapperschlangen im Umkreis des eindrucksvollen Mauerwerks zu respektieren und auf den vorgezeichneten Wegen zu bleiben.

Vom netten und adretten **Mountainair** (Hier gibt es an der US 60, einen Block westl. der NM 55, ein Visitor Center: © 505-847-2585, tägl. 8–17 Uhr.) geht es durch Pferde- und Viehweiden allmählich auf die Manzano-Berge zu, erst nach Punta di Agua mit seiner winzigen Kirche San Vicente (1878) mit Glockenhäubchen, dann links ab zu den **Quarai Ruins**. Die kompakten und wuchtigen Sandsteinruinen von Kirche und Konvent der Nuestra Senora de la Purísima de Cuarac stammen von 1630 und sind sogar noch besser erhalten als die in Abó.

Alle Dörfer waren einst erfolgreiche Zentren des Handels mit den Pueblos in Acoma, Zuni und am oberen Rio Grande. Juan de Oñate kam hier als erster Spanier 1598 vorbei. – Die Straße wird nun immer schöner und sorgt für Abwechslung: Nest an Nest, ein bisschen Adobe, ein bisschen Wellblech. Jeder grüßt jeden im Auto, bis der Ausflug im Nadelwald und mit einer rasanten Canyonabfahrt auf der nüchternen I-40 endet.

Kompakt und wuchtig: die Ruinen der Kirche in Quarai

Las Cruces auf der alten Landstraße am Rio Grande nach Norden zu verlassen, das hat vieles für sich. Einmal bringt sie wieder Kontakte mit dem Fluss, und außerdem folgt die Route im großen und ganzen dem so genannten **El Camino Real** bzw. dem Chihuahua Trail, der einst Mexico City, Chihuahua City, El Paso und Santa Fe miteinander verband.

Diese erste und längste europäische Straße in Nordamerika folgte ihrerseits den Spuren des **Rio Grande Indian Pueblo Trail**, auf dem die indianischen Pueblos zwischen Tigua (südlich von El Paso) und Taos (nördlich von Santa Fe) Handel trieben und so eine Beziehung zwischen den präkolumbischen Indianerkulturen Mittelamerikas und den Indianern von New Mexico schafften. Unter den zahlreichen Expeditionen spanischer Eroberer, Missionare und Siedler, die dem Camino Real folgten oder ihn kreuzten, ist die des Francisco Vásquez de Coronado zwar die erste (1541/42), aber die seines Landsmanns Don Juan de Oñate von 1598 die am besten dokumentierte. Er rief das *El Reino y las Provincias de la Nueva México* im Namen Philipps II. aus. Dass damit die Geschichte des Trails keineswegs ausgespielt hatte, wird sich im Laufe dieses Tages zeigen.

Ein weiterer Grund, statt der Interstate den Weg über die Dörfer zu nehmen, liegt im Reiz der schönen alten Straße, die mal an weißlichen Baumwoll- und roten Chilifeldern vorbei, mal durch schattige Nussplantagen führt, während anfangs die Organ Pipe Mountains im Morgenlicht strahlen.

Das eine oder andere Mal geht es über den Rio Grande, zunächst bei **Radium Springs**, das noch heute wegen seiner heißen Quellen als Kurort geschätzt wird. Vereinzelt sieht man schon Häuser in der vor allem für den Norden von New Mexico typischen Lehmziegel- bzw. Adobebauweise mit ihren aus den Lehmwänden hervortretenden Holzbalken, den *vigas*. **Rincon** zum Beispiel war einst ein Nachtquartier auf dem Chihuahua Trail, aber das ist lange her. Dagegen schmückt sich **Hatch** mit aktuellen Verdiensten – als »Chile Capital of the World«.

Wohin man sieht: rote Schoten – auf den Feldern, zum Trocknen auf dem Dach ausgelegt oder zu *ristras* gebündelt vor die Tür gehängt; zwischendurch Schafe, Pferde und Imkereien. Nördlich von Garfield erkennt man von der Interstate den ersten der großen, vom Rio Grande gespeisten Stauseen, **Caballo Lake**, der die gewöhnlich muddig-braunen Töne des Flusses in ein leuchtendes Blau verwandelt, das sich vorteilhaft von der erdfarbenen Umgebung abhebt.

Bei Williamsburg geht es rechts ab zum Elephant Butte Lake, und zwar zuerst durch das ebenso platte wie bunte **Truth or Consequences**, von Maulfaulen auf »T or C« reduziert. Aufgrund seiner blubbernden heißen Mineralquellen hieß der Ort mal Hot Springs, aber als in den 1950er Jahren der Sender NBC die später populäre Radio-Quizsendung »Truth or Consequences« erfand und derjenigen Stadt, die sich nach dem Titel der Sendung nennen würde, nationale Publicity versprach, entschieden sich die Bürger der *spa town* Hot Springs hastig zum Wechsel ihres Namens. Genutzt hat es ihnen nicht viel. »T or C« ist heute gerade mal ein beliebtes Rentnerparadies, bekrönt von einem wild bemalten Wasserturm. Ansonsten versuchen ein paar ortsansässige Geschäftsleute, die Wohltaten der heißen Quellen an den Mann zu bringen, darunter auch jene »Geronimo Springs«, die der berühmte Apachenhäuptling angeblich zu schätzen wusste. Von der Staumauer des **Elephant Butte**

Hatch – Chile Capital of the World

Lake blickt man im Süden auf den Rio Grande, der hier zum kläglichen Rinnsal geschrumpft ist, und im Norden auf die tiefblaue Wasserfläche des 70 Kilometer langen Reservoirs, des größten Kunstsees von New Mexico. Er lässt nicht nur Seglern und Barsch-Liebhabern das Herz höher schlagen, sondern sorgt auch für die Landwirtschaft in New Mexico, Old Mexico und Texas. Auf dem Elefantenhügel selbst, einem erratisch aus dem Wasser ragenden Fels vulkanischen Ursprungs, lebt tapfer eine kleine Ziegenherde, die ihre Nachkommen mehr oder weniger erfolgreich gegen Adler verteidigt.

Nach dem möglicherweise erfrischenden Ausflug zum Seeufer im **State Park** geht es zurück zur Interstate, in deren Verlauf sich nun beachtliche Wildwest-Panoramen entfalten. Die Ausfahrt nach San Marcial zweigt zu den Feuchtgebieten des Naturschutzgebietes **Bosque del Apache National Wildlife Refuge** ab. Aber Achtung, der kleine Umweg kostet Zeit, manchmal noch zusätzlich deshalb, weil die alte Landstraße (S1) gesperrt ist. Wilde Sonnenblumen und diverses Wassergeflügel – arktische Schneegänse, Wildenten, Adler, Falken und Kraniche – überwintern in diesem Habitat, das mit der realen Landwirtschaft ökologisch verträglich zusammenarbeitet. Die Farmer bauen Alfalfa und Mais an, um die Vögel zu füttern.

Die Wintermonate, und dann am besten frühmorgens oder am frühen Abend, sind die ergiebigsten Beobachtungszeiten. Im Sommer und tagsüber muss man sich dagegen auch schon einmal mit ein paar lahmen Enten begnügen. Wer auf die Exkursion verzichtet, dem bleibt der Fernblick: Deutlich erkennt man vom Highway aus die ausufernden, vom Fluss gespeisten Auen vor der ansonsten kargen Kulisse.

Zwischen Las Cruces und Albuquerque gilt **San Antonio** als beliebter Stopp zur Stärkung, jener winzige Flecken, der 1629 als Mission gegründet wurde und nun mit Mais und Alfalfa handelt.

Kurze Zeit später locken die Missionskirche und die hübsche Plaza im historischen Zentrum von **Socorro** zu einem kurzen Abstecher. *Socorro* bedeutet »Hilfe« bzw. »Unterstützung«; der Ort bekam diesen Namen, als die einstigen Bewohner des Piro Pueblo 1598 die Leute der Oñate-Expedition mit Nahrung und Unterkunft versorgten. Kaum zu glauben, dass in den 1880er Jahren hier einmal 44 Saloons rund um die Uhr geöffnet hatten, um die damals im Silberrausch schwelgenden rauen Bergleute noch zusätzlich zu berauschen. Als der Boom vorbei war und die meisten Bergarbeiter abzogen, verwandelte sich Socorro in eine rechtschaffene *ranching town*.

Dürftige Grasflächen breiten sich weiter nördlich aus, nur das Flusstal erzeugt grünes, gut bewässertes Farmland, von dessen Früchten unter anderem auch die Indianer der **Isleta Indian Reservation** leben. Ihr Dorf ist das erste im Kranz der indianischen Pueblos am oberen Rio Grande. Den Namen (»kleine Insel«) wählten die Spanier, weil der ursprüngliche Pueblo Tuei wegen der Überschwemmungen wie eine Insel aussah.

Dies führt zurück zum Thema **Camino Real** und zur Besiedlungsgeschichte dieser Region von New Mexico, die einst, als sich das neue Spanien auszudehnen begann, dessen Nordgrenze bildete. Es gelang den Spaniern nicht, die weiter nördlich lebenden Apachen, Navajo und Comanchen unter Kontrolle zu bringen, die, inzwischen mit Pferden und Waffen versorgt, erfolgreich Widerstand leisteten. Nur die Zusammenarbeit mit den Pueblo-Indianern am oberen Rio Grande sicherte den spanischen Siedlern die Existenz.

Diese Allianz war zunächst allerdings nicht von Dauer. 1680 kam es zur *Pueblo Indian Revolt*, zum blutigen Aufstand der Indianer gegen die religiöse Bevormundung und wirtschaftliche Ausbeutung, der die Spanier zum Rückzug bis nach El Paso trieb. Wenige Jahre später kehrten sie zurück, und die Soldaten unter Don Diego de Vargas machten den Camino Real zur Route der Reconquista.

Dennoch förderte die gemeinsame Lebensgrundlage, die Landwirtschaft, im Laufe des 18. Jahrhunderts das Zusammenleben im Sinne des Gebens und Nehmens. Auf Dauer entwickelte sich eine indianisch-hispanische Kultur, die heute noch nachwirkt und die diesen Bundesstaat, besonders in seinen nördlichen Gefilden, von seinen amerikanischen Nachbarn unterscheidet.

Aber erst einmal nahte die dritte Kraft, die angloamerikanische. Anfang des 19. Jahrhunderts, bald nach der Loslösung Mexikos von Spanien, kamen die ersten Kundschafter, gefolgt von Trappern und Händlern, Farmern und Ranchern – ein wachsender Zustrom, der den Zusammen-

halt des Territoriums mit Mexiko schließlich ins Wanken brachte.

Nach dem Ende des Amerikanisch-Mexikanischen Kriegs fiel New Mexico an die USA, was freilich wenig zu seinem Bekanntheitsgrad beitrug. Die Errichtung einiger Forts zur Bekämpfung der Apachen-, Comanchen- und Navajo-Stämme nach dem Bürgerkrieg zog zwar weitere Rancher, Farmer und Bergleute an, doch erst die Eisenbahn brachte in den 1880er Jahren die Wende. Als Ost-West-Achse schuf sie die neue wirtschaftliche Integration, die zuvor nur durch die Nord-Süd-Verbindung des Camino Real bestanden hatte. Die Santa-Fe-Eisenbahn (die ja ironischerweise Santa Fe selbst nie erreicht hat) warb in leuchtenden Farben für den neuen Westen, von dem sogar in den 1920er Jahren die Boheme an der Ostküste Wind bekam, so dass sie Künstler-Dependancen in Taos und Santa Fe gründete.

Anstelle des Camino Real zieht heute die Interstate durchs Land. Wo sich früher lange Ochsengespanne durch die Wüste quälten, drücken nun *eighteen wheelers* aufs Tempo. Dann rückt **Albuquerque** näher, die Hauptstadt der *Silicon Desert.*

Ein Juwel unter den indianischen Adobekirchen in New Mexico: die Kirche in Isleta Pueblo

Elephant Butte Lake State Park
Nähe Truth or Consequences
Elephant Butte
✆ (505) 744-5421
Am Stausee: Camping, Schwimmen, Bootsverleih.

Inn at the Butte
Hwy. 195, Elephant Butte, NM 87935
✆ (505) 744-5431, Fax (505) 744-5044
Das **Lake View Restaurant** ($–$$) bietet Stärkungen mit Seeblick. $$

Bosque del Apache National Wildlife Refuge
P. O. Box 1246
Socorro, NM 87801
✆ (505) 835-1828
Visitor Center: Mo–Fr 7.30–16, Sa/So 8–16.30 Uhr; Naturschutzgebiet: 1 Std. vor Sonnenaufgang bis 1 Std. nach Sonnenuntergang
Vogelschutzgebiet am Rio Grande. Beste Besuchszeit: Nov.–Febr., frühmorgens und spätnachmittags. Eintritt $ 3 pro Auto.

Old San Miguel Mission
403 Camino Real (nördl. der Plaza)
Socorro, NM 87801
✆ (505) 835-1620
Tägl. 7–18 Uhr
Die restaurierte Missionskirche von 1819–21 mit ihren massiven Adobemauern und hölzernen Deckenbalken *(vigas)* steht an der Stelle der alten Missionskirche von 1627. Eintritt frei.

Owl Bar & Cafe & Steak House
US 380 (Main St.)
San Antonio, NM 87832
✆ (505) 835-9946
Treffpunkt für alle weit und breit; sagenhafte Hamburger. So geschl.
$

Isleta Pueblo
5 Tribal Rd. 64
Isleta, NM 87022
✆ (505) 869-3111
Tägl. 9–18 Uhr
Wenige Kilometer südlich von Albuquerque. Dem Pueblo (mit seiner wuchtigen Lehmkirche **Mission of San Agustin**) ist ein Erholungsgebiet für Camping, Picknick und Forellenfischen angeschlossen.

7 **Infos:** Albuquerque

La Posada de Albuquerque
125 Second St., NW
Albuquerque, NM 87102
✆ (505) 242-9090 und 1-800-777-5732
Fax (505) 242-8664
Das hübsch renovierte Haus, 1939 von Conrad Hilton entworfen, vereint historischen Charme und moderne Zweckmäßigkeit.
$$$

Fairfield Inn by Marriott
Nähe Kreuzung I-25/I-40
1760 Menaul Blvd., NE
Albuquerque, NM 87107
✆ (505) 889-4000
Fax (505) 872-3094
Motel mit Pool und Tennisplätzen.
$$–$$$

El Vado Motel
2500 Central Ave., SW
Albuquerque, NM 87104
✆ (505) 243-4594
Renoviertes Motel aus den 1930er Jahren – besonders Route-66-Fans werden es zu schätzen wissen.
$

Red Roof Inn
1635 Candelaria Rd., NE
Albuquerque, NM 87107
✆ (505) 344-5311
Fax (505) 343-9370
Solides Kettenmotel mit Pool. (Von I-40 auf I-25 North, Exit Candelaria Rd.)
$–$$

Indian Pueblo Cultural Center
2401 12th St., NW (zwischen Indian School Rd. & Menaul Blvd.)
Albuquerque, NM 87104
✆ (505) 843-7270 und 1-800-766-4405
www.indianpueblo.org
www.indianpueblo.com
Tägl. 9–17.30 Uhr
Kulturzentrum der 19 Pueblos am oberen Rio Grande: Kunsthandwerkliche Demonstrationen, Tanzvorführungen an Wochenenden (im Gegensatz zu den Pueblos ist Fotografieren hier erlaubt und kostenlos) und permanente Ausstellung. Das Institut gibt auch die Broschüre *New Mexico Indian Tourism Guide* heraus – mit Terminen, Anschriften etc. zu allen Pueblos. Museumsshop und Cafeteria. Eintritt $ 4.

New Mexico Museum of Natural History and Science
Mountain Rd., NW
Albuquerque, NM 87104
✆ (505) 841-2802
www.nmmnh-abq.mus.nm.us
Tägl. 9–17 Uhr; das DynaTheater zeigt auch Sa abends 18, 19 und 20 Uhr Filme.
Spannendes Naturkundemuseum, besonders Dino-Freunde werden hier auf ihre Kosten kommen. Geologie des Südwestens, Aquarium, Tiere und Pflanzen, Dynamax-Kino.
Eintritt $ 5 Museum, $ 6 DynaTheater.

Monte Vista Fire Station
3201 Central Ave., NE
Albuquerque, NM 87106
✆ (505) 255-2424
In den 1930er Jahren wirklich mal ein Feuerwehrhaus im Pueblo-Deco-Stil: heute fantasievolle und abwechslungsreiche New Mexico Küche. Bar mit schönem Blick auf die Berge. $$

Trattoria Trombino
5415 Academy Rd., NE
Albuquerque, NM 87109
✆ (505) 821-5974
Beliebt wegen der guten italienischen Küche. Bar. $$

66 Diner
1405 Central Ave. NE
Albuquerque, NM 87106
✆ (505) 247-1421
www.66diner.com
info@66diner.com
Nostalgisch nachgebauter *roadside diner – milkshakes* eingeschlossen. $

8 Seitenwege
Von Albuquerque nach Gallup

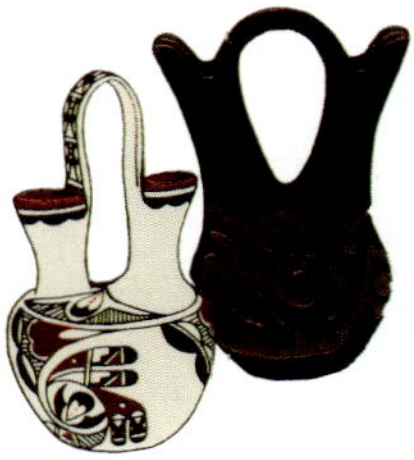

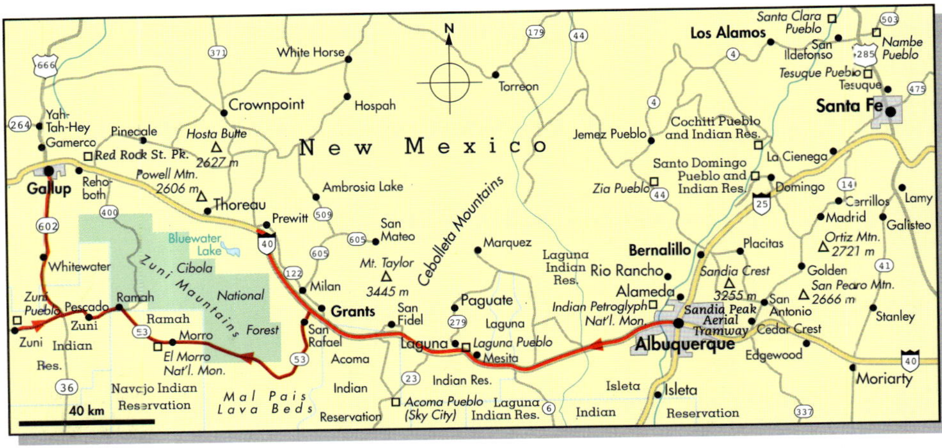

8. Route: Albuquerque – Laguna Pueblo – Cubero – El Morro National Monument – Zuni Pueblo – Gallup (306 km/191 mi)

km/mi	**Zeit**	**Route**
0	9.00 Uhr	In **Albuquerque:** I-40 nach Westen bis Exit 117 (Mesita), rechts nach Mesita und auf die *frontage road*, die an der Unterführung links abgeht. Laguna. NM 114 West, links kann man, dem Schild folgend, zum **Laguna Pueblo** hochfahren. Zurück zur NM 114 und weiter nach Westen durch **Paraje, Budville Cubero, San Fidel**. Beim Exit 96 wieder auf die I-40 West bis Exit 81. Dort Hwy. 53 nach Süden über El Morro zum
195/122	12.00 Uhr	**El Morro National Monument** (Stopp und Wanderung 2 Std.). – Weiter SR 53 über Ramah und Pescado zum
246/154	15.00 Uhr	**Zuni Pueblo** (Stopp 1 Std.). – Zurück und Hwy. 602 nach
306/191	17.00 Uhr	**Gallup**.

Je weiter die Straße in die Einöde der neumexikanischen Halbwüste vordringt, umso mehr erweitert sich das Panorama zu einem Breitwandbild im XXL-Format: endlose Ebenen voller Wildblumen, betupft mit Juniper- und Piñonbüschen, durchfurcht von kleinen *washes*, diesigen Bergsilhouetten und

Mesas am Horizont, während der Smog am Fuß der Sandia Mountain Range von Albuquerque nur noch den Rückspiegel trübt.

Spätestens an der Laguna Indian Reservation zeichnet sich das silbrige Dachgeschoss des **Mount Taylor** in der Ferne ab, weil dort oben, in 3 445 Metern Höhe, die Bäume fehlen. Den Navajo-Indianern, die ihn »Turquoise Mountain« nennen, gilt er als heiliger Berg.

Als Dritter im Bunde von Interstate und Eisenbahn sammelt die alte **Route 66** als *frontage road* weitere landschaftliche Pluspunkte, meist durch größere Nähe: zu den Loks der Santa-Fe-Eisenbahn, den gelben Chamisa-Büschen und den violetten Astorblüten. Die Fahrspur windet sich um die steilen roten Felszinnen herum, während die Interstate gnadenlos hindurchprescht.

Westlich von **Mesita** hebt sich das schwarze Lavagestein aus dem Boden und gibt dem Farbenspiel eine weitere Nuance. In Laguna leuchtet die weißgetünchte, lehmüberzogene Steinkirche **San José Mission** im **Old Laguna Pueblo** herüber, die wegen ihrer bemerkenswerten Innendekoration einen Besuch lohnt. Laguna spielt innerhalb der Pueblos insofern eine ungewöhnliche Rolle, weil hier Mitglieder verschiedener Stämme und Dissidenten anderer Pueblos vielsprachig zusammenleben.

Im Dörfchen **Paraje** geht die rote Sandsteinkirche mit der Zeit. BAPTIST CHURCH. TRUCKERS WELCOME, heißt die Devise. Mittlerweile ist der Mount Taylor auf gleicher Höhe: rundum waldig-schwarz – mit Glatze. Verlassene Geschäfte und zerbröselnde Adobehäuser pflastern weiterhin den Weg nach Westen:

Eine der vielen Inschriften im Morro Rock

Budville, benannt nach »Bud« Rice, der hier 1928 eine Autowerkstatt und ein Tourismusgeschäft unterhielt, wo sich noch eine »Route 66 Trading Company« erhalten hat; **Villa de Cubero**, wo Hemingway sich einst verkroch, um seinen »Alten Mann und das Meer« zu schreiben (der Cubero Trading Post macht Eindruck); **San Fidel**, trotz Ray's Bar, einem »Liquor Drive-up«, und einem ordentlichen Post Office mit der unvermeidlichen Flagge schwer heruntergekommen (auch das Whiting Brother Motel hat seinen Geist aufgegeben).

An den aufgebrochenen schwarzen Lava-Feldern der Mal Pais Lava Beds vorbei, den größten in New Mexico und Belege seiner vulkanischen Vergangenheit, geht es dann über den stillen und landschaftlich reizvollen Highway 53 zum **El Morro National Monument**, einer markanten weißen Sandstein-Mesa an einem großen Pool, inmitten eines Navajo-Reservats. Teil des Felsmasivs ist der **Inscription Rock**, eine Graffiti-Sammlung, die aussieht wie ein dickes Gästebuch. Die erste europäische Inschrift von 1605 stammt von Juan de Oñate, dem einstigen Kolonialherrn und Gouverneur von New Mexico. Auch Don Diego de Vargas hinterließ hier 1692 seine Signatur. Vom Visitor Center aus kann man durch Blumenwiesen zu den alten Texten laufen und dann hinauf zu den teilweise freigelegten Ruinen eines Anasazi-Pueblo aus dem 13. Jahrhundert.

Kälber mit dem Lasso einfangen (»calf roping«) gehört zum Standardprogramm der meisten Rodeos

Zuni Pueblo zählte einst zu den sagenhaften »Sieben Goldenen Städten von Cibola«, denen Francisco Vásquez de Coronado auf der Spur war, weil er glaubte, sie wären aus Gold gebaut. 8 000 Einwohner zählt heute dieser größte Pueblo von New Mexico, der allerdings geographisch stets von anderen Indianerdörfern am oberen Rio Grande entfernt lag und entsprechend eigene kulturelle und religiöse Besonderheiten entwickelt hat. Im Vergleich zu den Pueblos von Taos, Isleta, Laguna und Acoma wirkt Zuni eher enttäuschend. Zwar wimmelt es von Lehmöfen *(hornos)*, aber von der typischen Lehmbauweise ist sonst wenig zu sehen.

Sehenswert sind allerdings die schöne alte Kirche mit bedeutenden Wandmalereien und das Kunsthandwerk im Trading Post. Ja, und wenn man Glück hat, kann man Ende November/Anfang Dezember bei den spektakulären Shalako-Tänzen des Dorfs dabei sein.

8 Infos: Laguna, El Morro National Monument, Zuni Pueblo

Laguna Pueblo
P. O. Box 194
Laguna, NM 87026
✆ (505) 552-6654
Wochentags geöffnet
Der Pueblo (seit Ende des 17. Jh.) besteht aus einer Reihe kleiner Gemeinden und einer gut erhaltenen Kirche von 1699. Fotografieren ist nicht erlaubt.

El Morro National Monument
Rt. 2, P. O. Box 43
Ramah, NM 87321
✆ (505) 783-4226
Im Sommer 9–19, sonst bis 17 Uhr
Inmitten eines Navajo-Reservats gelegen.
Eintritt $ 4 pro Auto.

Zuni Pueblo
P. O. Box 339
Zuni Pueblo, NM 87327
✆ (505) 782-4481
Der erste Pueblo, auf den die Spanier auf der Suche nach den »Sieben Goldenen Städten von Cibola« trafen. Heute ist das Dorf das bevölkerungsreichste unter den Pueblos. Im Bereich des Kunsthandwerks sind die Zuni-Indianer vor allem für Holzschnitzerei (Kachinas, Fetische), Silber- und Türkisschmuck sowie Keramik mit Tiermotiven und der typischen Farbkonstellation von Schwarz und Rot auf Weiß berühmt.

Informationen zu Gallup vgl. S. 145.

Innenansicht eines historischen Zuni-Hauses

9 Stein im Brett

Petrified Forest National Park

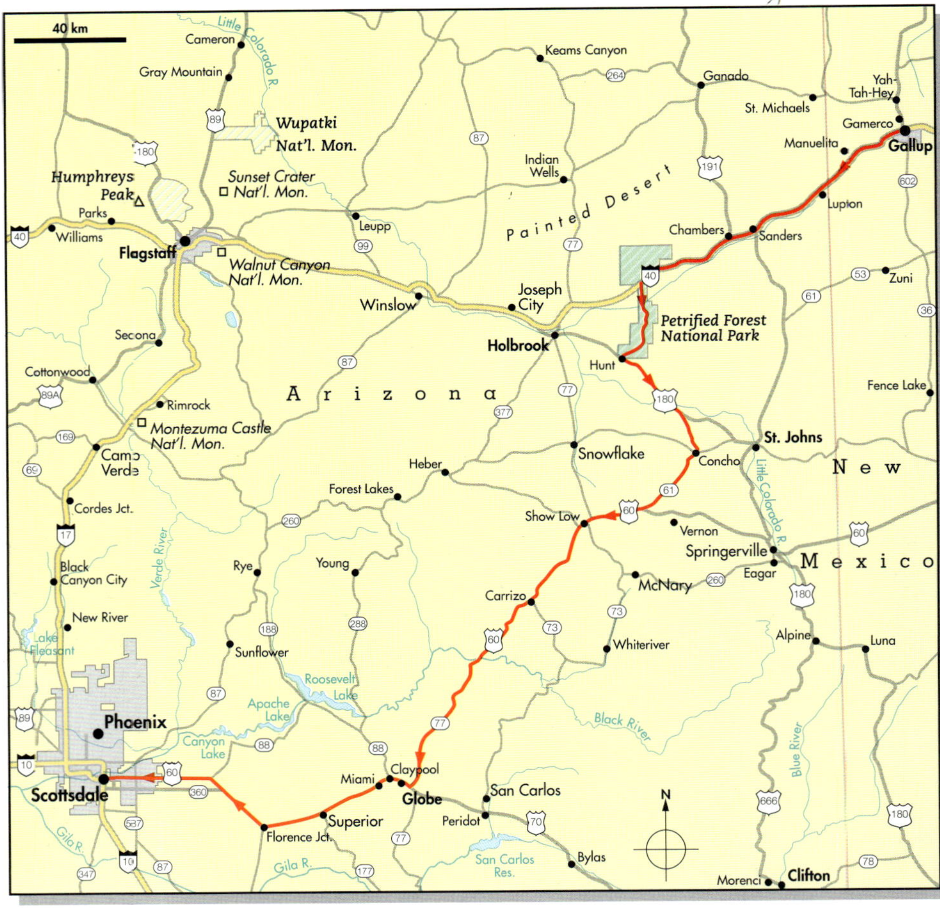

9. Route: Gallup – Painted Desert und Petrified Forest – Show Low – Salt River Canyon – Globe – Scottsdale/Phoenix (546 km/341 mi)

km/mi	Zeit	Route
0	9.00 Uhr	In **Gallup** I-40 nach Westen. (Durch Zeitdifferenz im Sommer 1 Std. Gewinn.) Bei Exit 311 zum Nordeingang des

115/ 72		**Petrified Forest National Park** und **Painted Desert** (ca. 2 1/2 Std. für Picknick und/oder die Besonderheiten, z. B. **Blue Mesa**).
173/108	12.30 Uhr	Am südlichen Parkausgang auf die US 180 Richtung St. Johns. In Hunt S 180 nach Concho, S 61 (und später US 60) nach
266/166	13.30 Uhr	**Show Low** und weiter zum **Salt River Canyon**.
408/255	15.00 Uhr	**Globe**. Über Superior und Florence Junction nach
546/341	17.00 Uhr	**Scottsdale** (von US 60 Exit Rural Rd.) bzw. **Phoenix** (Exit Hohokam Expwy.); einen **Stadtplan** finden Sie auf S. 176.

Mit der breiten Interstate 40 unter den Rädern und der weiten Hochebene vor Augen geht es von Gallup im Eilschritt nach Westen. DAIRY QUEEN ... HOT DOGS ... STUCKEY'S ... CLEANEST RESTROOMS IN THE COUNTRY – mehr Text hat der Highway nicht zu bieten.

Nach der Richtungsänderung hin zum Nordeingang des **Petrified Forest National Park** wird das gründlich anders: wechselnde Paletten roter, grauer, orange- und erdbeerfarbener Mondlandschaften – die **Painted Desert**. Dass man vor lauter Bäumen den Wald nicht sieht, kommt vor, dass man aber den Wald vor lauter Steinen nicht mehr erkennt, passiert in den *badlands* des Petrified Forest. In dieser knochentrockenen Halbwüste glitzern und schimmern

Schrill: Verkaufsbuden am Highway in Arizona

versteinerte Bäume je nach Lichteinfall um die Wette. Die bunten Nachfahren und Bruchstücke eines prähistorischen Waldes haben sich so gut erhalten, weil sie nach ihrem Absterben unter Sand und Vulkanasche luftdicht verschlossen blieben. Als sie nach mehr als 200 Millionen Jahren, verursacht durch neue Erdbewegungen, wieder ans Tageslicht kamen, war das Holz längst durch Mineralien ersetzt: Alchemie in der Wüste.

Um die Mitte des 19. Jahrhunderts, als man den steinernen Wald entdeckte, weckte er weniger Bewunderung als Begehrlichkeit. Brocken und Stämme wurden abtransportiert, gesprengt oder zerschlagen, um an die eingeschlossenen Amethyste zu kommen. Erst 1906 legte man den Schatzjägern das Handwerk und stellte die Region unter Schutz, 1962 avancierte sie zum Nationalpark.

Vom *scenic drive* aus, aber auch zu Fuß auf bequemen Wanderwegen oder in den kühlen Ausstellungsräumen der Visitor Centers lesen sich die 225 Millionen Jahre Erdgeschichte wie ein offenes, farbig illustriertes Buch. Besonders der südliche Parkteil, nachdem die Interstate, die Schienen der Santa Fe Railroad und der Puerco River überquert sind, bietet zahlreiche optische Leckerbissen, allen voran die **Blue Mesa**.

Am Ende versucht die »Vehicle Inspection Station« sicherzustellen, dass kein Stein als Souvenir den Park verlässt. Auch wenn jeder nur ein winziges Stück in die Tasche steckte, summierte sich, so haben die Ranger errechnet, der Verlust auf mehrere Tonnen pro Jahr.

Für eine Zeitlang verweilen die Highways inmitten von plattem Ranchland, dessen endlose Weiden nur selten von roterdigen *washes* durchzogen oder winzigen Ortschaften unterbrochen werden – wie beispielsweise durch das idyllische **Concho**, wo zufriedene Pferde unter mächtigen Cottonwood-Bäumen grasen. Zwar steuert der forellenreiche Concho Lake noch einen kräftigen blauen Farbtupfer bei, aber erst vor Show Low ändert sich das Landschaftsbild deutlich durch die Annäherung der jetzt rundum bewaldeten Bergwälder.

Show Low übernahm seinen Namen aus dem Vokabular des Pokerspiels, das einst um den Besitz einer Ranch ausgetragen wurde, die die Keimzelle der heutigen Mormonensiedlung bildete. Besonders die Outdoor-Freunde lieben den Luftkurort als einen ganzjährig idealen Ausgangspunkt zum Fischen und Jagen, Wandern und Reiten. Er liegt in über 2 000 Metern Höhe praktisch am Abgrund des **Mogollon Rim** (sprich: MAGI-oun), jenes nach der Indianerkultur benannten Südendes des Coloradó Plateaus, das ein paar Meilen südlich von hier zur Wüste hin abfällt. Zugleich bildet der Rand des Plateaus die Nordgrenze der San Carlos Apache Reservation, durch die die Straße auf den weniger bekannten, aber gleichwohl spektakulären **Salt River Caynon** zuführt.

Unübersehbar in **Globe** sind die gewaltigen Minen, von denen sich einige im Zustand der Rekultivierung durch schnellwachsende Gräser befinden. In glorreicher Vergangenheit soll hier mal ein reines Stück Silber in Form eines Globus gefunden worden sein. Eine Bahnschranke klingelt, und zwei schwerfällige Loks schieben einige Waggons mit Kupferplatten über die Schienen. Nach dem einstigen Silberboom wird in Globe immer noch Kupfer abgebaut und verarbeitet, aber das Zentrum der Industrie ist ins benachbarte Miami abgewandert – Zeit für Globe, am Ausbau des Tourismus zu arbeiten.

Stein im Brett: versteinerte Baumstämme im Petrified Forest, Arizona

In letzter Zeit wird ja vielerorts in den USA eine regelrechte Renaissance der alten Trails und Trampelpfade mit dem Ziel betrieben, Historie und Legende touristisch zu vermarkten. In Globe hat man deshalb den so genannten »Old West Highway« aus der Taufe gehoben: Zwölf Gemeinden zwischen Apache Junction in Arizona und Lordsburg in New Mexico, die heute auf Abschnitten der US 60 und US 70 liegen, haben sich zu diesem Upgrading entschlossen. 600 Jahre Fakten und Folklore des Wilden Westens sollen mit dieser Route auf die Reihe gebracht werden – von Kupfer und Coronado bis zu Attacken der Apachen und solchen von Billy the Kid.

Wie man zwischen Globe und Florence Junction sehen kann, hat dieser »Old West Highway« auch landschaftlich einiges zu bieten. Kostproben liefern sowohl der (erwartungsgemäß rote) **Devil's Canyon** als auch (zur Rechten) die volle Breitseite der **Superstition Mountains** in der Höhe von Florence Junction.

Kaum ein Bergmassiv im Südwesten erweist sich als größere Gerüchteküche als diese »Berge des Aberglaubens«. Unter den kursierenden Lokallegenden hört man insbesondere immer wieder die vom mysteriösen Jacob Waltz, einem Immigranten aus Deutschland und bekannt als »the Dutchman«. Weil er mit Goldklumpen zu zahlen pflegte, war man nicht nur sicher, dass er eine Goldmine in den Bergen gefunden haben musste, sondern man suchte nach seinem Tod die Berge ab, um die »Lost Dutchman Mine« zu finden. Aber extreme Hitze und andere Widrigkeiten des kargen Terrains forderten meist einen hohen Preis und oft sogar das Leben der Glückssucher.

Salt River Canyon

Das Tal ist nun erreicht, und die gesamte Ebene, übersät mit strammen Saguaros und leuchtendgelben Blüten der Palo-Verde-Bäume, gleicht einem einzigen Wüstengarten. Für eine schöne Weile. Dann gehen die unendlich langsamen Übergänge des Tages zu Ende: von Weide zu Wald und von Wald zu Wüste. Der automobile Magnetismus der Hauptstadt übernimmt die Regie – **Phoenix** und mit ihm **Scottsdale** melden sich zurück. Doch bekanntlich beschäftigt man dort ausreichend Gärtner, die zumindest für eine schöne zweite Natur sorgen mit Apfelsinenbäumen, Oleanderhecken und lila Jacarandablüten. In Scottsdale sollen demnächst sogar Landschaftsarchitekten tätig werden, um einen der zahlreichen Bewässerungskanäle in einen lauschigen Riverwalk zu modeln – ähnlich dem allgemein beneideten in San Antonio, Texas. Das Wiedersehen mit der Wüstenmetropole erleichtert die Orientierung, wobei wieder einmal das ruhende Kamel aus Stein, der **Camelback Mountain**, Hilfestellung leistet: Sein Kopf zeigt in Richtung Phoenix, sein Hinterteil nach Scottsdale. Übrigens kann man das »Kamel« auch besteigen, am besten am frühen Morgen oder späten Nachmittag. Ein schöner Bergpfad führt auf den »Kopf« des Felsens, der zum großen (oberen) Teil unter Naturschutz steht. Von oben entfaltet sich das »Valley of the Sun« nach allen Seiten.

9 **Infos:** Petrified Forest National Park, Globe, Apache Junction

Petrified Forest National Park
P. O. Box 2217
Petrified Forest National Park, AZ 86028
✆ (520) 524-6228
Tägl. 8–17, im Sommer 7.30–17.30 Uhr
Am Nordeingang informiert das **Painted Desert Visitor Center**, am Südeingang das **Rainbow Forest Museum** über Geologie und Geschichte. Eine 43 km lange Autoroute verbindet die fossilen Welten des ehemaligen Wald- und Sumpfgebiets: szenische Ausblicke (u.a. **Painted Desert, The Teepees** und **Blue Mesa**), Anasazi-Ruinen (**Puerco Indian Ruins** aus der Zeit vor 1400), Petroglyphen (**Newspaper Rock**), bizarre Brücken (**Agate Bridge**), kleine Wanderwege (z.B. an der Blue Mesa; im **Crystal Forest**; von den **Long Logs**, den buntesten Stücken des Parks, zum **Agate House**; am Rainbow Forest Museum) und Picknickplätze (**Chinde Point, Rainbow Forest Museum**). Eintritt $ 10 pro Auto.

Show Low Chamber of Commerce
951 West Deuce of Clubs
Show Low, AZ 85902
✆ (520) 537-2326 und 1-888-746-9569

Greater Globe-Miami Chamber of Commerce
1360 Broad St.
Globe, AZ 85502
✆ (520) 425-4495 und 1-800-804-5623

Apache Junction Chamber of Commerce
112 2nd Ave.
Apache Junction, AZ 85219-1747
✆ (602) 982-3141 und 1-800-252-3141
Fax (602) 982-3234

Superstition Mountain Museum
SR 88 (ca. 6 km nordöstl. von Apache Junction)
Apache Junction, AZ 85217
✆ (602) 983-4888
Tägl. 10–16 Uhr
Dokumente und Artefakte zur Geschichte und Folklore der sagenumwobenen Bergregion.

Goldfield Ghost Town & Mine Tours
4650 North Mammoth Mine Rd.
Apache Junction
✆ (480) 983-0333
Tägl. 10–17 Uhr
Ausstellung von alten Bergwerkzeugen, Minentouren, Goldwaschen, Eisenbahnfahrt, *gunfights* und Shops.

Informationen zu Scottsdale und Phoenix finden Sie S. 174 f. und 182 f.

Für 1001 Nacht: Pool des Arizona Biltmore Hotel in Phoenix

Service von A–Z

Anreise/Einreise 252
Auskunft 252
Auskunft vor Ort 253
Autofahren 253
Automiete 254
Einkaufen 254
Feiertage/Feste 255
Geld/Devisen 255
Gepäck 256
Kinder 256
Maße und Gewichte 256
Medizinische Vorsorge 257
Notfälle und das Überleben in der Wüste ... 257
Post 257
Presse/TV/Radio 258
Reisezeit 258
Restaurants/Verpflegung 258
Telefonieren 259
Trinkgeld 260
Unterkunft 260
Zeitzonen 261
Zoll 261

Anreise/Einreise

Nonstopflüge aus Europa erreichen meist am frühen Nachmittag nach ca. 11 Stunden Flugzeit (und 9 Stunden Zeitunterschied) LAX, den internationalen Flughafen von Los Angeles, Las Vegas oder Phoenix. Über preiswerte Holiday- und andere Sondertarife sowie Charterflüge informieren die Reisebüros.

Am LAX verkehren zwischen den Terminals, Bushaltestellen und Parkplätzen kostenlose Zubringerdienste. Die Autovermietungen haben eigene, gut gekennzeichnete Kleinbusse, die Sie direkt zum jeweiligen Büro bringen. Die Stadtbusse des Rapid Transit District (RTD) fahren vom Parkplatz C ab. Die Hotels in unmittelbarer Umgebung des Flughafens und manche der großen Hotels in der Innenstadt holen ihre Gäste mit eigenen Fahrzeugen ab. Für Informationen zur Zimmersuche kann man sich an den Traveler's-Aid-Stand im Internationalen Terminal wenden.

Die Formalitäten zur Einreise in die USA sind im Allgemeinen recht problemlos. Deutsche, Österreicher und Schweizer können zu Urlaubs- und Geschäftsreisen bis zu drei Monaten Dauer ohne **Visum** einreisen, es genügt ein gültiger Reisepass. Vorab auszufüllen ist lediglich ein rosa Formblatt, das im Reisebüro und meist noch im Flugzeug erhältlich ist. Nur wer länger als 3 Monate bleiben will, braucht ein Visum (anzufordern über die Botschaft der USA in Berlin). Die früher für unbegrenzte Zeit ausgestellten Visa (wie Sie es vielleicht noch in einem alten Reisepass haben) sind mittlerweile ungültig geworden – der *immigration officer* wird es bei der nächsten Einreise entwerten.

Noch vor der Gepäckausgabe wartet am Boden der *immigration officer*, der Beamte der Einwanderungsbehörde, der für die Festsetzung der individuellen Aufenthaltsdauer zuständig ist und der sich deshalb nach Zweck *(holiday)* und Dauer der Reise erkundigt, gelegentlich auch nach dem Rückflugticket und der finanziellen Ausstattung. Diese Prozedur verläuft je nachdem, wieviele Jumbos gerade gelandet sind, oft zähflüssig und erfordert Geduld, auch wenn das nach einem langen Flug schwer fällt.

Beim Ausfüllen der Einreisepapiere sollte man übrigens darauf achten, eine Adresse in den USA anzugeben: z. B. das erste Hotel in Los Angeles, aber mit konkreter Adresse.

Auskunft

Für detaillierte Vorinformationen (Landkarten, Unterkunftsverzeichnisse etc.) schreibt man einige Monate vor Reisebeginn an die Fremdenverkehrsämter der einzelnen Staaten. Wer eine längere Wanderung in einem der Parks plant, kann an den Superintendent (vgl. jeweilige Tagesinformation) schreiben und um nähere Infos bitten.

Arizona Office of Tourism
c/o Touristikdienst Lange
Postfach 20 02 47
63469 Maintal, Fax (061 81) 49 75 58
www.arizonaguide.com

California Office of Tourism
801 K Street, Suite 1600
Sacramento, CA 95814
www.gocalif.com

Colorado Travel Authority
707 17th St., Suite 3500
Denver, CO 80202
www.colorado.com

Las Vegas Visitors Authority
Herzogspitalstr. 5
80331 München
✆ (089) 23 66 21 30, Fax (089) 260 40 09
www.lasvegas24hours.com

New Mexico Department of Tourism
Lamy Building
491 Old Santa Fe Trail
Santa Fe, NM, 87503-0000
✆ (0 22 61) 97 90 56, Fax (0 22 61) 97 90 55
www.newmexico.org

Utah Travel Council
Council Hall/Capitol Hill
Salt Lake City, UT 84114
www.utah.com

Auskunft vor Ort

Fast alle etwas größeren Orte besitzen ein **Visitors Bureau** oder eine **Chamber of Commerce**. Die hilfreichen Geister in diesen Büros können Unterkünfte vermitteln sowie Tipps für Unternehmungen und Veranstaltungshinweise geben. Man muss dort nicht unbedingt hinfahren, sondern kann auch telefonisch anfragen.

In den Parks und Monuments sollte man als erstes jeweils das Visitor Center aufsuchen. Die Ranger halten dort Landkarten, Beschreibungen der Wanderwege und viele nützliche Tipps bereit. Hier erfährt man auch, ob Wege geschlossen sind oder besondere Führungen und Veranstaltungen stattfinden.

Autofahren

Als verkehrsgeschulter Europäer hat man im Südwesten leichtes Fahren: Die Amerikaner sind vergleichsweise immer noch rücksichtsvolle und gemächliche Fahrer. Was aber nicht heißen soll, dass die Trucks und Flitzer auf den Autobahnen nicht auch mal drängeln und dicht auffahren.

Landkarten erhält man an den Tankstellen oder in Drugstores. Als Mitglied eines europäischen Autoclubs kann man sich von der amerikanischen Schwestervereinigung **AAA** mit Karten versorgen lassen. Diese Büros geben auch Auskunft über den Straßenzustand. Einige Verkehrsregeln und Verhaltensweisen unterscheiden sich von denen in Europa:

– Die **Höchstgeschwindigkeit** ist ausgeschildert; auf Interstate-Highways 65 oder 55 Meilen/h (105 bzw. 89 km/h), auf US- und S-Highways 55 Meilen/h, in Ortschaften 25–30 Meilen/h (40–48 km/h).
– **Schulbusse** mit blinkender Warnanlage, die also Kinder ein- und aussteigen lassen, dürfen nicht passiert werden. Das gilt auch für Fahrzeuge aus der Gegenrichtung!
– **Rechtsabbiegen an roten Ampeln** ist erlaubt, aber erst nach vollständigem Halt und Vergewisserung, dass kein Fußgänger oder anderer Wagen behindert wird.
– **Außerhalb von Ortschaften** muss man zum Parken oder Anhalten mit dem Fahrzeug vollständig von der Straße runter.
– **Fußgängern**, besonders Kindern, sollte man immer Vorfahrt einräumen. Sobald man als Fußgänger auch nur einen Zeh auf die Straße setzt, halten die Amerikaner an.
– **»STOP – 4 WAY«** lautet das Schild an zahlreichen Straßenkreuzungen. Es bedeutet, dass keine Straße Vorfahrt hat: Alle Fahrzeuge müssen anhalten und dürfen in der Reihenfolge des Stoppens wieder weiterfahren.

Bei **Pannen** sollte man sich als Mietwagen- oder Mietcamperfahrer zunächst mit seiner Verleihgesellschaft in Verbindung setzen, um die weiteren Schritte abzusprechen. Über Notrufsäulen (CALL BOX) an den Highways wendet man sich bei Notfällen und Pannen an die örtliche Polizei oder auf Autobahnen an die Highway Patrol. Diese informiert dann Abschleppdienste, Notarzt usw. Der AAA unterhält einen eigenen Pannendienst, den man als Mitglied des ADAC, ÖAMTC und anderer Clubs beanspruchen kann. In allen Bundesstaaten auf dieser Reiseroute herrscht Gurtpflicht für alle Insassen. Tipp: Mit der Discount-Karte »Show Your Card And Save« vom ADAC gibt es Vergünstigungen bei Attraktionen und in Hotels.

Automiete

Ohne Räder ist man im Südwesten ziemlich hilflos. Da stellt sich zunächst die Frage: Auto- oder Campermiete? Mit dem PKW ist man etwas beweglicher, mit dem Camper mehr draußen in der Natur, und die Reise wird ein wenig billiger. **So oder so sollte man den Wagen bereits zu Hause, z. B. bei AVIS, mieten und bezahlen.** Die europäischen Reiseveranstalter können durch Großeinkauf viel günstigere Preise erzielen, als es einem einzelnen Touristen in den USA möglich ist. Zudem sind bei Vorbuchung alle Gebühren, Steuern und Versicherungen bereits im Pauschalpreis eingeschlossen. Sie sollten also unbedingt schon in Europa das Fahrzeug vorbestellen, nach den Wochenpauschalen, Freikilometern und eventuellen Überführungsgebühren fragen.

Einen Wagen, der in Kalifornien angemietet wird, kann man meist ohne Aufpreis in ganz Kalifornien und auch in Las Vegas zurückgeben. Anfragen an das Reisebüro oder die internationalen Autovermieter, z. B. Avis (gebührenfreie Auskunft in Deutschland unter ✆ 0130-77 33), Hertz, National/Europcar u. a. Camper mietet man ebenfalls über das Reisebüro.

Zur Anmietung des Fahrzeuges vor Ort muss man zwar nur den nationalen **Führerschein** vorlegen, aber es ist empfehlenswert, einen internationalen zusätzlich mitzubringen. Eine **Kreditkarte** hilft sehr; dann braucht man nicht im Voraus zu bezahlen und keine Kaution zu hinterlegen. Die angebotene Vollkaskoversicherung (abgekürzt CDW) ist zwar nicht billig, kann sich aber bei Blechschäden auszahlen.

Bei der Übernahme des Wagens sollte man zunächst mal alles durchsehen (Reserverad, wie funktioniert die Automatikschaltung) und sich beim Camper alles genau erklären lassen. Die Verleihfirmen haben auch handliche Stadtpläne, so dass man für die erste Strecke gewappnet ist.

Als Mitglied in einem europäischen Automobilclub kann man beim amerikanischen AAA-Club (American Automobile Association, in vielen größeren Städten, Adressen im Telefonbuch) Landkarten und anderes Material und sogar Pannenhilfe bekommen (Mitgliedsausweis nicht vergessen).

Einkaufen

Picknicksachen und andere Kleinigkeiten sind ohne Probleme in den Supermärkten und Läden der Campingplätze zu haben. Das gepflegte Shopping in Boutiquen und Kaufhäusern findet im Südwesten in den riesigen Shopping Malls der Metropolen statt, klimagekühlt natürlich.

Die Rangliste der beliebtesten **Souvenirs** aus dem Südwesten führt das indianische Kunsthandwerk an: Silberschmuck und Sandbilder der Navajo, Töpferei der Pueblo-Indianer und die berühmten, aber nicht billigen Kachinas der Hopi oder Zuni. Am besten kauft man direkt vom indianischen Künstler oder im Trading Post, so ist die Echtheit garantiert. Ebenfalls zu empfehlen sind die Galerien, die meist auf moderne und junge Künstler spezialisiert sind. An den Straßenständen ist zwar häufig die Auswahl an Kitsch groß, dennoch sind oft nette Kleinigkeiten und auch echte Kunstwerke darunter. Hier darf auch gehandelt werden, was in den Trading Posts nicht so gut klappt. Beliebte Mitbringsel sind auch Westernartikel: Stiefel, Cowboyhemden, Gürtelschnallen u. ä.

Feiertage/Feste

An den Feiertagswochenenden im Sommer sind die Nationalparks und Ferienregionen (Las Vegas, Lake Powell) bestens frequentiert und die Unterkünfte ausgebucht. Vorplanung und frühe Reservierung von Hotels und sogar Campingplätzen sind für diese Tage unerlässlich. Zu beachten ist, dass viele amerikanische Feiertage auf einen Montag fallen und somit ein langes Wochenende bilden. Das führt häufig zu Engpässen bei der Unterkunft. Banken, öffentliche Gebäude und viele Museen sind an den Feiertagen geschlossen.

Offizielle Feiertage:

Neujahrstag (1. Januar)
Martin Luther King Day (3. Montag im Januar)
Lincoln's Birthday (12. Februar)
Presidents' Day (3. Montag im Februar)
Memorial Day (letzter Montag im Mai, Beginn der Hauptsaison)
Independence Day (4. Juli)
Labor Day (1. Montag im September)
Columbus Day (2. Montag im Oktober)
Veterans Day (11. November)
Thanksgiving (4. Donnerstag im November)
Weihnachten (25. Dezember)

Richtig gefeiert wird von den staatlichen Festtagen eigentlich nur der 4. Juli – mit Paraden, Feuerwerk und Parties in jedem noch so kleinen Nest. An diesem Tag brodelt der enorme Patriotismus der Amerikaner über. – Zahllose regionale Feste und Veranstaltungen in den Reservaten und Städten an der Route können die Rundfahrt sinnvoll bereichern. Es lohnt sich durchaus, dafür auch einen kleinen Umweg in Kauf zu nehmen. – Die größeren Veranstaltungen sind in den Tagesinformationen dieses Buches angegeben. Für kleinere Feste fragt man beim örtlichen Visitors Bureau nach, wo am nächsten Wochenende in der Umgebung etwas geplant ist. Zur Auswahl stehen Rodeos mit Broncoreiten und Kälberfesseln, Ballonfestivals, Country & Western-Wettbewerbe und volksfestartige *pioneer days*. Besonders sehenswert sind die Zeremonientänze in den Pueblos von New Mexico und bei den Hopi.

Geld/Devisen

Die Reisekasse verteilt man am besten auf drei Zahlungsmittel: **US-Dollar in bar, Reiseschecks** *(traveler's checks* von American Express oder anderen, die auf US-Dollar ausgestellt sind) und eine oder sogar mehrere **Kreditkarten** (Eurocard, American Express, Visa). Das Einlösen der Reiseschecks ist ganz unproblematisch: Man zahlt damit im Restaurant, an der Tankstelle oder im Hotel und bekommt den Restbetrag in bar zurück. Euro-Reiseschecks und Bargeld in Euro werden außer auf den internationalen Flughäfen fast nirgendwo umgetauscht. Euroschecks braucht man gar nicht erst mitzunehmen. Allerdings kann man neuerdings an den meisten Geldautomaten in den USA mit der EC-Karte und Geheimzahl Bargeld abheben. Achten Sie auf das aufgeklebte »Maestro«-Zeichen.

Der US-Dollar ist in 100 Cent unterteilt. Es gibt **Münzen** zu 1 Cent *(penny)*, 5 Cent *(nickel)*, 10 Cent *(dime)*, 25 Cent *(quarter)*, 50 Cent *(half dollar)* und 1 Dollar. Die beiden letztgenannten Münzen trifft man allerdings recht selten im Umlauf, nur in Las Vegas an den Spielmaschinen sind sie noch üblich.

Vorsicht: Die **Dollar-Geldscheine** *(notes/bills)*, die es im Wert von 1, 2, 5, 10, 20, 50 und 100 Dollar gibt, sind alle gleich groß und gleich grün. Nur der Aufdruck der Zahl und des Staatsmannes ist unterschiedlich. Größere Geldscheine wie z. B. $ 50 oder $ 100 werden ungern gesehen und in manchen Läden und Tankstellen (vor allem nachts) nicht akzeptiert. Lieber Reisechecks nehmen.

Da die Reise durch mehrere Nationalparks geht, sollte man beim ersten Park bereits den so genannten **National Parks Pass** ($ 50) kaufen, anstatt jeweils gesondert Eintritt zu bezahlen: Das ist preisgünstiger, denn der Pass berechtigt zum Besuch aller National Parks, National Monuments und National Historical Parks, egal in welchem Bundesstaat.

Service von A–Z

Gepäck

Lockere **Freizeitkleidung** ist Trumpf im Südwesten. Nur wer mal in Los Angeles oder Las Vegas schick ausgehen will oder einen Opernabend in Santa Fe plant, braucht noblere Garderobe. Mit Jeans, T-Shirts und Turnschuhen passt man sich gut in die amerikanische Umwelt ein. Doch sollte man für die Wanderungen unbedingt ein Paar feste (am besten knöchelhohe) Wanderschuhe einpacken, eine Kopfbedeckung nicht vergessen und unbedingt auch die Badesachen mitbringen, da trotz des Wüstenklimas Stauseen und Swimmingpools zuhauf zur Erfrischung locken.

Im Frühjahr und Herbst sind Pullover und Windjacke ein Muss; aber auch während der Sommermonate in kühlen Nächten auf dem Colorado-Plateau oder in den tiefgekühlten Restaurants und Hotels leisten sie beste Dienste. Die Regel lautet: nicht zuviel Kleidung anschleppen. An den meisten Campingplätzen und in allen größeren Orten gibt es Waschsalons *(laundromats)* mit Waschmaschinen und Trocknern, wo man innerhalb einer Stunde wieder frisch gestriegelt ist.

Als nützlich erweisen wird sich ein **Adapter** für amerikanische Steckdosen, falls man mit eigenem Rasierapparat oder Fön anreist (die auf 110 Volt umstellbar sein müssen!). Diesen Zwischenstecker besorgt man am besten schon zu Hause, da man in den USA oft lange danach suchen muss.

Auch **Filme** bringt man besser schon von Europa mit, da sie in den USA mehr kosten und die Filmentwicklung nicht im Preis eingeschlossen ist.

Das Leben aus dem Kofferraum eines Mietwagens kann bei entsprechender Planung ganz problemlos verlaufen. Eine Reisetasche enthält die Waschsachen und die Kleidung für einige Tage. Sie nimmt man am Abend jeweils mit aufs Zimmer – zusammen mit der Fotoausrüstung und den Wertsachen natürlich. Der Koffer, in dem sich die restliche Kleidung und die Souvenirs stapeln, bleibt im Kofferraum; nur alle drei oder vier Tage ist dann »Koffertag«, und die Schlepperei morgens und abends hält sich in Grenzen.

Kinder

Der Südwesten bietet sehr kinderfreundliches Reisen. Kindermenüs, eigene Sitzkissen und Tische in den Restaurants und billige, wenn nicht gar kostenlose Unterbringung in Hotels und Motels zählen zu den Selbstverständlichkeiten. Besonders das Reisen mit dem Camper macht Kindern Spaß: Lagerfeuer und Grillen, kleine Wanderungen und kindgerechte Ausstellungen in den Visitor Centers der Parks lassen Langeweile nicht aufkommen. Auch die Amerikaner reisen viel mit Kind, so dass Kontaktmöglichkeiten nicht ausbleiben: Kinder mit Kindern und Eltern mit Eltern.

Wenn man mit Kind(ern) reist, empfiehlt es sich, die Tagesplanung etwas lockerer zu gestalten. Vielleicht lässt man sogar die eine oder andere Sehenswürdigkeit weg, um sich mit anderen – und den Kindern – mehr beschäftigen zu können.

Maße und Gewichte

Vor einigen Jahren war die Umstellung der USA auf das metrische System schon in Sicht, doch heute ist wieder alles beim Alten: *inch* und *mile*, *gallon* und *pound*. So muss man sich wohl

Längenmaße:	1 *inch (in.)*	= 2,54 cm
	1 *foot (ft.)*	= 30,48 cm
	1 *yard (yd.)*	= 0,9 m
	1 *mile*	= 1,6 km
Flächenmaße:	1 *square foot*	= 930 cm^2
	1 *acre*	= 0,4 Hektar (= 4 047 m^2)
	1 *square mile*	= 259 Hektar (= 2,59 km^2)
Hohlmaße:	1 *pint*	= 0,47 l
	1 *quart*	= 0,95 l
	1 *gallon*	= 3,79 l
Gewichte:	1 *ounce (oz.)*	= 28,35 g
	1 *pound (lb.)*	= 453,6 g
	1 *ton*	= 907 kg

Temperatur: 32° Fahrenheit = 0° Celsius
104° Fahrenheit = 40° Celsius
Umrechnung: Grad Fahrenheit minus 32 geteilt durch 1,8 = Grad Celsius

oder übel umstellen. Die Tabelle auf S. 256 soll dabei helfen.

Medizinische Vorsorge

In den USA ist man immer Privatpatient – und die Arzt- bzw. Krankenhauskosten sind extrem hoch. Man sollte also unbedingt vorsorgen und sich vorab bei der eigenen Krankenkasse nach einer Kostenerstattung erkundigen. Falls nicht alles übernommen wird, ist unbedingt eine **Auslandskrankenversicherung** anzuraten, die für Urlaubsreisen preiswert zu haben ist. Auch wenn Sie eine Versicherung haben: Beim Arzt oder im Krankenhaus muss sofort bezahlt werden, meist sogar im Voraus! Da man meist nicht soviel Bares dabeihat, erweist sich eine **Kreditkarte** als unentbehrlich.

Apotheken, genannt *pharmacy*, sind meist in Drugstores zu finden, die auch Toilettenartikel und Kosmetika verkaufen; ebenso in Supermärkten und Warenhäusern. Ständig benötigte Medikamente sollte man schon von zu Hause mitbringen (Arztattest ausstellen lassen für den Fall, dass der Zoll Fragen stellt).

Viele Medikamente, die in Europa rezeptfrei zu haben sind, können in den USA nur vom Arzt verschrieben werden. Ebenfalls: keine Brille ohne Augenarzt.

In Notfällen wendet man sich an den **Operator** (0), die Notrufzentrale (911) oder (im Nationalpark) an den Ranger.

Notfälle und das Überleben in der Wüste

Bei allen Arten von Notfällen kann man sich telefonisch an den Operator (0) wenden. Man nennt Namen, Adresse oder Standort und die Sachlage. Der Operator informiert dann Polizei, Rettungsdienst oder Feuerwehr. Bei Autopannen ist es von Vorteil, im Automobilclub zu sein: Der amerikanische Club AAA hilft auch den Mitgliedern der europäischen Clubs (Mitgliedsausweis mitbringen). In den Nationalparks wird die Polizeigewalt von den Rangern ausgeübt, die auch für sämtliche Notfälle zuständig sind.

Wanderungen in der Wüste sind kein Spaziergang wie zum Kaffeeklatsch! Da drohen *flashfloods*, Klapperschlangen, Skorpione, die stachelige Umarmung eines Kaktus, die vergebliche Suche nach dem Weg im Felslabyrinth oder »nur« ein simpler Beinbruch – und Hilfe ist meist weit. **Vorsorge ist alles.** Die alten Cowboys wussten schon, warum sie hochschaftige Stiefel trugen. Klapperschlangen beißen selten höher als in den Knöchel. Natürlich braucht man heute nicht mit unbequemen Stiefeln losziehen, man ist ja nicht zu Pferd. Aber feste Wanderschuhe sind auf den Trails unabdingbar. Bloß keine Sandalen! Als Kleidung ist schweißaufsaugende Baumwolle am besten, ohne Kopfbedeckung sollte man sich ohnehin nie aufmachen. Aber auch die anderen Körperteile hält man am besten bedeckt. Bei einer längeren Wanderung fängt man sich mit T-Shirt und kurzen Hosen schon sehr bald einen gewaltigen Sonnenbrand ein. Sonnencreme und -brille sollten ebenso zur Standardausrüstung gehören wie genaue topographische Karten, ausreichend Wasser und etwas Notverpflegung (Schokolade, Nüsse, Kekse).

Und wenn man sich verläuft? Regel eins: Ruhe bewahren. Vor der längeren Wanderung oder schwierigen Fahrt ins Hinterland hat man ja dem Ranger oder der Polizei Bescheid gesagt und die ungefähre Route angegeben. 95 Prozent aller Überfälligen werden innerhalb von zwei bis drei Tagen gefunden – per Helikopter, Suchflugzeug und Rettungsdiensten. Also heißt es nun, das mitgebrachte Wasser einteilen, im Schatten bleiben und Energie konservieren.

In einigen Nationalparks des Südwestens hat man für Menschen lebensbedrohliche Viren bei verschiedenen Nagetieren (Springmäusen, Eichhörnchen und Backenhörnchen) entdeckt. Generell wird vor ansteckenden Berührungen gewarnt; Campingfreunde sollten grundsätzlich in geschlossenen Zelten schlafen. Weitere Auskünfte erteilen die Parkranger.

Post

Postämter gibt es in allen Orten. Allerdings kann die Beförderung einer Postkarte aus dem

Hinterland in die Heimat etwas länger dauern. Von größeren Städten liegt die Laufzeit nach Europa bei etwa einer Woche.

Man kann sich auch postlagernd Sendungen nachschicken lassen, die dann wie folgt adressiert werden müssen:

(Name, Familienname unterstrichen)
c/o General Delivery
Main Post Office
(Stadt und Staat)
USA

Das Telefonsystem hat mit dem Postwesen in den USA nichts zu tun, daher findet man in den Postämtern keine Telefonzellen. Telegramme können bei der Western Union Telegraph Company aufgegeben werden (auch telefonisch).

Presse/TV/Radio

Neben den großen Tageszeitungen wie der *Los Angeles Times,* die – manchmal mit einigen Tagen Verspätung – auch im Hinterland erhältlich sind, findet man an Kiosken, in Tankstellen und Supermärkten häufig regionale Wochenzeitungen, die über örtliche Veranstaltungen informieren. Im Navajo-Reservat gibt es eine eigene Stammeszeitung. Internationale *news*, und gar noch über Deutschland, sind dünn gesät.

Fernsehen kann man in Los Angeles und den anderen großen Städten auf 40 Kanälen und 24 Stunden am Tag. In den abgelegenen Regionen von Süd-Utah und Arizona wird es allerdings sogar im fernsehwütigen Amerika dürftig. Ein oder zwei Kanäle sind oft das höchste der Gefühle – außer das Motel ist an das Kabelnetz angeschlossen, dann locken HBO und andere Privatkanäle mit werbefreien Kinofilmen. Manche der Lodges in den Nationalparks stellen ganz absichtlich keine Fernseher in die Zimmer.

Im Radio ist dagegen meistens was los. Zwar nicht immer in Stereo, also auf UKW (FM), aber doch auf der Mittelwelle (AM). Der im Südwesten allgegenwärtigen Country & Western-Musik wird man kaum entgehen können, aber manchmal gibt es interessante kleinere Stationen, die andere ethnische Töne vermitteln: mexikanische oder indianische zum Beispiel.

Reisezeit

Der ideale Zeitraum für unsere Tour im Südwesten reicht von Mitte April bis Anfang Juni und von Anfang September bis Ende Oktober. Klar, auch im Hochsommer kann man die Reise durchführen, doch ist es dann im Süden extrem heiß (durchschnittliche Höchsttemperaturen um 35 Grad) und im Nordteil des Gebiets oft gewittrig. Auch im Spätherbst und Winter hat diese Region (bei entsprechender Kleidung) ihre Reize: Der fedrige weiße Schnee auf den roten Felsen oder den Pueblos schafft wunderbare Kontraste. Die Tage sind im Allgemeinen warm, im Süden sogar heiß, die Nächte allerdings, besonders auf dem Colorado-Plateau, bitterkalt. Am Grand Canyon kommen im Januar schon mal 20 Grad minus vor!

Restaurants/Verpflegung

Auf der Rundreise wird es sich vor allem in den Parks und anderen schönen Naturlandschaften anbieten, mittags in Gottes freier Natur zu picknicken. Das erspart Zeit und gelegentliche Reinfälle in Coffee Shops oder Imbisshütten, die in spärlich besiedelten Ecken auch nur Karges (und zumeist Ungesundes) auf den Plastiktisch bringen.

Der Südwesten hat aber trotzdem viele kulinarische Leckerbissen auf Lager. Weniger die bodenständige Hausmannskost der Mormonen in Utah als die raffinierte neumexikanische Küche in New Mexico und Arizona, besonders im feinschmeckerischen Santa Fe, aber auch in Tucson, Phoenix oder Las Vegas. Und die kulinarische Vielfalt in Los Angeles mit ihren diversen ethnischen Küchen hat sich inzwischen auch bei solchen Europäern rumgesprochen, die immer noch glauben, Amerikaner verschlängen grundsätzlich nur Hamburger und Hot dogs.

Die Restaurants in den Tagesinformationen dieses Buches sind nach folgenden Preiskategorien gestaffelt und bieten durchweg verlässliche, oft auch exzellente Küche. Die angegebenen Preiskategorien gelten für ein Hauptgericht, ohne Getränke, Trinkgeld und Steuern.

$ – bis 15 Dollar
$$ – 15 bis 25 Dollar
$$$ – über 25 Dollar

Amerikaner essen meist früh zu Abend; selbst in Städten ist es mitunter schwer, nach 22 Uhr noch ein offenes Restaurant zu finden.

Telefonieren

Die silbrig- und schwarzglänzenden Apparate sind in den USA allgegenwärtig: an den Tankstellen, in den Supermärkten und sogar in freier Wildbahn. Benutzen Sie sie. Besonders bei der Reservierung von Unterkünften, Ausflugstouren und Führungen lohnt es und erspart Enttäuschungen.

Hilfreich ist zu allen Zeiten der Operator (0), meist eine freundliche Dame, die Rufnummern vermittelt, Vorwahlnummern *(area codes)* durchgeben und den Preis eines Gesprächs vorhersagen kann. Bei allen Problemen und Notfällen (für Polizei, Arzt oder Feuerwehr) kann man sich an die »0« wenden. Um eine Nummer herauszufinden, ruft man die *directory assistance* an. Innerhalb des eigenen Vorwahlbezirks erreicht man sie über die Nummer 411, für andere Bezirke wählt man die jeweilige Vorwahl und dann die Nummer 555-1212.

Auskünfte über die gebührenfreien 800er-Telefonnummern (auch 888 und 877) erhält man unter der Nummer 1-800-555-1212.

Das Telefonieren aus der **Telefonzelle**, dem *payphone*, erfordert etwas Übung. Ortsgespräche, die *local calls*, sind noch einfach: Man wirft 20 Cent ein und wählt die immer siebenstellige Nummer. Ferngespräche, *long-distance calls*, werden in der Aufschrift am Telefon erläutert. Meist wählt man eine 1, dann die Vorwahl und die Teilnehmernummer. Danach meldet sich der Operator oder eine Computerstimme und verlangt die Gesprächsgebühr für die ersten drei Minuten. Spricht man länger, kommt die Stimme wieder und möchte mehr Geld. Es empfiehlt sich also, 25-¢-Stücke zu horten, um allzeit telefonbereit zu sein.

In den USA gibt es auch Gesprächsarten, die in Europa nicht üblich sind, z. B., dass der Angerufene bezahlt. Man wählt dafür 0 – Vorwahl – Teilnehmernummer und bittet dann den Operator um einen *collect call*. Eine weitere Möglichkeit ist der *person to person call*, bei dem man nur bezahlen muss, wenn sich der Gewünschte selbst meldet. Man wählt dafür ebenfalls 0 – Vorwahl – Teilnehmernummer und teilt dem Operator seinen Wunsch mit.

Gespräche nach **Europa** kosten für drei Minuten ca. $ 6–8: Man lässt sich vom Operator verbinden oder wählt 011 – Landesvorwahl – Stadtvorwahl (ohne die erste Null) – Teilnehmernummer. In Telefonzellen kann man sich auch zurückrufen lassen.

Vom **Hotel/Motel** aus kann man über den Hotel-Operator oder direkt innerhalb der USA und auch nach Europa telefonieren. Falls man über einen Code (auf dem Apparat angegeben; meist 7 oder 8) eine Amtsleitung bekommt, fragt meist eine freundliche Stimme nach der Zimmernummer, damit das Gespräch abgerechnet werden kann.

Von jedem privaten oder öffentlichen Telefon in den USA kann man gebührenfrei eine Handvermittlung in der Bundesrepublik anwählen – **Deutschland Direkt** –, der man die gewünschte Nummer auf Deutsch mitteilt. Die Abrechnung erfolgt als R-Gespräch.

Deutschland Direkt 1-800-292-0049 und Nummer; **Austria Direkt** 1-800-624-0043 und Nummer; **Schweiz Direkt** 1-800-745-0041 oder 1-800-305-0041.

Die **Calling Cards** der diversen Telefongesellschaften bringen in den USA eine Reihe von Vorteilen. Man kann damit praktisch von jeder Straßenecke aus den Rest der Welt erreichen, ohne pfundweise Kleingeld bei sich tragen zu müssen. Außerdem spart man die erheblichen Zuschläge der Hotels auf die Gebühreneinheiten. Die Handhabung ist simpel, und man bekommt über alle geführten Gespräche eine detaillierte Rechnungsaufstellung mit der angerufenen Nummer, Datum, Ort, Zeit und Gebühr.

Europäische Mobiltelefone mit Mehrband-Ausstattung funktionieren in einigen Großstadtregionen im Westen der USA. Die meisten Reisestrecken im Südwesten liegen jedoch abseits der Relaisstationen, so dass man vielfach ohne Empfang bleibt. Sieht man dazu noch die recht hohen Telefongebühren mit ausländischen Handys in den USA, lohnt es kaum, ein Mobiltelefon mitzunehmen.

Trinkgeld

Man gibt, man gibt: bei den *bellboys*, den Kofferträgern, je nach Hotelklasse etwa 1–2 $ pro großes Gepäckstück, Taxifahrern und Frisören etwa 15–20 % vom Rechnungsbetrag, in den Bars etwa 50 Cent je Drink und dem Zimmermädchen bei mehrtägigem Aufenthalt $ 3–4.

In Restaurants lässt man mindestens 15 % des Rechnungsbetrages als so genanntes *tip* auf dem Tisch liegen. Dies ist allerdings nicht als hohes Trinkgeld aufzufassen, sondern ist die einzige Bezahlung der Bedienung, da in den USA im Essenpreis kein Bedienungsgeld enthalten ist wie in Europa üblich.

Bei den Indianern kann es passieren, dass für ein Foto schon mal die Hand aufgehalten wird, $ 1–2 sind dabei üblich. Allerdings wird dies bei den Pueblo- und Hopi-Indianern meist nicht zum tollen Foto verhelfen – die Privatsphäre ist ihnen lieber als Geld.

Unterkunft

Aufgrund der gestiegenen Reiselust der Amerikaner haben die Hotels neuerdings Hochkonjunktur und sind mit den Raten nicht zimperlich. Vor allem müssen Reisende aus Europa bedenken: der genannte oder ausgedruckte Zimmerpreis ist nie der wirkliche Endpreis! Im Schnitt kommen ca. 12 % **Hotelsteuer** hinzu, in den Städten meist auch noch eine zusätzliche **Parkgebühr**, die mühelos bis $ 20 pro Übernachtung gehen kann. Angesichts dessen und des hohen Dollarkurses ist also dringend anzuraten, **grundsätzlich erst einmal nach der *lowest possible rate* zu fragen** – und nicht einfach nur, was ein Zimmer kostet.

Der Standard amerikanischer **Hotels** und **Motels** ist im Allgemeinen gut. In kleineren Orten und ländlichen Regionen wird man sich an die preiswerteren Motels halten, da dann der Parkplatz meist vor der Zimmertür liegt. In Städten sollte man die meist zentraler gelegenen Hotels vorziehen.

Die großen Hotelketten (Holiday Inn, gebührenfreie Auskunft in **Deutschland:** ✆ 0 800-185 55 22; Choice Hotels (Quality Inn, Econo Lodge etc.) versenden vorab ein Verzeichnis ihrer Häuser. Die im Südwesten am weitesten verbreitete Kette mit Hotels in mittlerer Preislage ist Best Western (gebührenfreie Auskunft in **Deutschland:** ✆ 0180-221 25 88).

Die Lodges am Grand Canyon und in den Nationalparks sollten Sie möglichst frühzeitig (während der Hochsaison 3–5 Monate vorab) reservieren. Auskunft in den Reisebüros und bei:

Amfac Parks & Resorts
14001 East Iliff St., Suite 600
Aurora, CO 80014
✆ (303) 297-2757, Fax (303) 297-3175
www.amfac.com

Das einzelne Hotel oder Motel kann bereits von Europa aus reserviert (besonders an Feiertagswochenenden oder in viel besuchten Ferienregionen notwendig) oder einige Tage zuvor über die Reservierungszentralen (kostenlose 800er Nummern) vorbestellt werden. Eine Kreditkarte erleichtert dies, da dann das Zimmer garantiert wird. Ohne eine solche Karte muss man spätestens bis 18 Uhr einchecken. Bei der kurzfristigen Zimmersuche sind die örtlichen Visitors Bureaus behilflich.

Die in den Tagesinformationen angegebenen Preiskategorien gelten jeweils für einen *double room*. Einzelzimmer sind nur unwesentlich billiger, während man für ein zusätzliches Bett etwa $ 5–10 aufzahlen muss. Kinder schlafen im Zimmer der Eltern meist kostenlos. (Siehe auch *Checking in?*, S. 265.)

Die Bedeutung der Dollarsymbole in diesem Buch:
$ – bis 70 Dollar
$$ – 70 bis 110 Dollar
$$$ – 110 bis 130 Dollar
$$$$ – über 130 Dollar

Bed & Breakfast. Mit etwas *personal touch* untergebracht zu sein hat seine Vorteile. Man erlebt den amerikanischen Familienalltag, erfährt oft interessante Details über die Region und bekommt als Service noch Tipps für die Besichtigungen mit auf den Weg. Draußen auf dem Land sind die B & Bs noch nicht so verbreitet. Adressen von Gästezimmern erhält man von der jeweiligen Chamber of Commerce; meist kann man auch noch kurzfristig unterkommen.

Camping ist für den Südwesten eine ideale Unterkunftsart. Die sehr großzügig angelegten Plätze bieten oft eine herrliche Lage, direkten Anschluss an Wanderwege und andere Naturgenüsse. Staatliche Campingplätze liegen meist in Parks, haben Feuerstellen, Holzbänke und Tische sowie Waschanlagen. Vorbestellung ist oft nicht möglich, daher sollte man einchecken, sobald man am jeweiligen Ort angekommen ist, man kann ja danach immer noch mit Besichtigungen und Nachtprogramm weitermachen. Die privaten Campingplätze sind exzellent ausgestattet, mit sauberen Duschen, Grillplätzen und oft mit kleinem Laden.

Wildcampen für mehrere Tage wird nicht so gern gesehen, doch kann man durchaus über Nacht sein Motorhome auf einem Parkplatz abstellen – aber nicht in den Nationalparks. Dort kontrollieren die Ranger und verscheuchen den ahnungslosen Touristen ohne Gnade. Im Spätherbst und im Frühjahr wird es schon gegen 18 Uhr dunkel. Und mit dem Wohnmobil keucht man so manchen Berg recht langsam hinauf. Deshalb sollte man ruhig einige Extratage für die Rundtour einplanen, um nicht in Besichtigungsstress zu geraten.

Zeitzonen

Die Staatsgrenze zwischen Nevada und Utah und der Colorado River, also die Grenze zwischen Kalifornien und Arizona, sind die Zeitgrenzen zwischen *Pacific Time* (MEZ minus 9 Stunden) und *Mountain Time* (MEZ minus 8 Stunden). *Pacific Time* gilt in Kalifornien und Nevada, alle übrigen Staaten des Südwestens haben *Mountain Time*. Zwischen Ende April und November wird die Uhr ähnlich wie in Europa um eine Stunde vorgestellt – nur Arizona hat keine Sommerzeit, ist also im Sommer zeitgleich mit Kalifornien und Nevada.

Und um das Ganze etwas zu erschweren, herrscht im Navajo- und Hopi-Reservat, also im gesamten Nordosten von Arizona, auf Stammesratsbeschluss doch Sommerzeit! Diese Ecke ist dann auch im Sommer zeitgleich mit Utah, Colorado und New Mexico.

Zoll

Zollfrei in die USA mitbringen darf man natürlich die persönliche Reiseausrüstung (Kleidung, Fotoapparat etc.). Darüber hinaus sind zollfrei:

- 200 Zigaretten oder 100 Zigarren (nur bitte nicht aus Kuba) oder 3 Pfund Tabak
- 1 Liter Alkohol
- Geschenke im Wert von bis zu $ 100.

Sämtliche tierischen und pflanzlichen Frischprodukte (Obst, Wurst, Gemüse) dürfen nicht eingeführt werden. Die Zollbeamten sind da unerbittlich – Wurststullen und Orangen werden konfisziert. Dagegen sind Gebäck, Käse und Süßigkeiten (keine Schnapspralinen!) erlaubt.

Den eigenen Wagen mitbringen – was sich aber nur ab einer Aufenthaltsdauer von mindestens zwei Monaten lohnt – darf man bis zu einem Jahr. Bleibt man länger als 12 Monate, muss das Fahrzeug nach den amerikanischen Sicherheitsbestimmungen umgerüstet werden. Wenn man seinen Wagen nach einer Reise in den USA verkaufen möchte, heißt es ebenfalls umrüsten und zusätzlich noch Zoll bezahlen.

Sprachhilfen

Mit Ihrem Schulenglisch werden Sie im Südwesten der USA keine nennenswerten Verständigungsprobleme haben. Außerdem neigen die Amerikaner dazu, schon von rudimentärem Englisch begeistert zu sein. Es schadet aber nicht, die eine oder andere Redensart zu kennen und vor allem zu wissen, in welcher Standardsituation man was wie sagt.

Wer im Südwesten zum erstenmal US-Boden betritt, dem fallen sicher die vielen kleinen Floskeln und Füller auf, die man bei jeder Gelegenheit hört und auf die eine entsprechende Antwort erwartet wird. Ob man an einen Schalter geht, einen Aufzug betritt oder sich verabschiedet – physische Nähe bringt Amerikaner zum Reden: *hi, how are you, good morning, how do you do, hello, thank you, you're welcome* (bitte), *my pleasure* (bitte; gern geschehen), *bye, see you* (bis später), *excuse me, I'm sorry, have a nice day* (schönen Tag noch).

Man sagt, dass diese und andere Redensarten durchaus etwas mit der Westerntradition zu tun haben. Begegnungen mit Fremden wurden früher meist mit einer Gebärde begleitet – zum Zeichen, dass man nicht vom Colt Gebrauch zu machen gedachte. Man nannte das den *code of the west*. Heute, da man sich in Supermärkten, Warteschlangen, Hotels und Restaurants physisch näher kommt als die berittenen Westmänner, hat die Sprache gewissermaßen die Rolle der Handzeichen übernommen. Die kleinen Floskeln und Nettigkeiten bedeuten, dass man freundlich gesinnt ist und nichts Böses im Schilde führt. Wer da nicht mitmacht und stumm bleibt, wird zumindest als seltsam empfunden.

eggs
- *scrambled* (Rührei)
- *over easy* (gewendet in der Pfanne, von beiden Seiten gebraten)
- *poached* (pochiert)
- *sunny side up* (Spiegelei)
- *boiled* (gekocht)

bread
- *onion roll* (Zwiebelweckchen)
- *coffee cake* (festes Küchlein, etwas süß)
- *English muffin* (eigentlich nicht übersetzbar: ein flaches, meist halbiertes Brötchen)
- *biscuit* (zwieback- oder keksartiges Gebilde)
- *bagel* (festes Brötchen mit Loch in der Mitte)
- *Danish* (Kleingebäck)
- *toast*
  - *wheat* (Weizen)
  - *rye* (Roggen)
  - *raisin* (Rosinenbrot)
  - *sourdough* (Sauerteigbrot)

How would you like your eggs? Im Labyrinth der Speisekarten

Bevor es im Restaurant etwas zu essen gibt, muss der Gast erst mal eine kleine sprachliche Aufnahmeprüfung machen. *Two for breakfast?* wird etwa am Eingang gefragt, wenn man zu zweit das Lokal betritt. Da kommt man noch mit einem schlichten *yes* über die Runden. Die Empfangsdame, so es sie gibt, geleitet Sie dann zum Tisch: *This way, please.* (In den meisten Coffee Shops kann man auch an der Theke *(counter)* sitzen, da geht's schneller.) Sobald man sitzt und die Karte *(menu)* studiert, wird meist schon Kaffee angeboten: *You care for some coffee? – Yes, please.* Dauert es, heißt es schon mal beruhigend: *I'll be with you in a minute.* Schließlich: *Have you decided?* Oder: *Can I take your orders, please?*

Dann ist es soweit! Wie bekomme ich das Frühstück, das ich möchte? Leider reicht es ganz und gar nicht, zu sagen *I'd like the breakfast number 2* zum Beispiel. Denn an mindestens zwei entscheidenden Punkten wird nachgehakt: *How would you like your eggs?* und *What kind of bread?* Da hilft kein stummes Geradeausblicken oder Sichverstecken, als hätte man die Frage nicht verstanden. Da muss, auch wenn es noch früh am Morgen ist, linguistisch Farbe bekannt werden. Deshalb die nebenstehende amerikanische Frühstücksgrafik.

Kaffee wird meist unaufgefordert nachgeschenkt: *Some more coffee?* Manchmal muss man die Bedienung dazu rufen (*Miss!* oder ein vernehmliches *Excuse me, please*) und danach: *Could we have some more coffee, please?* Sonntags, beim Brunch, läuft alles gemächlicher.

Abends fragt man Sie am Eingang schon mal nach der Reservierung: *Did you make a reservation?* Wenn ja, nennt man seinen Namen und die Anzahl der Personen: also z. B. Braun, *party of four*. Hat man nicht reserviert, kann man sich meist noch auf die Liste setzen lassen: *It'll be twenty minutes. You want me to put your name down?* wird gefragt. Wenn ja, bleibt Zeit für einen Drink an der Bar; dort wird man dann gerufen.

Erste Fragen, wenn man am Tisch sitzt: *Would you care for anything from the bar?* Bei **Wein** unterscheidet man zumindest zwischen *dry* (oder *on the dry side*) und *sweet*. Hochprozentigere Drinks werden *with ice* oder *with no ice* serviert. Margaritas z. B. *on the rocks* (mit Eiswürfeln) oder *blended* (mit schaumig geschlagenem Eis). Man kann die Getränke sofort *(right away)* oder *with our meal* haben. Nachbestellungen sind *another drink* oder *another round*.

Man fragt Sie nach der **Vorspeise:** *Would you care for an appetizer?* Das Hauptgericht heißt *entrée*. Bei den **Zubereitungsarten** von Fisch und Fleisch sollte man die Unterschiede auch sprachlich kennen:

boiled – gekocht
broiled – gebraten
fried – fritiert, meist paniert
sauteed – gedünstet
grilled – gegrillt
coated – im Schlafrock

Bei **Steakbestellungen** müssen Sie mit der Frage rechnen: *How would you like your steak cooked – rare, medium rare, medium, well done?* Bei der Bestellung eines **Hauptgerichts** hat man sehr oft noch die Wahl zwischen *soup* (Nachfrage: *What is your soup today?*) und *salad*, bei den Beilagen zwischen *french fries* oder *baked potatoes* (mit *chives and sour cream* – Schnittlauch und Sauerrahm). Wer mit **Soßen** so seine Probleme hat, dem sei geraten, bei der Bestellung deutlich zu sagen, dass die *sauce* (etwa bei Shrimps) oder die Salatsoße *(dressing)* extra, d. h. *on the side*, serviert werden soll.

Einige Speisekarten sollten Ihnen nicht nur spanisch vorkommen: Die meisten Gerichte im Südwesten *(Southwest cuisine, Tex-Mex, New Mexican cuisine)* setzen sich aus Chile-Schoten, Pintobohnen und Tortillas zusammen, mit Käse, Rindfleisch, Geflügel, Schwein und häufig Zwiebeln:

chile – Pfefferschote, die – in *ristas* gebündelt – in der Sonne getrocknet, gemahlen und als Gewürz benutzt wird; man unterscheidet rote und grüne *chile*, der grüne gilt als noch schärfer.
chile con queso – grüne Chile verrührt mit zerlaufenem Käse
chile rellenos – grüne, angebratene und gehäutete Chile, die meist mit Käse gefüllt sind – im Schlafrock
chili – populäres Tex-Mex-Gericht aus roten Bohnen, Tomaten, Hackfleisch und einer Gewürzkombo aus rotem Chile-Pulver und Oregano
jalapenos – kleine, dicke Chile-Schoten, sehr scharf
salsa – Soße aus rohem Chile, Tomaten und Zwiebeln
pico de gallo – Salsa mit Cilantro
corn tortilla – Fladen aus Maismehl
flour tortilla – Fladen aus Weizenmehl
frijoles – Bohnen
guacamole – Avocadomus (meist mit Knoblauch)
cilantro – Koriander
burrito – gerollte Weizen-Tortilla, gefüllt mit Fleisch, Bohnen und Käse oder einer Kombination daraus, oft mit Chile-Soße

chalupas – (»kleine Boote«) Mais-Tortillas, schalenförmig fritiert, gefüllt mit geschnetzeltem Huhn oder Rindfleisch, und/oder Bohnen, oft mit Guacamole und Salsa

taco – muschelförmige, fritierte Mais-Tortilla, mit Gehacktem gefüllt und garniert mit klein geschnittenem Kopfsalat, zerriebenem Käse, Tomatenpüree und Soße

flautas – in Tortillas gerolltes Hühnerfleisch, serviert meist mit Bohnen, Guacamole und Reis

fajitas – scharf gebratene Rindfleisch- oder Hühnchenstücke mit Zwiebeln (in Eisenpfanne)

enchilada – Röllchen aus Mais-Tortillas mit Fleisch und Käse gefüllt, mit roter Chile-Soße und Käse überbacken

sopaipilla – eine Art Fladenbrot aus Mehlteig, fritiert und daher aufgebläht. Man isst es meist mit Honig, auch um den scharfen Chile-Geschmack zu mildern.

huevos rancheros – gebratene Eier im Ranch-Stil, d. h. mit Bohnen, Kartoffeln (für große Frühstücksmägen)

hot – scharf

Während man's sich schmecken lässt, erkundigt sich die Bedienung meist noch einmal nach dem Stand der Dinge: *How are we all doing?* Antworten: *Fine, thank you.* Oder: *Could we have some more bread, please?* Steakfreunde werden gefragt: *How is your steak?* Nun, es sollte *delicious, great, fabulous, excellent* sein. Und möglichst nicht nur *good*, denn das heißt soviel, als dass man's gerade noch essen kann.

Nächste Hürde: *Anything else you want tonight? What about one of our desserts? We got ...* (und dann folgt das Sortiment vom Tage). Ist etwas Leckeres dabei: *Yes, I try ... the chocolate cake.*

Wen es zur **Toilette** drängt, der muss u. U. fragen: *Where are (is) the restrooms (ladies room), please?* Schließlich, wenn's ans **Bezahlen** geht: *Could we have the check, please?* Oder: *I'd like the check, please.* Sitzen mehrere Personen am Tisch, will die Bedienung meist wissen, ob alles zusammen oder auf getrennten Rechnungen erscheinen soll: *You want this on one check or on separate checks?*

Das **Trinkgeld** *(tip)* bleibt auf dem Tisch liegen, die Rechnung wird an der Kasse am Ausgang bezahlt, und man kann sich erkundigen: *Do you take credit cards (or traveler's checks)?*

Wer im Restaurant nur etwas zu essen fürs Motel oder den Canyon holen möchte, für den sind die FOOD TO GO-Schilder in den Fenstern interessant. Bei der Bestellung – auch bei einem Kaffee oder einem *soft drink* an der Verkaufstheke – sagt man: *One coffee to go, please.*

No U-Turn – Autofahren

Bei den Verleihfirmen übergibt man meist den im Voraus bezahlten Gutschein *(voucher)* und die Kreditkarte, deren Nummer auf den Mietvertrag übertragen wird.

Einige Bestandteile des Autos:

engine – Motor
windshield – Windschutzscheibe
fender – Kotflügel
license plate – Nummernschild
trunk – Kofferraum
wipe – Scheibenwischer
muffler – Auspuff
tire – Reifen

Tankstellen *(gas station)* haben oft zwei Zapfreihen, eine für *self serve* und eine (teurere) für *full serve*, wo das Öl *(to check the oil)* nachgesehen wird und die Fenster gesäubert werden. Hier lautet die Anweisung an den Tankwart normalerweise: *Fill it up, please.*

Unterwegs geben die Texte auf den Verkehrsschildern im Allgemeinen wenig Rätsel auf:

DEAD END oder NO THROUGH STREET – Sackgasse
YIELD – Vorfahrt beachten
RIGHT OF WAY – Vorfahrt
WATCH FOR PEDESTRIANS – auf Fußgänger achten
SLIPPERY WHEN WET – Rutschgefahr bei Regen

Sprachhilfen

DIP – Bodensenke
MPH – *miles per hour*
SPEED LIMIT – Geschwindigkeitsgrenze
MAXIMUM SPEED – Höchstgeschwindigkeit
MERGE – einfädeln
U-TURN – wenden
NO PASSING – nicht überholen
ROAD CONSTRUCTION AHEAD – Straßenarbeiten
FLAGMAN AHEAD – Straßenarbeiten
MEN WORKING – Straßenarbeiten
DETOUR – Umleitung
RV – *Recreational vehicle* (z. B. Wohnwagen)

Geparkt wird meist am Straßenrand *(curb)*, dessen Bordsteinkante verschiedene Farben haben kann:
LOADING ZONE (gelb) – Ladezone
PASSENGER LOADING ZONE (weiß) – nur Ein- und Aussteigen
HANDICAPPED PARKING (blau) – nur für Behinderte
RESTRICTED PARKING ZONE (grün) – zeitlich begrenztes Parken

Hydranten bedeuten ein ebenso absolutes Parktabu wie so genannte *tow away zones*, wo man nicht nur ein Protokoll *(ticket)* bekommt, sondern abgeschleppt wird. *Tickets* sind auch fällig, wenn die Parkuhr *(parking meter)* abgelaufen ist *(expired)* und bei zu schnellem Fahren *(speeding)*. In den Städten findet man häufig den Hinweis auf *public parking*, d. h. auf öffentliche Parkplätze, oder auf gebührenpflichtige *parking lots* (Parkplätze); oder es heißt PARK IN REAR, d. h. man kann hinter dem entsprechenden Geschäft oder Restaurant parken, während man einkauft oder isst. Wo dies was kostet, nehmen die Geschäfte oft die Gebühr ganz in Zahlung *(they validate parking)*. Steht am Parkplatz: VALET PARKING, dann parkt das Personal Ihren Wagen – gegen Gebühr und Trinkgeld versteht sich.

May I help you? – Einkaufen

Gefragt wird etwa: *Hi, can I help you?* – Antworten: *No, thank you, I'm just looking.* Oder: *Yes, please, I'm looking for/I would need …* Geläufige Fragen lauten: *How much is …/Is this my size?/May I try it on?* An der Kasse lautet die Frage: *Will it be cash or credit card?* – ON SALE heißt, hier geht es um Sonderangebote, was in den USA eigentlich ständig der Fall ist.

Checking in? Hotels/Motels/Campgrounds

Zwischen Juni und September sollte man Zimmer und Campingplätze, so oft es geht, vorher reservieren. Am Telefon geht das leicht, z. B.: *I'd like to reserve a room* (bei Campgrounds: *space*) *for next Tuesday, July 15. Two people, two beds, if possible. We'll be arriving …*

Ist man an einem Reisetag spät dran und muss befürchten, dass man später als 18 Uhr beim Hotel eintrifft, sollte man die Reservierung sicherheitshalber bestätigen: *I'd like to confirm my reservation for tonight. My name is … We are running late and will be there around 8 p.m.* Muss man, aus welchen Gründen auch immer, absagen: *I'm sorry, I have to cancel my reservation for tonight.*

Im Motel/Hotel geht man durch die *lobby* zur *reception (front desk): I've got a reservation for tonight. My name is... I'd like to check in now.* Kommt man ohne Reservierung an, muss man sehen, was frei ist und was das kostet. Zum Beispiel: *I'm looking for a room for tonight/for two nights. What are your rates?* Die Rückfragen beziehen sich dann meist auf die Bettenform und die Anzahl der Gäste:

twin	–	zwei getrennte Betten
double	–	Doppelbett
Queen	–	überdurchschnittlich großes Doppelbett
King	–	überhaupt das Größte, was es gibt

Entscheiden Sie sich! *Well, I'll take …* – Bezahlt wird meist im Voraus *(to pay in advance; now)*, oder man hinterlässt zumindest die Spuren seiner Kreditwürdigkeit durch den Abdruck seiner *credit card* auf der offenen Rechnung, in die dann u. U. auch die Nebenkosten *(inciden-*

tals) wie Frühstück, Bedienung auf dem Zimmer *(room service)*, Telefon etc. eingetragen werden. Abreise und Schlüsselrückgabe bedeuten: *I'm checking out.*

Wer, wie auf dieser Reise, fast jede Nacht in einem anderen Motel/Hotel/Campingplatz zubringt, verwechselt bald links und rechts, die Zimmernummern oder wo die Eismaschine steht. Sprachlich verwirren die diversen Unterkünfte allerdings kaum – solange man weiß, dass der Aufzug nicht *lift*, sondern *elevator* heißt und dass der *second floor* die erste Etage meint. Room No. 4711 liegt also im dritten Stock.

Hold on! – Telefonieren

Anders als bei uns meldet man sich in den USA im Privatbereich nicht mit seinem Namen, sondern mit einem *hello*. Der Anrufer hat sich zuerst zu identifizieren. Bei Hotels und Restaurants allerdings hört man selbstverständlich zuerst den Namen des Etablissements. Dann aber sind Sie am Zuge: *Hello, this is Franz Müller speaking …*

Für Ferngespräche nach Europa bedarf es oft noch des Operators. Werden Sie aus den Beschriftungen auf dem Telefonapparat im Hotelzimmer nicht klug und auch nicht aus dem *telephone directory*, das meist daneben liegt, rufen Sie ruhig die Rezeption an. Die meldet sich:

Hello, front desk.
Yes, how would I get the overseas operator, please?
Dial 800.
Thank you.
You're welcome.

Dann wählen Sie diese Nummer – es können auch andere sein, je nachdem –, und die Vermittlung meldet sich:

Overseas operator, may I help you?
Yes, I'd like to place a long-distance call to Germany, please.
Which area code and number?
Well, the country code is 49, the area code is … and the number is …
Thank you, and how do you want it billed?
To my room. The number is …
Thank you. Hold on.

Spezielle Sprachgebräuche im Südwesten

Viele, vor allem spanische Ausdrücke sind besonders charakteristisch für den Südwesten, einige davon hört man überhaupt nur hier. Eine Auswahl:

pueblo – Dorf
camino – Weg, Straße
caliente – heiß
mesa – Tafelberg (das englische Pendant: *butte*)
adobe – luftgetrocknete Lehmziegel
viga – Holzstämme für die Deckenkonstruktion der Lehmhäuser
ramada – schattenspendende Holzgerüste vor Häusern
patio – Innenhof
hogan – runde, mit Erde bedeckte Behausung der Navajo
kiva – unterirdischer Zeremonienraum der Indianer
luminaria – Weihnachtsschmuck: Kerzenlichter in sandbeschwerten Papiertüten
horno – bienenkorbförmiger Backofen im Freien
jacuzzi – heißes sprudelndes Dampfbad (manchmal auch Whirlpool)
rug – gewebtes Tuch, Umhang, Teppich
booze – umgangssprachlich für Alkohol aller Art
real bar – Bar, wo die *locals* hingehen
fancy bar – Bar, wo die *locals* nicht hingehen; schick, eher für Touristen
Spanglish – die im Südwesten der USA häufige Mischung aus Englisch und Spanisch.

Orts- und Sachregister

Die *kursiv* gesetzten Begriffe bzw. Seitenzahlen beziehen sich auf Angaben im Serviceteil, **fette** Ziffern verweisen auf ausführliche Erwähnungen, unterstrichene auf Abbildungen.

Abajo Mountains, UT 85
Acoma Pueblo, NM 140, **142 f.**, 144 f., 235
– Enchanted Mesa 143
– San Esteban del Rey Mission 143, 145
Adobe-Architektur 128, 135, 138, 142, 236
Alamogordo, NM 230, 231
Ajo, AZ 204, 198
Albuquerque, NM 10, 13, 129, **140 ff.**, 144, 234, 235, 239, **240 ff.**, 242, 243
– Albuquerque Convention & Visitors Bureau 144
– Indian Pueblo Cultural Center 241
– Historic Old Town 144
– New Mexico Museum of Natural History and Science 241
– Old Town Plaza 140, 144
– San Felipe de Neri Church 142, 144
– The Albuquerque Museum 144
Ambrosia Lake, NM 143
Anasazi-Kultur 50, 52, 54, 59, 69, **99 f.**, 105, 108, **115 f.**, 120, 121, 139, 148, 150, 151, 153, 156, 174, 243, 251
Animas River, CO 94, 108, 112
Anreise/Einreise 252
Antelope Canyon, AZ **158 f.**
Apache, AZ 220
– Apache Information Chamber of Commerce 251
Arches National Park, UT 68, 71, 74, 76, **77 f.**, **80**, 81
– Courthouse Towers 76, 78
– Delicate Arch 78, 80
– Devils Garden 76, 78, 80
– Double-O-Arch 78
– Fiery Furnace Walk 77, 80
– Landscape Arch 76, 78
– Visitor Center 77
– Windows Section 78
Arcosanti, AZ 168, 172, **174**, 181, 183
Arizona, Staat 10, 13, 14, 16, 32, 34, 40, 44, 56, 57, 60, 116, 127, **150–190**, **198–219**, 220, 247–250, *258, 261*
Atlantic City, NJ 37
Atomindustrie 90, 129, 232
Auskunft 252
Auskunft vor Ort 253
Autofahren 253
Automiete 254
Aztec, NM 104, 106, 108, 116, 117, 172
Aztec Ruins National Monument, NM 106, **108**, **111**, 114, 115 f., 121
– Great Kiva 108, 109

Baker, CA 24, 27, 96, 130
Bandelier National Monument, UT 115, 119, 120, 121
– El Rito de los Frijoles Creek 119
Barstow, CA 24, 26
Bear Creek Falls, CO 89, 92, 95
Beaver Creek, AZ 172
Bed & Breakfast 261
Bedrock, CO 90, 95
– Bedrock General Store 90, 91, 95
Biosphere 2 Center, AZ 198, **200**, 202
Bisbee, AZ 205, 198, 208, **213 f.**, **216 f.**, 218, 224
– Bisbee Chamber of Commerce 216
– Bisbee Mining and Historical Museum 217
– Copper Queen Hotel 214, 216
Black Mesa, NM 115, 120, 129, 131
Blanco Trading Post, NM 115, 116
Bloomfield, NM 104, 114, 115, 116
Bluff, UT 148
Bosque del Apache National Wildlife Refuge, NM 237, 240
Boulder, UT 62, 63, **64 ff.**, 69
– Anasazi Indian Village State Park 64, 69
– Boulder Beach, NV 35, 40
Boulder City, NV 32, 35, 40
Boulder Creek, UT 64
Boulder Mountain, UT 66
Box Canyon, CO 90, 94, 96
Bridal Veil Falls, CO 92, 95
Bryce Canyon National Park, UT 54, **56–59**, **60 f.**, 62, 63 f.
– Bryce Point 54, 56, 58, 59, 60, 63
– Inspiration Point 62, 63
– Navajo Trail 63, 69
– Paunsaugunt Plateau 56
– Pink Cliffs 58, 63, 69
– Queen's Garden Trail 63, 69
– Rim Trail 63, 69
– Sunrise Point 62, 63, 69
– Sunset Point 58, 63, 69
Budville, NM 242, 243

Caballo Lake, NM 236
Cabazon Monster, CA 196, 197
Cajon Pass, CA 25
Calf Creek Falls Recreation Area, UT 63
Calico Ghost Town, CA 24, 26 f., 30
– Calico Early Man Archeological Site 26 f., 30
Callville Bay, AZ 43
Camel Rock, NM 129, 131
Camelback Mountain, AZ 175, 178, 250
Cameron Trading Post, AZ 152, 155
Camping 261
Camp Verde, AZ 168, 184, 185
Cannonville, UT 64
Canyon de Chelly National Monument, AZ 146, **148 f.**, 150, 153, 172
– South Rim Drive 146, 148, 151
– Spider Rock Overlook 146, 148 f., 151
– White House Ruins 146, 148, 151
– White House Trail 148
Canyonlands National Park, UT 71, 80, **82–85**, 86 , **87**, 88, 89, 95
– Fisher Towers 82
– Grand View Point 82, 83, 85, 86, 88
– Island in the Sky 83, 86, 87
– Needles District 86, 87
– Upheaval Dome 83, 87
– White Rim Trail 83
Capitol Reef National Park, UT 62, **66 ff.**, 69, 70, 74 f.
– Capitol Gorge 62, 68, 69, 75
– Cathedral Valley 70, 71
– Goosenecks Overlook 70, 71, 74, 146, 149, 150
– Hickman Natural Bridge 70, 72, 74
– Scenic Drive 62, 68, 69
– Sulphur Creek 71
– Visitor Center 70, 74
Carefree, AZ 173, 175, 182
Carlsbad, NM 230
Carlsbad Caverns, NM 226, **227 f.**, 230
– Carlsbad Caverns Visitor Center 229
Casa Grande, AZ 169, 198, 199, 202
– Hohokam-Ruine 202
Cedar Breaks National Monument, UT 54
Cerrillos, NM 140, 141
Chaco Canyon, NM 114, **116 ff.**, 141
Chaco Culture National Historical Park, NM 114 f., **116 ff.**, 141
– Casa Chiquita 114, 116, 121
– Casa Rinconada 117
– Chaco Wash 117
– Chetro Ketl 114, 121
– Kin Kletso 114, 121
– Pueblo Bonito 114, 117 f., 121
– Pueblo del Arroyo 114, 117, 121
Chaco-Kultur 108, 116 ff.
Chama, NM 106, 109, 111, 113
Chama River, NM 113
Chimayo, NM 122, 128, 131
– Santuario de Chimayo 128, 131
Chinle, NM 148, 150, 151
Cibola, Goldene Städte von 14, 244, 245
Cloudcroft, NM 230, 231
Cima, CA 25, 27
Ciudad Juárez 221,225
– Mission de Nuestra Señora de Guadalupe 221, 225
Cochiti Lake, NM 140
Cochiti Pueblo, NM 140
Coconino-Plateau, AZ 165
Colorado, Staat 16, 85, 86, **88–105**, 109, 116, *253, 261*
Colorado-Plateau 66, 74, 90, 169, 198, 248, *256*
Colorado River 33 f., 43, 73, 74, 76, 78, 80, **82–87**, 92, 116, **155 ff.**, 159, **161–166**, 187, 191, 219, 220, *261*
– Black Canyon 34
Colossal Cave, AZ 204, 206, 207
Concho, AZ 248
Concho Lake, AZ 248
Coolidge, AZ 198, 202
Coral Pink Sand Dunes, UT 55
Cortez, UT 71, 82, 85, 86, 89, 98, 104
Cottonwood, AZ 169, 174, 184, 185
Cow Springs, AZ 153
Cuba, NM 114, 115, 118, 121, 141
Cubero, NM 243
Cutler-Formation, UT 71

Dallas Divide, CO 92
Dead Horse Point State Park, UT 70, **73**, 74, 82, 85, 88
Dolores River, CO 90
Douglas, AZ 218
– Gadsden Hotel 218, 219, 224
Dulce, NM 109
Durango, CO 88, 89, 94, 96 f., 98, **102 f.**, 104 f.
– Durango Chamber Resort Association 96
– Durango & Silverton Railroad 94, 97, 103
– Strater Hotel 102

- 3rd Avenue 102
East Mojave National Preserve, CA 24 f., 27
Edwards Air Force Base, CA 26
Einkaufen 254
El Capitan, TX 227
Elephant Butte Lake, NM 236
Elephant Butte Lake State Park, NM 234, 236, 240
El Morro National Monument, NM 242, 245
El Paso, TX 218, **220 f.**, 224 f., 226, 229, 236
- El Paso Convention & Visitors Bureau 224
- Santa Fe Street 221
Embudo Station, NM 120, 122, 130
Entrada-Sandstein 72, 77, 80
Escalante Canyon, UT 62, 64
Escalante Petrified Forest, UT 62, 63
Española, NM 120, 127, 131

Farmington, NM 98, 103, 104 f., **106 ff.**, 111, 114, 115
- Convention & Visitors Bureau 104
Feiertage/Feste 255
Fisher Towers, UT 82 f.
Flagstaff, AZ 13, 164, 168, **169**, 174
- Museum of Northern Arizona 168, 169, 174
Florence, AZ 199
Fremont River, UT 56, 58, 66, **71 f.**, 74 f.
Frenchman Mountain, NV 43
Fruita, CO 71

Gadsden Purchase 219 f., 232
Gallup, NM 140, **143**, **145**, 146, 147, 150, 242, 246
- Gallup Convention & Visitors Bureau 145
Ganado, TX 148, 150
- Hubbel Trading Post 147 f., 146, 150
Geld/Devisen 255
Gepäck 256
Gila River, AZ 199, 202
Glen Canyon Dam 157
Globe, AZ 198, 247, **248 f.**, 251
- Greater Globe-Miami Chamber of Commerce 251
Goblin Valley State Park, UT 70, 72 f., 74
Golden, CO 141, 171, 235
Golf von Kalifornien 33 f., 161
Goosenecks State Park, AZ 146, 150
Gouldings, CO 150
Grand Canyon, AZ 10, 13, 53, 63, 65, 83, 152, **155 ff.**, 156 f., **160–167**, 168, 169, 182, *258, 260*
Grand Canyon National Park, AZ 152, 155, 156 f., **160–165**
- Bright Angel Trail **160 ff.**, 164, 165
- Desert View Point 152, 155, 165
- El Tovar Hotel 156, 157
- Grand Canyon Chamber of Commerce 156
- Grand Canyon IMAX Theater 156, 162
- Grand Canyon National Park Lodges 156, 164
- Grand Canyon Village 152, 156, 165, 166, 167, 168
- Hermits Rest 162, 165
- Indian Gardens 161, 164
- Kaibab Trail 161, 164, 165
- Maricopa Point 162
- Visitor Center 160
- Yavapai Observation Station 160, 162
Grand Staircase-Escalante National Monument, UT 62, 64
Grants, NM 143
Great Basin, NV 16
Green River, Fluss 83, 87
Green River, UT 70, 73, 74
- J. W. Powell River History Museum 70, 74
Green River, WY 162
Guadalupe Mountains National Park, TX 226, 227, **229**
Guadalupe Peak, TX 227

Halloran, CA 27
Hanksville, UT 70, 71, 72, 74
Havasu Canyon, AZ 166 f.
- Havasu Creek/Falls 166
- Mooney Falls 166
Highway 12, UT 64
Hogback Trading Post, NM 107, 111
Hoover Dam, NV 32, **33 f.**, 40, 177, 184, 187
Hope, NM 230
Hopi-Dörfer, AZ 143, 152, **154 f.**, *261*
- First Mesa 152, 154
- Hano 152
- Hopi Cultural Center 155
- Old Oraibi 152, 154
- Polacca 152
- Second Mesa 154
- Shongopovi 152, 154
- Sichomovi 152
- Walpi 152, 154
Houston, TX 177
Hueco Tanks State Historical Park, TX 226, 229
Humphreys Peak, AZ 169
Hurricane, AZ 42, 45, 47
Hurricane Cliffs, AZ 45

Illinois, Staat 16, 57
Imperial Valley, CA 34
Indian Creek, UT 85
Isleta Pueblo/Indian Reservation, NM 238, 240
Ivanpah Lake, CA 27 f.

Jemez Mountains, NM 141
Jemez Pueblo, NM 119
Jemez River, NM 118, 119
Jemez Springs, NM 115, 118 f.
Jerome, AZ 184, 185 f., 188
- Jerome Chamber of Commerce 188
Joshua Trees 24, 25, 29

Kachinas 130, 145, 155, 169, 178, 182, 245, *254*
Kaibab-Kalkstein 71, 161
Kaibab-Plateau, AZ 161, 162
Kalifornien, Staat 9, 10, 13, 14, 16, 17, **18**, 28, 34, 45, 57, 126, 161, 175, 180, **190 ff.**, 227, *254, 261*
Kartchener Caverns State Park, AZ 208
Kayenta, AZ 146, 149, 151, 152, 153, 158
Kelso, CA 25, 27
Kinder 256
Kingman, AZ 184, 185, 186, 188 f.
- Kingman Area Chamber of Commerce 188
- Mojave Museum of History and Arts 188
Kirtland, NM 108

La Sal Mountains, UT 78, 85, 88, **90**
Laguna Pueblo, NM 142, 242, 243, 245
Lake Mead, NV 32, 33, 34 f., 40, **43**, 186, 187
- Alan Bible Visitor Center 33, 35, 40
- Lake Mead Recreational Area 43
- Lake Mead View Point 34
- North Shore Scenic Drive 43
Lake Powell, AZ 71, 158 f., *255*
- Rainbow Bridge 158
Lamy, NM 135, 137, 139, *253*
Las Cruces, Mexiko 218, 220, 230, **232**, 233, 236, 238
- Las Cruces Chamber of Commerce 233
Las Trampas, NM 126, 127, 130
Las Vegas, NV 10, 13, 24, 25, **29**, **30 f.**, **32**, 33, **35–39**, 40 f., 42, 43, 47, 177, 184, *252, 253, 254, 255, 256, 258*
- Bellagio 35
- Caesars Palace 31, 35
- Circus Circus 31, 38, 41
- Convention and Visitors Authority 30, 41
- Downtown 32, 36
- Excalibur 30, 35
- Flamingo Hotel 36 f., 41
- Fremont Street 30, 32, 36
- Imperial Palace Auto Collection 30, 36, 40
- Liberace Museum 36, 41
- Luxor 31, 33, 35
- Mandalay Bay Casino 35
- MGM Grand 31, 35
- Mirage 31, 33, 35
- New York New York 35
- Paris 35
- Star Trek: The Experience 40 f.
- Strip 21, 29, 30, 31, 33, **35**
- Treasure Island 31, 35
- Venetian Casino 35
Lavender Pit, AZ 218
Lincoln National Forest, NM 231
Little Colorado, AZ **119 f.**, 121, 122, 129, 155
Lordsburg, NM 218
Los Alamos, NM 17, 115, **119 f.**, 129
Los Angeles, CA 13, **18–23**, 24, 25, 29, 34, 91, 116, 177, 179, 205, 186, 196, **197**, *252, 256, 258*
- Alhambra 25
- Anaheim 23
- Bel Air 21
- Beverly Hills 19, 21, 37
- Bradbury Building 20
- Brentwood 21
- Broadway 20
- Bunker Hill 20
- Central Library 20
- Downtown 21, 22, 24
- El Monte 15
- Getty Center 21
- Grand Central Market 20
- Hollywood 10, 17, 19, 20, 23, 145
Hollywood Boulevard 19, 21
- Malibu 23
- Mann's Chinese Theatre 21
- Million Dollar Theatre 20
- Monterey Park 25
- Mount Baldy 25
- Muscle Beach 23
- Olvera Street 20
- Pacific Coast Highway 23

- Pacific Palisades 21
- Pershing Square 20
- Rodeo Drive 21
- San Bernardino 25
- Santa Monica 21, 19, 20, 22, 23, 186
- Sunset Boulevard 20, 23
- Union Square 20
- Universität von Kalifornien (UCLA) 21
- Venice 21
- Visitors Information Center 22
- Wilshire Boulevard 19

Madrid, NM 141, 235
Mancos River, CO 86, 99
Manix-See, CA 26
Many Farms, AZ 146, 149
Manzano Mountains, NM 235
Markagunt-Plateau, UT 49, 52, 53, 56
Maße und Gewichte 256
McDowell Mountains, AZ 175, 183
Medizinische Vorsorge 257
Mesa Verde, CO 86, 98, 99 ff., 108, 172
Mesa Verde National Park, CO 86, 89, **98–102**, 104, **105**
- Balcony House 102, 105
- Chapin Mesa 99, 100, 105
- Chapin Mesa Museum 100, 104
- Cliff Palace 98, 99, **100 ff.**, 104
- Ruins Road 105
- Spruce Tree Ruin 98, 100, 104, 105
- Sun Temple 100, 105
- Visitor Center 104

Mesita, NM 242
Mexico City, Mexiko 138, 236
Mexiko 14, 16, 108, 174, 199, 213, 219, 221, 238, 239
Moab, UT 13, 70, 71, **74 f.**, 76, 80, 82, 83, 85, 86, 87, 88, 89
Mojave-Wüste, CA 16, 24, 27, 29, 30
- Mojave Information Center 30

Montezuma Castle National Monument, AZ 168, 171, **172**, 174
Monticello, UT 82, 85
Monument Valley, UT 10, 13, 146, 149, **150 f.**
- Hunt Mesa 149
- Mexican Hat 146, 149
- Visitor Center 149

Mormon Trail 45
Mountainair, NM 235
Mount Peale, UT 90
Mount Taylor/Turquois Mountain, NM 243
Mt. Carmel Junction, UT 54, 55, 56

Nambe, NM 122, 129
Naturita, CO 88, **90**
Nauvoo, IL 57
Navajo Lake, CO/NM 109
Navajo Nation 146, 148
Navajo National Monument, AZ 152, 153, 156
Navajo-Reservat, AZ 58, 106, 108, 151, 143, *258, 261*
Navajo-Sandstein 68
Navajo Trail, UT 69
Nevada, Staat **24–44**, 57, 172, 187, *261*
New Mexico, Staat 13, 14, 16, 17, 100, 106, 109, 112, 116, 118, 127, 128, 129, 130, 133, 139, 141, 148, 172, 210, 219, 220, 227, **234–249**, *253, 255, 258, 261*
Newspaper Rock State Historic Monument, UT 82, 85, 86

Nogales, AZ 210, 211
Notfälle und das Überleben in der Wüste 257

Oak Creek Canyon, AZ 169 f., 174
Old Spanish Trail, UT 45, 198, 201, 204, 207

Oracle, AZ 169, 198
Oracle Junction, AZ 169, 198
Organ Pipe Mountains, AZ 220, 236
Ouray, CO 89, **92 ff.**, 96, 97
- Ouray Hot Springs Pool 93 f., 96
- Bachelor-Syracuse-Mine 89, 93

Page, AZ 158 , **159**, 164
- Page-Lake Powell Chamber of Commerce 158

Pah Tempe Springs, UT 45, 47
Painted Desert, AZ 167, 247, 251
Palm Springs, CA 13, 190, **191–195**
- Indian Canyons 194
- Palm Canyon 192
- Palm Canyon Drive 191, 192
- Palm Springs Chamber of Commerce 193
- Tahquitz Canyon 195

Panguitch, UT 54, 56, 60 f., 69
Paradox Valley, CO 90
Paraje, NM 242
Paria River, AZ/UT 58, 64
Patagonia, AZ 208, 211, 215
Petrified Forest National Park, AZ 167, **247 f.**, 251
- Blue Mesa 248, 251

Petroglyphen 68, 86, 131, 251
Phoenix, AZ 10, 13, 33, 168, 169, 173, **174 f.**, **176–183**, 198, 199, 200, 205, 184, 190, 210, 213, 219, 246, 247, 250, 251, *252, 258*
- Arizona Office of Tourism 174
- Arizona Center 174, 176, 178, 182
- Heard Museum 176, 178, 182
- Kachina-Kollektion 182
- Scottsdale vgl. dort

Pinal Pioneer Parkway, AZ 199 f.
Post 257
Presse/TV/Radio 258
Primm, NV 30
Puerco River, AZ 248

Quartzsite, AZ 190 f.

Radium Springs, NM 236
Ranchos de Taos, NM 112, 122, 126, 130
- Mission San Francisco de Asis 126, 130

Red Canyon, UT 56
Red Rock Canyon National Conservation Area, NV 33
Red Lake, AZ 153
Red Mountain, AZ 89, 94
Red Mountain Pass, AZ 89, 94
Red Rock State Park, NM 145
Reisezeit 258
Restaurants/Verpflegung 258
Ridgway, CO 89, 92
Rincon, AZ 236
Rincon Mountains, AZ 200, 205
Rio Grande 45, 106, 109, 113, 115, 118, 120, 122, 123, **126 ff.**, **141 f.**, 219, 235, **236–241**
Rio Grande Indian Pueblo Trail, NM 236

Rio Pueblo de Taos, NM 123
Rocky Mountains 89, 102, 109, 221
Rodeo 220
Roosevelt-Damm, AZ 177
Route 66 186, 187, 243

Saguaro National Park, AZ 198, 204, 205, 206
- Arizona-Sonora Desert Museum 204, 207
- Saguaro National Park East 198, 201, 204, 206, 207
- Saguaro National Park West 204, 205, 207

Saguaro-Kakteen 172, 178, 181, 192, 190, 191, 250
Salt Lake City, UT 17, 44, 57, *253*
Salt River, AZ 177, 178, 247, 250, 256
Salton Sea, CA 34
San Antonio, NM 234, 238, 240
San Bernardino National Forest 25
San Fidel, NM 242, 243
San Francisco Mountains, AZ 169
San Gabriel Mountains, CA 25
San Ildefonso Pueblo, NM 114, 115, 120, 121, 122, 129, 130, 131
San-Juan-Becken, NM 116
San Juan Mountains, CO 89, 90, 92, 94
San Juan Pueblo, NM 118, 127
San Juan River, UT 149, 150
San Miguel River, CO 90
San Ysidro, NM 115, 118, 141
Sandia Mountains, NM 243
Sangre de Cristo Mountains, NM 120, 123, 141
Santa Cruz River, AZ 211
Santa Fe, NM 14, 16, 112, 115, 118, 122, 129, **132–139**, 140, 141, 236, 239, 248, *253, 256, 258*
- Canyon Road 134, 136 f.
- El Camino Real 138, 236
- Georgia O'Keeffe Museum 137, 139
- Guadalupe Street 134, 137, 138
- International Folk Art Museum 137
- Institute of American Indian Arts Museum 135, 139
- La Casa Sena 138
- Museum of International Folk Art 134, 138
- Palace of the Governors 134, 136, 138
- Plaza 130, 132, 134, 135, **136 f.**, 138
- San Miguel Church 134, 136
- Santa Fe Convention & Visitors Bureau 132
- Santa Fe Opera 129, 133, 139
- Santa Fe Station 134, 135, 136, 137, 139
- Santuario de Guadalupe 134, 137, 138
- Sena Plaza 134, 136, 138

Santa Fe National Forest, NM 118
Santa Fe Railroad 16, 139, 248
Santa Fe River, NM 132, 136
Santa Fe Trail, NM 16, 132, 134, 253
- Santa Monica Mountains 196

Santo Domingo Pueblo, NM 140, 141, 144
Scottsdale, AZ 169, 173, 174, 175, 176, **177–183**, 182 f., 184, 190, 246, 247, 250, 251
- Arizona Biltmore 174
- Cosanti-Stiftung 181, 183
- Mayo Klinik 178
- Scottsdale Chamber of Commerce 174

– Scottsdale Civic Center Mall 179
– Scottsdale Fashion Square 179
– Scottsdale Road 179
– Taliesin West 176, 180, 181, 198
– The Frank Lloyd Wright Foundation 183
Sedona, AZ 169 ff., 174
– Sedona-Oak Creek Canyon Chamber of Commerce 174
Seligman, AZ 184, **186**, 188
– Seligman Chamber of Commerce 188
Sevier River, UT 56
Shiprock, NM 106, 111
Show Low, AZ 247, 248, 251
Silverton, CO 30, 31, 89, 94, 96, 98, 102, 103
Sky City vgl. Acoma Pueblo
Slide Rock State Park, AZ 169
Socorro, CO 235, 238, 240
Solar One, CA 27
Sonoita, AZ 208, 211
Sonora-Wüste, AZ 172, 204, 205, 207
Southern Pacific Railroad 177, 220
Sprachhilfen 262
Spring Green, WI 180
Springdale, UT **47**, 48, 52, **53**, 54, 55
St. George, UT 42, **44** f., 47, 53
– Mormon Temple 47
Sun City, AZ 173
Supai, AZ 166
Supai-Formation 161
Superstition Mountains, AZ 249

Taos, NM 106, 109, **111 ff.**, 114, 115, 120, 121, 122, **123–126**, 136 f., 142, 236, 239, 244
– Millecent Rogers Museum 122, 130
– Taos Plaza 109, 112
– Taos Pueblo 122 123/124, 130
– Taos Visitor Center/Taos County Chamber of Commerce 111
Telefonieren 259
Telluride, CO 89, 83, **90 ff.**, 93, 95 f.
– Telluride Central Reservation 95
– Telluride Chamber Resort Association 95
Tempe, AZ 173
Tent Rocks, NM 140
Texas, Staat 10, 218, 219, 220 f., 225, 227
Titan Missile Museum, AZ 210
Tom Mix Monument, AZ 200
Tombstone, AZ 208, **211 ff.**, 215 f., 218
– Bird Cage Theater 212 f., 216
– Boothill Graveyard 212, 215
– Crystal Palace Saloon 213, 216
– O. K. Corral 212, 215 f.
– Tombstone Chamber of Commerce 215
Torrey, UT 62, 66, 69, 71, 75
Tres Piedras, NM 109
Trinkgeld 260
Tropic, UT 53, 60, 64
Truchas, NM 122, 126, 128
Tubac, AZ 210 f.
Tuba City, AZ 152, 154
Tucson, AZ 10, 13, 198, 199, **202 f.**, **204–207**, 208, 213
– Arizona Historical Society Museum 199
– Arizona-Sonora Desert Museum 204, 206, 207
– Arts District 199
– Colossal Cave 206, 207
– Congress Street 199, 201
– Downtown 199, 201, 205
– El Presidio Historic District 207
– Flugzeugfriedhöfe 204, 206, 207
– Metropolitan Tucson Convention & Visitors Bureau 202
– Mission San Xavier del Bac 208, 209 f., 215
– Old Tuscon 204, 205 f., 207
– Pima Air Museum 206
– Tucson Museum of Art 198, 200
Tucson Mountains, AZ 200, 205
Tumacacori Mission, AZ 208, 211, 215
Tumacacori National Historical Park, AZ 211, 215
Turquoise Mountain, NM 243
Turquoise Trail, NM 141
Tuzigoot National Monument, AZ 169, 174
Unterkunft 260
Utah, Staat 14, 16, 42, 43, **44–86**, 87, 90, 116

Vail, CO 204, 207
Valle Verde 172, 185
Valley of Fire State Park, NV 42, 43 f., 47
– Mouse's Tank 44, 47
– Petroglyph Canyon Trail 42, 43, 47
– Rainbow Vista 42, 43
– Seven Sisters 42, 44, 47
Velarde, NM 115, 120
Victorville, CA 25
Virgin River 44, 45, 49, 50, 52

Wasatch-Formation, CO 58, 71
Waterflow, NM 111
Waterpocket Fold, UT 68, 72, 75
Waterpocket Fold Cliffs, UT 66
White Sands National Monument, NM 119, 230, **231 f.**, 233
White's City, NM 226, 227, 229
Willow Beach, AZ 186
Window Rock, AZ 147

Zeitzonen 261
Zion Canyon, UT **48–53**, 55, 60
Zion National Park, UT 42, 45, 47, **48–53**, 55
– Angels Landing Trail 48, 50, 52, **53**
– Canyon Overlook 54, 55
– Checkerboard Mesa 53, 54, 55, 56
– Cinemax Theatre 47, 48
– Gateway to the Narrows Trail 48, 53
– Great White Throne 52
– Kolob Arch 48
– Moenkopi-Formation 49
– Refrigerator Canyon 51
– Scenic Drive 48, 53
– Scout Lookout 51
– Visitor Center 50, **53**
– Weeping Rocks 48, 52, 53
– Zion Narrows 48, 52
Zoll 261
Zuni Pueblo, NM 242, 244, 245

Namenregister

Acoma-Indianer 142
Adams, Ansel 130
Anasazi-Indianer 56, 85, 99 f., 104 f., 108, 115, 116, 120, 121, 148, 150, 152
– Kayenta-Anasazi 108, 153
Apachen 16, 109 174, 178, 186, 191, 211, 227, 231, 232, 235, 236, 238, 239, 249
Azteken 108, 154, 172

Bandelier, Adolph 119
Basket Makers 99 f., 108
Becknell, William 16
Behunin, Isaac 50
Bethe, Hans 120
Bohr, Niels 120
Bryce, Ebenezer 58
Buffalo Bill 10, 205
Cabrillo, Juan Rodriguez 14
Cárdenas, Don López de 162
Cassidy, Butch 56, 80, 85, 92, 95
Chaplin, Charlie 205
Chavez, Cesar 20, 137
Chiricahua-Apachen 16
Clanton, Billy 210
Clinton, Bill, Präsident 23
Clark, William 14
Coronado, Francisco Vásquez de 14, 144, 236, 244
Curie, Marie 90

Disney, Walt 35, 208, 209
Dominguez, Padre 14, 45
Douglas, Kirk 204

Earp, Wyatt 210, 213
Escalante, Sylvestre de 64, 108

Fechin, Nicolai 111
Feuchtwanger, Lion 21
Flynn, Eroll 203
Fremont, John C. 16
Fremont-Indianer 50

Gadsden, James 219 f.
Garbo, Greta 203
Gaspar, Leon 123
Geronimo, Apachen-Häuptling 16, 220
Gluckmann, Richard 139
Grey, Zane 171

Havasupai-Indianer 166 ,167
Heilige der letzten Tage vgl. Mormonen
Hispanics 128, 137
Hohokam-Indianer 177, 178, 183, 185
Hope, Bob 204
Hopi-Indianer 100, 143, 145, 150, 153, 154, 156, 169, 171, 172, *254, 255, 260, 261*

Jefferson, Thomas, Präsident 14
Jicarilla-Apachen 109
Johnson, Nephi 50

Kino, Eusebio Francisco 180, 191, 211, 215

Lasky, Jesse 171
Lawrence, D. H. 122
Leakey, Louis 28
Lewis, Meriwether 14

Mann, Thomas 21
Martinez, Maria 129, 130, 131
Mason, Charlie 90
May, Karl 10
McArthur, Albert Chase 174
McLowrey-Brüder 211
Mescalero-Apachen 227
Mexican-Americans 128
Miller, Abe 172
Mogollon-Indianer 227
Moorman, Henry 102
Mormonen 9, 16, 27, 43, 44, 45, 47, 50, 53, 56, **57**, 58, 66, 71, 85, 173, 248
Moser, Werner M. 180

Navajo-Indianer 17, 85, 104, 106, 107, 111, 143, 145, 148, 149, 150, 159, 169, 238, 239, 243, *254*, *266*
Newman, Paul 219
Neutra, Richard 180

O'Keeffe, Georgia 123, 126, 130, 137
Oñate, Don Juan de 14, 225, 235, 236, 238, 243
Oppenheimer, J. Robert 119, 120

Paiute-Indianer 50, 58
Papago-Indianer 200, 205, 211, 215
Pima-Indianer 211
Powell, Major John Wesley 64, 83, 85, 74, 160, 161, 162
Pueblo-Indianer 14, 17, 135, 238, *254*

Ramirez, Juan 145
Reagan, Ronald, Präsident 39, 214
Redford, Robert 127
Reynolds, Michael 126
Roosevelt, Eleanor 219

San-Xavier-Indianer 215
Schindler, Rudolph 180
Schönberg, Arnold 21
Scott, Winfield 178
Serra, Junípero 14
Siegel, Benjamin »Bugsy« 36
Siegfried & Roy 31
Sinagua-Indianer 169, 172, 174, 198
Smith, Jedediah 16, 45
Smith, Joseph 57

Soleri, Paolo 172, 173, 174, 181, 183
Spanish-Americans 128
Stanton, Robert B. 162
Sutter, Johann August 9

Taos-Indianer 123
Teller, Edward 120
Tesla, Nikola 92
Tobin, Phil 36
Tohono-O'Odham-Indianer 210, 215
Trost, Henry 219

Ute-Indianer 92

Vaca, Cabeza de 14
Vargas, Don Diego de 14, 133, 238, 243
Villa, Pancho 126, 219, 224

Wayne, John 44
Wetherill, Richard 99, 100
Wheeler, Tom 107
Wright, Frank Lloyd 129, 174, 180, 183, 187

Young, Brigham 16, 44, 57

Zuni-Indianer 143, 145, 235, 245, *254*

Fotonachweis

Yannis Argyropoulos, Brüssel: S. 187, 189 o., u.
The Arizona Biltmore, Phoenix: S. 251
Arizona Office of Tourism, Get It Across, Köln: S. 151, 159 u., 163, 167 u., 171, 177, 188, 200, 209, 212, 217
California Tourism, MSI Marketing, Frankfurt: S. 22, 192, 196
Casa Cody, Palm Springs: S. 193
El Paso Visitors & Convention Bureau, Texas: S. 215
Fridmar Damm, Köln: S. 47, 49, 50/51, 63, 65, 66/67, 73
Hauke Dressler/LOOK, München: S. 21, 147, 206, 207
Mara K. Fuhrmann, Monreal: S. 37, 76
Peter Ginter, Köln: S. 61, 167 o., 191, 237
Christian Heeb/LOOK, München: Titelbild, S. 18/19, 28/29, 37, 35, 36, 72, 127, 143, 155, 166, 170, 173, 197 u., 201, 211, 222/223
Karl Johaentges/LOOK, München: S. 110, 144
Las Vegas News Bureau, Mangum Management, München: S. 38/39, 40, 41
Mark Müller, Volketswil, Schweiz: S. 58/59, 79, 81, 233
Edward McCain, Arizona Inn, Tucson: S. 203
Michael Murphy, Texas Tourist Development Agency, Austin: S. 244
Museum of New Mexico, Santa Fe: S. 8/9
Conrad Piepenburg/laif, Köln: S. 23
Jochen Rothmann, Darmstadt: S. 64
Horst Schmidt-Brümmer, Köln: S. 45, 75, 103, 105, 113, 117, 119, 124/125, 129, 135, 137, 142, 182, 183, 185, 194, 198, 205, 197 o., 213, 231, 235, 238/239, 247, 248
Carl A. Smith, Atlanta: S. 2/3, 85, 157, 159 o., 165
State Records Center & Archives, Santa Fe: S. 17
Karl Teuschl, München: S. 91, 92/93, 94, 97, 128
John R. Vincent, San Juan Pueblo, New Mexico: S. 7, 132
Wolfgang R. Weber, Darmstadt: S. 55, 71, 84, 101, 161, 228
Florian Werner/LOOK, München: S. 149
The Frank Lloyd Wright Foundation, Taliesin West, Scottsdale: S. 179

Alle übrigen Abbildungen stammen aus dem Archiv von Horst Schmidt-Brümmer.

Textnachweis

Von **Horst Schmidt-Brümmer** stammen die Kapitel »Go West« und »Sanfte Landung«, die Routen 11–15, 17–21 sowie die 9 Routen für den Süden von Arizona und New Mexico. **Karl Teuschl** schrieb die Landeschronik, die Routen 1–10, 16 und 16.1. Gemeinsam entstand der Sevice von A bis Z.

Titelbild: Blick von Toroweap Point in den Grand Canyon. Foto: Christian Heeb/Look, München
Vordere Umschlagklappe (außen): Marlin Pinto, *The Travel Guide Koshare,* 1991. 20 cm hoch (Hopi, Keams Canyon)
Vordere Umschlagklappe (innen): Übersichtskarte Südwesten USA mit den eingezeichneten Routenvorschlägen
Haupttitel (S. 2/3): Monument Valley. Foto: Carl A. Smith, Atlanta, GA
Hintere Umschlagklappe (außen): Lar Chapella, ohne Titel, Kochare, ohne Datum. 20,5 cm hoch (Hopi)

Reihenkonzeption: Horst Schmidt-Brümmer, Andreas Schulz
Lektorat: Harald Bluhm, Kristina Linke
Layout und Herstellung: Kerstin Hülsebusch, Andreas Schulz
Reproduktion: Farbkreis/Repro, Bochum; Litho Köcher, Köln; Fröbus Firmengruppe, Köln; HRP Reprotechnik, Essen
Karten: Kartographie Huber, München; Berndtson & Berndtson Verlag/Publishing, Fürstenfeldbruck
Gedruckt auf chlorfrei gebleichtem Papier

Printed in Spain
ISBN 3-88973-223-2